U0749132

教师教育精品·卓越班主任

丛书主编　齐学红

班主任的家校沟通

主编◎殷　飞

华东师范大学出版社

·上海·

图书在版编目(CIP)数据

班主任的家校沟通/殷飞主编.—上海:华东师范大学
出版社,2013.4
ISBN 978-7-5675-0601-5

Ⅰ.①班… Ⅱ.①殷… Ⅲ.①学校教育-合作-家庭
教育-中小学-研究 Ⅳ.①G636

中国版本图书馆 CIP 数据核字(2013)第 079292 号

班主任的家校沟通

主　　编　殷　飞
策划编辑　朱建宝
责任编辑　吴海红
责任校对　邱红穗
装帧设计　卢晓红

出版发行　华东师范大学出版社
社　　址　上海市中山北路 3663 号　邮编 200062
网　　址　www.ecnupress.com.cn
电　　话　021-60821666　行政传真 021-62572105
客服电话　021-62865537　门市(邮购)电话 021-62869887
地　　址　上海市中山北路 3663 号华东师范大学校内先锋路口
网　　店　http://hdsdcbs.tmall.com

印 刷 者　常熟高专印刷有限公司
开　　本　787 毫米×1092 毫米　1/16
印　　张　17.5
字　　数　300 千字
版　　次　2013 年 7 月第 1 版
印　　次　2024 年 7 月第 11 次
印　　数　18001-19100
书　　号　ISBN 978-7-5675-0601-5/G·6398
定　　价　38.00 元

出 版 人　王　焰

(如发现本版图书有印订质量问题,请寄回本社客服中心调换或电话 021-62865537 联系)

前　言

　　家庭与学校是人成长过程中的两个重要场所。当专门学校和教师职业产生之后，教育就已不再是家庭内部的私事。学校教育的专门化、教师职业的专业化，似乎让人们认为教育就应该是学校和教师的责任，家庭、父母仿佛居于教育之门外。事实上，在促进人的全面发展的教育实践中，家庭的教育功能理应得到应有的重视。家庭与学校并非互不相干，而是密切联系；不是隔门相望，而是共同参与。在解决学生问题和促进子女成长的过程中，越来越多的教师和父母选择了合作，促成了家校合作的发展，而此种趋势将为更多的教师、学者及家长所接受。

　　在家校合作中，起关键的桥梁作用的，就是与学生学习生活接触最多、参与班级管理最直接的班主任。班主任是教师职业队伍中比较特殊的群体，他们有"术业"的专攻，同时兼具育人心灵，以及与人沟通的专业经验与知识。在教师专业化的成长过程中，班主任工作的专业化逐渐发展起来，家校合作对班主任的专业化则提出了更高更广的要求。

　　班主任除了日常的教学工作、班级管理工作外，还肩负着与家庭中的教育者——父母的沟通工作，承担着对非专业人员的指导任务。在家校合作中，如何巧妙充分地发挥自身作用。实现家庭与学校的良好配合。确保对学生的教育影响的连续性。促进学生的全面健康发展，是本书尝试阐述的重要内容。本书以班主任在家校合作中的工作内容为研究对象，以现代公共关系学为研究工具，剖析了班级作为教育组织的公共关系学特性，阐释了班主任作为班级组织的责任人的公共关系意识与能力，着重围绕班主任的专业化发展，以及家校合作的意义、原则、内容、问题等理论内容展开研究，并针对班主任在家校合作中的具体工作，如口语、实像、文字、网络等常用的沟通手段，以及危机处理和家长委员会的建立等进行探索，以期对班主任在家校合作中的工作环节提供建议和帮助。

　　本书由殷飞主持编写，他定下全书的框架结构和写作角度以及各章节的主要内容。金晔始终保持与本书各章作者的沟通,并组织多次交流与沟通,确保了全书编写的进度和部分统稿任务。各章节的具体撰写人分别为:第一章,殷飞;第二章,金晔;第三章,韩露露;第四章第一节,孙欢欢;第四章第二节至第四节,韩露露;第五章,李慧;第六章,李梦月;第七章,倪瑞凤;第八章、第九章,李丹萍;第十章,李梦月;第十一章,冯晓敏。在此对他们的辛勤付出表示由衷的感谢!

因成书时间较紧,作者水平有限,书中如有不足和疏漏之处,敬请专家和读者批评指正。

编者

2013 年 5 月

目　录

第一部分

第一章　专业化视野下的班主任 / 3

　　第一节　走向专业化的教师职业 / 3

　　第二节　走向专业化的班主任工作 / 10

第二章　专业化视野下的家校合作 / 19

　　第一节　家校合作的价值意义 / 19

　　第二节　家校合作中的班主任角色定位 / 25

　　第三节　家校合作的基本原则 / 29

第三章　家校合作的内容与层次 / 43

　　第一节　交流——信息交流 / 43

　　第二节　沟通——意义沟通 / 54

　　第三节　指导——价值劝说 / 59

第四章　家校合作中的问题与对策 / 66

　　第一节　班级家庭教育的调查与分析 / 66

　　第二节　班主任家校交流的问题与对策 / 76

　　第三节　班主任家校沟通的问题与对策 / 82

　　第四节　班主任家庭教育指导中的问题与对策 / 88

第五章　家校合作中的法律意识与实务 / 96

第一节　班主任家庭教育工作中常见的法律问题 / 96

第二节　班主任家庭教育工作中的核心法律意识与实务 / 107

第二部分

第六章　家校合作中的口语传播 / 121

第一节　口语传播概述 / 121

第二节　班主任在家校合作中口语传播的应用 / 134

第七章　家校合作中的文字传播 / 147

第一节　文字传播概述 / 147

第二节　班主任在家校合作中文字传播的运用 / 151

第八章　家校合作中的实像传播 / 178

第一节　实像传播概述 / 178

第二节　班主任在家校合作中实像传播的运用 / 185

第九章　家校合作中的网络传播 / 200

第一节　网络传播概述 / 200

第二节　班主任在家校合作中网络传播的运用 / 203

第十章　家校合作中的危机管理 / 223

第一节　组织危机与危机管理概述 / 223

第二节　家校合作危机管理的组织框架与危机评估 / 238

第三节　家校合作危机管理的基本程序 / 242

第四节　家校合作危机管理的原则 / 246

第十一章　班级家长委员会的建立与运作 / 250

第一节　班级家长委员会的建立 / 250

第二节　班级家长委员会的运作 / 262

第一部分

第一章　专业化视野下的班主任

教师角色和职业内涵的丰富随着社会经济的发展而变化，从兼职到专职再到专业，反映了社会对教师职业的外在需要，也体现了教师职业内部发展的规律。

班主任专业化建立在教师专业化的基础之上，是教师职业高度发展成熟的结果之一，是教师专业化在微观层面上的具体体现与深化。

本章将从历史的视角探索教师职业和班主任工作专业化的发展历程。

第一节　走向专业化的教师职业

物质生活的生产方式制约着整个社会生活、政治生活和精神生活的过程。[①] 教师职业从萌芽、诞生到专业化的过程是生产力的发展和生产关系的必然发展需求，同时也是教育内部矛盾发展变化的内在需求。

一、兼职性——萌芽中的教师角色

原始社会跨度为一百多万年，经历了原始人群和氏族公社两个主要阶段，对这个时期的教育起源问题在教育学界有着不同的理论。以法国利托尔诺为代表的动物本能起源说，把原始人类的教育作为对动物本能的延续，其教育行为与动物界的抚养本能雷同，属于先天性的行为；以美国教育家孟禄为代表的模仿起源说，认为人类的教育起源于儿童对成人的模仿，通过模仿结成了教育的关系，属于后天性的行为；以苏联为代表的劳动起源说，认为劳动创造了教育，教育来源于劳动。

---

① 《政治经济学批判》序言. 马克思、恩格斯选集. 第2卷[M]. 北京：人民出版社，1972：82.

（一）前氏族时期的教育

前氏族时期是从猿到人进化的时期，这是恩格斯认为的蒙昧时期的低级阶段。刚从动物界脱离的人类为了生存，需要向下一代传递认识自然、征服自然的能力，以掌握自然生存的知识和经验。同时，为了使下一代形成群居的能力，以具备处理相互交往的社会关系和技能，在对付十分困难和严峻的生活环境时，人们往往结成几十个人的小群体即原始群，依靠集体的力量生存。由于获取食物的能力有限，他们进行集体采集和狩猎，过着群居杂婚的生活。这一时期的后期，则形成血缘家族。在血缘婚阶段，一个血缘家族就是一个生产单位和经济共同体。在它的内部，两性间的社会分工已经开始。血缘家族是氏族社会产生的基础。其教育由家族中的老年人负责，他们在看管动物的同时，照管和教育儿童，发挥着特殊的作用。

此时的教育在内容和形态上都附着于一般的社会生活，属于非形式化的教育，是生产生活的现实需要，是生存的必然需求，是社会长者对未来人的生存训练。群居中的长者凭借自己丰富的经验和能力影响下一代。这个过程不是现代意义的教育，而更多地延续了动物界抚育训练下一代的方式。这个时期的教育不是专门的社会劳动，而是社会劳动的顺带产物。

（二）氏族公社时期的教育

这个时期可分为母系社会、父系社会和恩格斯称之为的"军事民主制"社会。母系社会是以母亲的血缘关系为中心结成的原始社会的早期。这个时期弓箭的发明和使用，以及磨制石器的广泛应用，使原始生产力有了大的发展，男女分工加强了，妇女所从事的种植业成为人们经济生活的主要的稳定的来源，其社会地位显著。这一时期的教育已有性别的区分，男孩由男子指导，学习男子应做之事；女孩由妇女教以妇女应尽的职责。后期还产生了一种叫"男子之家"的机构，负责青年男子的教育和训练。

父系社会时期是以父亲的血缘关系为中心结成的原始社会晚期。随着农业和畜牧业的发展和制陶业的出现，繁重的劳动需要由男子来承担。男子的劳动地位的改变，使他们逐渐取代了妇女在生产和生活中的支配地位，母系氏族公社逐渐变成父系氏族公社。这一时期的教育则由父权维系的若干代近亲所构成的"大家庭"负责。男孩在童年期，女孩在童年期和青年期，一般全由大家庭的成年妇女教导。

随着铁器的出现和驯化的牛、马代替人力耕作，原始时代的生产力进一步提高，劳动产品有了剩余，产品属于一夫一妻制的各家庭所有，并出现了富有的家庭。这样，家庭变成了社会经济单位。随着私有制、剥削和阶级的产生，一些小家庭从父系氏族公社中脱离出来，按居住地域的关系形成了新的社会经济组织，叫做农村公社，父系氏族公社解体。恩格斯将这一时期称作"军事民主制时期"。这一时期的教育则由部落和部落联盟设立的"青年之家"来进行。每个儿童不但是大家庭的成员，而且是部落的成员。部落通过"青年之家"这一学校的雏形，给他们以种种行为上的约束，对儿童的影响是极强的。

时期	教育形式	教育机构
前氏族时期	老人教育儿童	"庠"的雏形
母系氏族时期	男女分别教育	男子之家
父系氏族时期	"大家庭"参与教育	大家庭
军事民主制时期	氏族部落组织教育	青年之家

综上所述，这个时期的"教育"具有以下几个特征：

1. 教育内容的现实性

处于萌芽时期的教育，其内容具有现实性。它不是为了未来，而是为了当下的生产生活服务的。成年人向下一代传递的内容主要是制造工具的方法和技能，生产经验、生活知识和风俗习惯、行为准则等。成年人生产生活需要什么，就向下一代传递什么。

2. 教育过程的随机性

由于教育内容是日常的生产生活的经验，其过程就不需要专门设计了，而是在生产生活过程中随机进行，即做什么教什么。因此，也不存在系统化，教的过程是在有限的情境中的有限行为，学什么的顺序因过程的随机性而大相径庭。

3. 教育方式的生活化

生活中的口耳相传和模仿是萌芽时期教育的主要方式，没有文字，没有教材，年轻一代通过在生活和生产中模仿成年人习得经验技能，或在参与实践的过程中感受各种规范和风俗。

4. 教育者的不确定性

萌芽时期的教育，其教育者主要是人群中的长者（老年人、父母或共同生活的其他长者），他们相比较年轻的下一代参与生产生活的实践时间较长，活动范围更广，因而具备更丰富的经验。至于由谁向下一代传递经验是不确定的，取决于他们和谁在一起。

萌芽时期的教育类似于今天谈到的广义的教育,是社会对年轻一代的影响之和,这种形态的教育在人类历史的任何一个阶段都存在,正如当下谈论的家庭教育一样,"父母是孩子的首任教师,也是终身教师",孩子在空间和时间上和谁在一起就向谁学习,这个时期的教育者是不确定的,一切的成人在一切的时间空间内都可能充当教育者。

在早期的欧洲教育中,退伍军人、家庭主妇,甚至识一点儿文字的社会闲杂人员都可以充任教师。① 此时的教师角色和家族中的长者是融合的,没有绝对的区分,属于兼职状态。

二、专职化——教师职业的诞生

(一) 教师职业诞生的必然性

教育是一种使年轻一代系统地社会化的过程。② 人类个体的社会化是通过掌握社会经验来实现的。③ 原始社会由于生产力发展水平的低下,人们的生产和生活重心只在生存上,他们只要适应自然、防御自然,传授给下一代生存的经验和技能,此时也没有形成系统化的知识,经验的内容十分有限。

随着生产力水平的提高,劳动工具得以优化,除了适应和防御自然外,下一代需要更多的经验来把握自然、驾驭自然,他们需要关注节气的变化,需要掌握灌溉技术,需要对土地进行准确的测量,为了定居需要建筑,于是各种知识在长期社会实践中积累进而系统化和分化。经验的爆炸使原有的在生产生活中通过口耳相传的"教育"方式逐渐不能满足现实的需要,专门的教育形态开始出现,教师也逐步从生活的过程中分离出来,形成了以脑力劳动从体力劳动中分离出来为标志的第三次社会大分工。

人类社会由于剩余产品的出现,逐渐结束了共同生产、平均分配的原始社会形态,产生了统治阶级与被统治阶级。在阶级社会中,存在一个经济上永久占支配地位的统治阶级,而且统治阶级与被统治阶级之间的阶级关系相对稳定,具有封闭性和非流动性。统治阶级为了为维护统治需要对被统治阶级进行影响和训练,这也推动了教师的诞生。这个过程经历了官师一体的"兼职"阶段和教官分离的"专职阶段"。

---

① 滕大春.美国教育史[M].北京:人民教育出版社,2011,第一篇.
② [法]涂尔干著,魏贤超,品伟平译.教育的性质与任务[M].转引自瞿保奎.教育与社会发展.北京:人民教育出版社,1989:1.
③ 凌娟.教育是促使个体社会化的过程[J].教育研究,1982(6).

中国古代称教师为"师",与军队有关。西周立国之初,为了加强军队的统治力量,统治者便开始办学校,培养贵族子弟。这些贵族子弟在学校主要学习射箭、驾驭等军事技能,而后才是学习文化。因此,西周初期学校的教师都是由高级军官担任的,因其职名未变,人们称他们为"师"或"师氏"。西周统治者对教育极端重视和高度垄断,形成"学在官府"和"官守学业"的局面,就是政教一体、官师合一,培养统治阶级的治国人才。这时的学校分国学和乡学两种。国学是专门为京城的奴隶主贵族子弟设立的,乡学是建在地方上为一般奴隶主和庶民子弟设立的。学校教师,国学由京城大官担任,乡学由地方官吏担任。天子和诸侯每年都要视学,同时举行隆重典礼,以表示统治者"尊教重道"之意。所以《尚书》中说:"天降下民,作之君,作之师。"

而教师成为真正意义上的一种专门职业是在专门的教育机构——学校产生以后。春秋战国时期,奴隶制度瓦解,封建制度开始建立,上层建筑发生激变。政治上,王权衰落;意识形态上,礼崩乐坏。文化教育也随之发生变化,其主要标志就是官学衰落,私学兴起。王室、诸侯忙于战争,社会动乱,无暇顾及学校。社会变动打破了奴隶主贵族垄断教育的局面,秘藏于官府的典籍文物散失民间。破落奴隶主贵族及掌握了一定文化知识的人员流落到社会下层,成为私学的教师。教育过程与政治活动有所分离,教师不再是官吏,而成为较单纯、独立的社会职业,可以随处讲学。

(二)教师职业诞生的可能性

生产力水平的提高使得社会劳动产品得以极大丰富,除了满足日常生存需要外,生活资料有了剩余,满足于一部分从事非体力劳动人员的需要,也造就了一批有闲阶级,这就为教师职业的诞生提供了物质基础。

文字是人类书写语言的符号和交流信息的工具,是最伟大的发明之一。文字的诞生是人类进入文明社会的重要标志,是精神文明的重大成果,是人类由蒙昧走向文明的分水岭,对于文明的传承和交流具有深远意义。文字的出现,教育内容有了文字记载和史料参考,这为教育者传授知识的活动提供了有利条件,并促使教育者的从教活动向着职业化方向发展。[①]

专门学校和教师职业的诞生使得教育从家庭或家族中走出来,教育下一代的工作逐步以社会独立的形态出现。教育不仅是家庭的私事,更是政府的公共事务。政府兴办学校对教师进行挑选和任免,对他们的工作进行规定,提供生活和教学保障,对他们

---

① 袁锐锷.教师专业化与高素质教师:经验、理论与改革实践[M].广州:广东高等教育出版社,2007:4.

的工作进行管理,教师进入专职化的阶段。

三、专业化——教师职业的发展

随着社会的发展进步,教师职业发展的复杂性不断加大,通过一般的社会化无法满足职业发展的需要。人们对教育所表现出来的状况越来越不满意,如普鲁士政府1763年颁布的《全国学校规程》一开篇就指出:"有鉴于我国学校工作和青少年教育受到的严重忽视,青少年一代在许多不称职的教堂司事和学校教师指导下,生长在愚昧无知之中这一令人不快的现状,经过充分酝酿和认真考虑,我们认为我国各行省应将教育置于更为重要的地位,并加以更为妥善的重要地位,并加以妥善的组织。"[①] 20世纪80年代,美国面对其国际经济地位的下降,惊呼"国家处在危险中"。而教育上的缺陷被视为造成这一情况的重要原因。解决问题、实现目标的关键在哪里呢?人们不约而同地把目光集中在教师身上。而美国教师的状况并不能令人满意。1980年6月16日,《时代》杂志发表了一篇题为"救命,教师不会教"的文章,报告了一个全国性研究的结果。研究发现,最好的人才并不在教学领域工作,教育专业的学生入学的SAT平均分呈下滑趋势,科学和数学教师短缺。美国教师队伍的这种现状无法担负起公众托付的教育重任。改善以往对教师的培养,提高师资水平成为美国教师教育的当务之急。因此,政府部门及一些研究团体随后发表的一系列重要研究报告,包括"国家优质教育委员会"的《国家在危急中:教育改革势在必行》(1983)、霍姆斯小组的《明天的教师》(1986)和卡耐基教育和经济论坛"教育作为一种专门职业"工作组的《国家为培养21世纪的教师做准备》(1986)等,都将以促进教师专业发展为核心的教师教育改革作为主题,并对实践产生了一定的影响。[②] 我国目前也出现了相似的状况。由于教育体制的改革和师范教育的变革,从事师范学习的学生并不是最优秀的学生,最优秀的人并没能进入教师队伍从事教育职业。

根据涂尔干关于职业分工和社会化的理论,人类想要生存下去,就必须具备新的发展条件。只要个人之间的社会关系广泛地建立起来,他们要想维持自己的地位,就必须沿着专业化的道路发展。[③]

---

① E·P·克伯雷选编,华中师范大学等译. 外国教育史料[M]. 武汉:华中师范大学出版社,1991:513.
② 刘宇. 美国教师专业发展的范式转换及其启示[J]. 比较教育研究,2003(4).
③ (法)涂尔干著,渠东译. 社会分工论[M]. 北京:北京三联书店,2000:295—296.

1966 年,联合国教科文组织(UNESCO)和世界劳工组织(ILO)发表了《关于教师地位的建议》,文中写道:"教育工作应被视为一种专业。这种专业要求教师经过严格且持续不断的研究,才能获得并维持专业知识和专门技能,从而提供公共服务;教育工作还要求教师对其教导之学生的教育和福祉具有个人的和共同的责任感。"美国是世界上最早提出教师专业化这一概念的国家。1976 年,美国教师教育学院联合会在纪念其成立 200 年的报告中指出,"教育能够也必将逐渐发展成为一个专业",并号召沿着这一目标作组织上及专业上的努力。在一篇名为《明天的教师》的报道中,包括前哈佛大学教育研究院院长 H·霍尔姆斯在内的全国共 40 所研究型大学的教育院系的主任们更把奋斗的目标定为"把教育从一门职业变成一门真正的专业,除此以外,别无他求"。20 世纪 80 年代,教师的专业化成为美国教育改革的热点问题。《国家为培养 21 世纪的教师做准备》一文指出,美国"教师的权威建立在专业素质基础上",应通过提高教师的专业地位来实现教育质量的提高。至 90 年代,联邦政府对中小学教师的专业化发展也加大了支持的力度,并于 1995 年把教师的专业发展问题列为美国教育《2000 年目标法案》,使之成为全国的教育目标之一。这一切都说明,教师的专业化已成为美国当代教育改革的一个重要方面,其对美国教育事业的影响将是长远的。[①]

美国的教师专业化发展对世界教师专业化产生了重要的影响,20 世纪 90 年代以后,教师专业化被引入我国,并对我国的教育改革产生了重大影响。

1994 年 1 月 1 日,我国开始实施《中华人民共和国教师法》,其中第三条明确规定了"教师是履行教育教学职责的专业人员",这从法律上确认了教师职业的特殊性,也肯定了教师职业的专业性和不可替代性。1995 年,我国又开始实行教师资格证制度,这些都为提高教师专业化程度提供了基本保障。1998 年,在北京召开的"面向 21 世纪师范教育国际研讨会"明确指出:当前师范教育改革的核心是教师专业化问题,培养具有专业化水准的教师成为国际教师教育改革的目标,21 世纪的教师必须是接受过专业化训练、有着较高专业素养的教育工作者。1999 年 9 月 13 日,教育部制定颁布的《中小学教师继续教育》中规定:"中小学教师继续教育,是指对取得教师资格的中小学在职教师为提高思想政治和业务素质进行的培训。"这里的"取得教师资格"、"在职教师"用语的限制,是指教师职后继续教育,带有明显的"专业化"性质,也就是说不具备教师资格、不是在职教师是不能接受继续教育的,这实际上是把继续教育上升到了教

---

① 耿文霞,周保利. 美国中小学教师专业化初探[J]. 河北师范大学学报(教育科学版),2002(4-1).

师专业化的高度。这些法律制度都为教师职业提升提供了有力保障。

2011年12月12日,教育部公开幼儿园、小学及中学教师专业标准并征求意见。教育部师范教育司在解释该标准制定背景和意义时强调:"制定教师专业标准,明确教师专业素质要求,是健全教师管理制度的一项重要内容,必将大力促进我国教师专业水平的提高。建立教师专业标准体系,严格实施教师准入制度,对于提高教师队伍整体素质,提高教师教育质量,促进义务教育均衡发展和教育公平都将发挥重要作用。同时,制定教师专业标准也符合国际上教师专业化发展的潮流和趋势。"并把该标准的特点概括为四点:一是突出师德要求,要求教师要履行职业道德规范,增强教书育人的责任感和使命感,践行社会主义核心价值体系。二是强调学生主体地位,要求教师要尊重学生,关爱学生,充分发挥学生的主动性,为学生提供适宜的教育,促进每个学生主动、生动活泼地发展。三是强调实践能力,要求教师要把学科知识、教育理论与教育实践相结合,不断研究,改善教育教学工作,提升专业能力。四是体现时代特点,要求教师要主动适应经济社会和教育发展的要求,不断优化知识结构,不断提高文化修养,做终身学习的典范。[1]

第二节　走向专业化的班主任工作

一、我国班主任岗位设置沿革

班级授课制的建立产生了班级,有了班级就需要班级的管理者,一个以班级为对象的教育角色——"班主任"产生了。[2] 捷克教育家夸美纽斯对班级授课制进行了系统的总结和思考,他在《泛智学校》中设想给每个班"指派固定的教师",同时还设想,如果班级学生数较多时,把学生分成组,每组设组长,"以便能容易地帮助班主任教师"。[3]

(一) 类班主任岗位——级任教员、学级主任
我国班级授课制开始于1862年京师同文馆的创立,京师同文馆的授课方式采取

---

[1] http://www.moe.edu.cn/publicfiles/business/htmlfiles/moe/A10_tt/201112/127850.html.

[2] 黄正平.专业化视野中的小学班主任[M].长春:东北师范大学出版社,2005:5.

[3] 任钟印.夸美纽斯教育论著选[M].北京:人民教育出版社,1990:249—258.

编班分级形式。中国近代最早的学制中设置类似班主任的管理思想已经出现,如1902年中国第一部由清末管学大臣张百熙主持拟定,详细规定了各级各类学堂的目标、性质、年限、入学条件、课程设置及相互衔接关系的《钦定学堂章程》("壬寅学制")中提出:"学生每班应设置教习一人,其教法则每一教习将所认定专教之一班学生按日分门教授。"本学制由于种种原因没有真正实施。次年又颁布了由张百熙、张之洞、荣庆等奏拟的《奏定学堂章程》("癸卯学制"),这是清朝政府颁布的关于学制系统的文件,并得以施行。该章程是中国近代第一个以教育法令形式公布,并在全国实行的学制,它根据初等教育、中等教育、高等教育等几个阶段的划分,对学校教育课程设置、教育行政及学校管理等作了明确规定。"癸卯学制"规定"本科正教员通教各科目","正教员任教授学生之功课,且掌所属之职务"。[①] 这里的正教员就是承担了本班的功课教授和管理工作。

民国初年,教学法令除了在功课教授上进一步强化外,还强化了"癸卯学制"中提到的"所属之职务"。如1916年1月18日,教育部公布《国民学校令施行细则》,其中规定"正教员担任儿童之教育,并掌教育所属事务"。1917年,《江苏省立第一小学校学生操行考察规程》中规定,"学生操行成绩由学级主任、舍监、学监随时审察默记之,每月按照定式记录于操行考察簿一次";"每届学期之末,学级主任将各生每月所得审察结果括为期末评定,汇交教务主任"。[②]

这个时期的"级任"和"学级"中的级主要是指学生发展的程度不同,"班"是某个程度发展不同的学生集中在一起。夸美纽斯所设想的分班就是按"级"的分班,是垂直型的组织,如果一级的人数不多,级主任就是班主任;如果级的人数众多,无法在一个空间里授课,可以分为若干个同级而不同的班来组织教学。因此,同一级中的"班"是水平的。

(二) 班主任职位的出现

从文字上出现"班主任"是在中国共产党领导下的老解放区。1934年,《中华苏维埃共和国小学校制度暂行条例》中规定:"每班设主任教员一人,一班学生在四十名以上者,得增设助教员一人。"[③]直接出现"班主任"一词则是在1942年绥德专署教育科的《小学训导刚要》中:"实行教导合一制,必须加强班主任的责任,否则教导主任就忙不

---

① 璩金生等.学制演变[M].上海:上海教育出版社,1991:275.
② 朱有瓛.中国近代学制史料(第三辑上册)[M].上海:华东师范大学出版社,1990:401.
③ 陈元晖.老解放区教育资料(一)[M].北京:教育科学出版社,1981:310.

过来。"①从中可以看出来当时的班主任概念是在教学和训导合一的状态下提出来的，是工作现实需要的整合，更是教育实效性的需要。

教导合一体现了班主任工作的双重性和育人的整合性，这一点在日后得以进一步加强。如1949年7月21日的《陕甘宁边区政府关于新区目前国民教育改革的指示》中强化了这一点："废除训、教分立制度，实行教导合一，……取消级任导师，班设主任教员。"

中华人民共和国成立后，也曾一度在中小学设级任主任，后又撤销级任主任设班主任。② 目前，中小学由于布局调整和校额扩大，同一年级的班级数急剧扩大，有些"航母式"的学校，一个年级的班级数会达到十几甚至几十，为了管理的高效，很多学校会出现年级主任和班主任共同存在的现象。级任主任和班主任的设置不是相互对立的，而是根据教育实际进行调整的，当学校的规模发生变化时，他们的设置就会发生变化，从级任主任与班主任交替出现到同时存在，目的只有一个，那就是高效管理。但是无论如何只要班级授课制存在，以班级为组织形式开展教育教学工作，班主任的岗位设置就不会消失。在我国教育实践中，已经形成了与各级各类学校教育相对应的班主任工作体系，并逐步向专业化方向发展。③

二、班主任的工作职责及其专业化发展

(一) 班主任的工作职责

我国早在1952年教育部颁布的《中小学暂行规程(草案)》中就确立了班主任制度，随后又对班主任的职责作了具体规定。1963年3月，中共中央颁布的《全日制中小学暂行工作条例(草案)》对班主任的职责作出了一些规定。④

1978年，教育部重新颁发在60年代的条例基础上修改而成的《全日制中学暂行工作条例(试行草案)》(简称"中学五十条")和《全日制小学暂行工作条例(试行草案)》(简称"小学四十条")，再次强调了班主任工作的重要性及其规范和任务。其中《全日制小学暂行工作条例(试行草案)》规定"班主任应该在少先队辅导员和其他任课教师的协

① 孙萍.陕甘宁边区教育资料(小学教育部分上)[M].北京:教育科学出版社,1981:277.
② 顾明远.教育大辞典(第一卷)[M].上海:上海教育出版社,1990:233.
③ 黄正平.专业化视野中的小学班主任[M].长春:东北师范大学出版社,2005:8.
④ 李振峰,王在勇,王瑜.也谈班主任的专业化[J].当代教育科学,2006(16).

助下,经常了解本班同学的学习、思想品德、健康等各方面的情况,及时进行教育和帮助;组织和指导学生的劳动和课外活动;指导本班的少先队工作;进行家长工作"。①

1988年6月,国家教委正式颁布了《全国小学班主任工作暂行规定》和《全国中学班主任工作暂行规定》,重申了班主任在学校教育中的重要作用,对班主任的职责作了更为具体、明确的规定,这些规定从班主任的地位、作用、任务、职责、方法、任免的条件、待遇与奖励、管理等方面进行了明确和细化,其中对于连续担任班主任工作达一定年限的教师,给予休整、总结、提高的机会,这表明班主任工作制进一步得到巩固和发展、完善,极大地提高了班主任的工作地位。至此,中小学班主任工作制度建设趋于稳定,走上了健全的发展道路。②

1988年的规定中对班主任提出了七项工作职责,分别是:(1)对学生进行思想品德教育;(2)与任课教师联系,对学生学习进行综合教育;(3)关心学生身体健康;(4)指导班委会和少先队工作;(5)指导学生劳动实践;(6)班级经常性管理工作;(7)与家长联系,争取支持,指导家长正确教子,争取社会教育力量。

1998年7月,国家教委又制定了《中(小)学班主任工作暂行条例》,具体提出了中学班主任的8条职责,小学班主任的7条职责,其基本精神是要求班主任应对他们所管理的一个班的学生的生活、学习、工作以及学生的素质和班集体形成与发展承担重要责任。从中可以看出,班主任的工作内容的生动性、丰富性、复杂性是其重要的特征。③

2006年教育部颁布的《教育部关于进一步加强中小学班主任工作的意见》中提出:"班主任是学校教育第一线的骨干力量,是学校教育工作最基层的组织者和协调者。履行好班主任的职责,必须树立正确的教育理念,遵循中小学生身心发展的规律,运用科学的教育方法,善于利用各种教育资源。班主任教师不仅应该努力协调好各任课教师,做好班级的管理和建设工作、学生的教育和引导工作,积极支持少先队、共青团、班委会开展班级活动,还应该成为沟通学校、家庭、社会的纽带,及时了解学生在家庭和社区的表现,引导家长和社区配合学校共同做好学生的教育工作。"

2009年8月,教育部颁布了《中小学班主任工作规定》,在职责与任务中再一次明确了班主任的五项职责和任务,分别是:(1)全面了解学生,促进学生全面发展;(2)做

---

① 李向辉. 从"副业"走向"主业":班主任专业化的应然选择[J]. 教育学术期刊,2010(11).
② 同上。
③ 同上。

好班级日常管理工作;(3)指导开展各种班级活动,注意安全防护;(4)做好学生综合素质评价工作;(5)与校内教职员工和校外家庭联系,形成教育合力。

综上所述,尽管不同时期对班主任工作职责在表达上存在差异,但是归纳起来,班主任工作的职责和任务的目标核心是"促进学生全面发展",围绕这个任务目标,其具体的工作职责变化不大,且万变不离其宗:了解学生;日常管理;活动组织;科学评价;资源整合。

(二)班主任专业化的内涵

专业(profession)在社会学中的意义是与"职业"或"行业"等概念相对照的。专业是社会分工、职业分化的结果,是社会分化的一种表现形式,是人类认识自然和社会达到一定深度的表现。[①]

社会学家卡尔—桑德斯较早地系统研究了"专业"。在研究中他发现,专业的形成可以追溯到中世纪的行会组织,最古老而又最典型的专业是牧师、医生和律师,它们有一个可追溯到13世纪由中世纪欧洲大学孵育而成长的结盟。然而到了18—19世纪,随着资本主义工业化的发展,一些知识含量较高的职业才取得了专业称号。19世纪下半叶是社会转变的关键时期,从农业到工业社会的转变和企业式商业的兴起,是这一时期的主题。也就在这一时期,发明了专业这一概念;也就在这一时期,专业取得了前所未有的发展和变化。进入20世纪,专业人员的数量和被称为专业的职业同步增长,新的专业不断出现。1933年,被承认的专业达16种,并包括"教学专业"在内。专业群体在20世纪社会结构的重大变化中急剧膨胀,到1964年,人们就已归纳出78种专业。目前社会职业按专业化程度一般可分为三类:一是专业性职业,如医生、律师、会计师等;二是半专业或准专业性职业,如护士、图书管理员等;三是非专业性职业,如售货员、操作机器的工人等。在卡尔—桑德斯看来,"所谓专业是指一群人在从事一种需要专门技术的职业。专业是一种需要特殊之力来培养和完成的职业,其目的在于提供专门性的服务"。[②]

对于教师专业化以及基于教师专业化概念上的班主任专业化,陈桂生教授有自己的看法,他认为教师应该归入"半专业"性质。原因是教师很难成为不可替代的角色,别的职业领域的专业人员若有志于改行当教师,也不见得就不能胜任。同时他认为,

---

① 刘捷.专业化:挑战21世纪的教师[M].北京:教育科学出版社,2002:50—52.
② 转引自台湾师范教育学会主编.教师专业[M].台北:台湾师大书院,1992:1—18.

按照一般专业标准与规范,教育学科的逻辑论证也许不如有些领域基础理论谨严,教育学科的指导价值也许不如某些技术学科有效,且教学活动的成效是"一次性"的,不像科学研究的成果那样具有"可重复性",即经受别人重复试验而得到验证。同时,他还提出不要误解教师职业介于"专业性职业"和"事务性职业"之间的"半专业"化,"半专业化"中的"半"不是数量概念,而是因为教师服务所需的别的专业基础学科知识,同相应的专业相比,显得不够全面与深刻。教师处理大量同未成年人成长相关的实际事务,其中包括单靠专业知识解决不了的问题、单靠个人力量解决不了的问题,或单靠教师人格力量就可以解决的问题。他认为,教师这种"半专业"是这种职业使然,它同样不是别的职业所能替代的。[①]

根据陈桂生教授提出的教师职业的"半专业化"性质再谈教师专业化或者班主任专业化是不是自相矛盾呢?在这个问题上陈教授有自己的独到见解,他认为"我国所谓'教师专业化'只是一个实践口号"。"把这个口号解释为'教师成为专业人员或者实现和提升教师专业性的过程',勉强'说得过去'。"把教师专业化作为一个实践口号,旨在改变教师现状的价值判断,而把教师职业归入"半专业"领域是根据教师职能活动的特点对教师职业的专业性质作出的事实(实然)与可能(应然)判断。[②]

(三) 班主任专业化与教师专业化

班主任是学校任命或委派并负责组织、教育、管理学生班级的主任教师,作为教师群体中的中坚和骨干,是联系校内外各种力量形成合力,沟通学校、家庭多种教育渠道的纽带和桥梁,是班集体的组织者和建设者。

班主任专业化是特殊类型的教师专业化,或者说是教师专业化的一个特殊方面。班主任专业化建立在教师专业化的基础之上,是教师专业化在微观层面上的具体体现和深化。班主任首先是一名教师,一名优秀的教师不一定能成为优秀的班主任,但是一名优秀的班主任首先得是一名优秀的教师。

班主任专业化的要求与内容与非班主任教师专业化的要求与内容有共同的方面,同时又有其特殊的方面。担当班主任需要满足作为教师职业的一般要求,同时还需要具有班主任角色担当的独特内在需要。共同的要求与内容包括任教学科的专业化;教育知识、教育能力的专业化,含教育学理论、心理学理论、青少年心理发展理论等理论

---

① 陈桂生.普通教育学纲要[M].上海:华东师范大学出版社,2009:343—350.
② 同上,第350页.

修养与教育艺术等;以及对教师道德的要求。关于任教学科的专业化,是所有教师都应当为之努力以求实现的目标。[1]

一般教师都是以学科内容为载体,以课堂教学为主渠道完成知识的传授,以作业布置与批改、试卷分析与评定完成学习效果的检验。[2] 班主任专业化的特殊性可以概括为两个方面:一是从教育劳动的性质看,班主任的劳动主要是精神劳动,是在做与学生心灵沟通的工作,所以,学会精神关怀是其专业化的核心;二是班主任工作要有其特殊的教育操作系统,所以,熟练掌握心理教育的技能技巧是走向专业化的根本标志。[3]

组织、管理班级是班主任的工作,班主任的教育劳动与班主任的组织管理工作是相互联系、相互渗透的,但又有区别的。班级的组织管理是班务工作、组织管理班级具有教育性,但不是直接的教育活动或教育过程本身。教育或直接的教育过程是文化—心理过程,是师生精神交往的过程,是教师与学生互动的过程。班主任教育劳动主要的、内在的目的就是育人,就是促进学生的精神发展,因此实质上是一种精神劳动。促进学生德、智、体全面发展,是所有教师包括班主任教师和非班主任教师的职责,但班主任作为班级教育的主任教师,他的角色地位决定了他的工作有着与非班主任教师教学工作不同的特殊性,即除了负责、组织管理班级工作外,还必须承担更多的教育责任。他是学校中主要进行道德教育的教师。在现实生活中,更多、更好地关心学生全面发展的是班主任;更多、更好地关心学生精神生活、精神发展的也是班主任。

(四) 班主任专业化的认识进程[4]

南京师范大学的班华教授把班主任专业化问题的认识过程概括为四个阶段:即"提出——疑虑——认可——深化"。

提出阶段:我国第一次提出班主任专业化是在 2002 年在天津大港的班集体理论建设研讨会,由首都师范大学的王海燕提出。班华教授认为这个概念的提出是教育研究者具有教育理论的敏感性的体现,也是追求教育思想创新的表现。

疑虑阶段:班华教授认为,班主任专业化的提出是很有意义、很重要的,当时并没有立即为人们所接受,更没有进入实质性的研究和探讨阶段,而是在相当大的程度上对这一提法存在疑虑。

---

① 班华.专业化:班主任持续发展的过程[J].人民教育,2004(15—16).
② 罗梦祥.构建班主任专业化的发展平台[J].中小学教师培训,2007(2).
③ 王在勇,李振峰.再谈班主任的专业化[J].当代教育科学,2007(5—6).
④ 班华.专业化:班主任持续发展的过程[J].人民教育,2004(15—16).

认可阶段:2003 年 11 月在柳州召开的班集体建设研讨会,其主题为"班集体建设与班主任专业化发展的研究",班华教授认为这表明了班主任专业化论题已经得到认可,对人们认识、研究班主任专业化起了很大的推动作用。

深化阶段:2004 年,人民教育编辑部"班主任专业化"专辑的出版,使问题的认识进一步深化,推进了全国范围内对班主任专业化问题的研究。随后各地举行了形式多样的有关班主任专业化的研究和探讨,深入探究了班主任专业化的理论与实践。

班主任的专业化目前正处于认识不断深化的过程,就"专业化"的内涵来看,班主任专业化的内涵更加具体化,内容更加丰富化,这是未来在研究班主任专业化的问题时要进一步探讨的问题。班主任专业化是职业专业化发展的结果,是教师专业发展细化的结果,也是现代社会对教育实践和教育理论深化研究的结果。

案例分析

我想帮助你①

小芳一直是个成绩不错的女孩子。可是这段时间上课思想不集中,连续几次小测验成绩都不理想。她忍不住落泪了。我总觉得她肯定有什么事,不然她绝不会是这个样子的。我把她找来了解情况,她什么都没说,只是保证下次一定考好,可是上课还是打不起精神。于是我在她的作业本里放了一张小纸条,上面写着:"你一定是遇到了什么烦心事吧? 不然你绝不会是这样子的,需要我帮你吗? 说出来会好受些,也许我能帮你!"一天过后,她送给我一封信,长长的,有好几页,信中把她爸爸妈妈闹离婚的事告诉了我。在信的末尾,她说:"老师,我把心里话都告诉你了,希望你不要告诉我的爸爸妈妈,他们正在闹矛盾。"我看完信全明白了:女孩长大了,有了自己的小秘密。我当着她的面把信撕得粉碎,同时郑重承诺:绝不会让外人知道! 我和她一道分析原因,帮她想让她爸爸妈妈和好的办法。"不好当面说,就采用书信交流,给他们写信,说出你的心里感受,告诉他们闹离婚对你的伤害有多大。我想你的父母会明白你的用心的。"她听了以后满意地离开了。两天后,我因为在办公室里辅导学困生学习,快上晚自习了还没有吃上饭,正准备到寝室去做饭,门开了,数学课代表拿着一袋方便面,对我说是小芳给我的。当时我真的好感动! 学生的关爱使我心中顿时充满了阳光。

---

① 故事转引自 http://www.wsbedu.com/kejian/zkgk-955-bzrgu.html。

第二周上学时,看小芳高兴的样子,我知道她爸爸妈妈的问题解决了。

[思考]

阅读案例,分析一下这位班主任的工作中体现了哪些专业精神。

拓展阅读

[1] 王枬等著.教师发展:从自在走向自为[M].桂林:广西师范大学出版社,2007.

[2] 郭志明.美国教师专业规范历史研究[M].北京:中国社会科学出版社,2004.

[3] 杨连山,田福安.教师专业化五项修炼[M].重庆:西南师范大学出版社,2010.

[4] 人民教育编辑部.班主任专业化指南[M].北京:高等教育出版社,2010.

[5] 林岩.班主任工作的策略与艺术[M].北京:教育科学出版社,2011.

第二章　专业化视野下的家校合作

　　家庭教育和学校教育在人的成长过程中分别担任着重要的角色。从时间起始角度看，家庭教育对人的影响更早，学校教育主要在学习者进入学校后产生影响。但学习者进入学校学习期间，家庭教育并不是完全不发挥作用，而是有辅助和促进的作用。正如苏联教育家苏霍姆林斯基所说："最完备的社会教育是学校教育和家庭教育的结合。"家庭教育与学校教育的结合，不仅可以促进学生的健康成长与发展，而且在家长与教师沟通和合作中促进家长与教师的成长。通过家庭对学校的影响、学校对家庭的作用，提升学校的教学与管理水平，促进社会的基本单元——家庭的进步与发展，进而实现社会教育的进步与发展。"施行学校——家庭教育不仅可以很好地培养年轻一代，而且还可以使家庭和父母的道德面貌完美。没有对子女的教育，没有对学校生活的积极参与，没有成人与孩子之间经常的精神上的接触和相互充实，就不可能有作为社会基本单位的家庭本身，不可能有学校这个重要的教育教学机关，也不可能有社会在精神上的进步。"因此，家校合作的重要意义既包括对学生的发展作用，也包括对家庭和学校的发展作用；既包括对家长和教师的成长促进，也包括对社会教育进步的促进。家庭教育和学校教育在某种意义上可以看成是一种相互对接和补充的教育过程，这一过程的主要实现者就是家长和教师，其中在学校中最可能深入了解学生的教师就是班主任。本章拟在呈现家校合作重要价值和意义的基础上，展现班主任在家校合作中的角色定位及班主任在家校合作中需要坚持的基本原则。

第一节　家校合作的价值意义

一、对儿童成长的意义

　　家庭和学校的合作，能够为儿童营造良好的教育氛围，促进子女健康成长。子女的健康成长,不仅体现在学习成绩的优异上,而且还体现在健全的人格、高尚的道德、良好的意志品质、积极的人生态度等方面。

1. 促进儿童人格的健全发展

处于社会转型期的家庭结构正发生着巨大的变化。以核心家庭为主体,单亲家庭、隔代家庭、重组家庭、流动家庭、留守家庭等不同形式的家庭结构,已经打破了传统的单一的家庭结构。在这些家庭中家长或忙于工作疏忽子女,或异地工作无法直接照顾子女,就更谈不上教育子女了。在儿童早期人格的形成过程中,父母关爱的缺失会产生不良的影响。家长缺少必要的家庭教育知识,不能及时解决儿童成长中的问题,会造成儿童成长中的人格冲突和矛盾。

学校拥有丰富的教育资源,如专业的教师队伍、丰富的教育教学经验、先进的教育教学理念等。儿童进入学校开始学生生涯的同时,家长也获得了借助学校教育资源的机会。家长和学校的交流,可以促进二者在观念和行动上的一致性,共同影响儿童人格的形成。尤其在一些特殊家庭中,如留守家庭,流动家庭,单亲家庭等,教师对儿童的关心,将对儿童健全人格的形成有着巨大的作用。

2. 提高知识学习的积极性

知识经济社会,使人们对知识的重视达到前所未有的高度。学校作为知识传播的重要场所,在儿童的成长过程中扮演着重要的角色。"学校教育是一种群体教育,如果单从学习成绩上看,总有一部分学生落后于大部分学生。应该说,在同一学校,特别是同一班级的学生所接受的学校教育水平没有什么差别,学生的智力也没有大的区别。"①如果单纯地从学习成绩的优劣衡量学生知识学习的好坏,可能会导致知识学习的偏差。那么究竟是什么导致学生智力水平相近、接受的教育水平相近,但学习成绩却千差万别呢?学习成绩的差异,不仅反映在知识量的多寡,而且还体现在学习习惯、学习态度、学习意志上。家长为孩子提供的学习环境和家庭氛围、家长的教育素养与教育行为都会影响到儿童的学习。"多年前国外的研究成果表明,家校合作有助于提高青少年的学业成就,这也是教育理论界的共识。"②良好的家校合作,可以为儿童营造出一种连续的、共通的、积极的文化氛围,让儿童感受到来自家庭和学校的关注,进而激发起学习的热情,提高其知识学习的积极性。

---

① 黄河清. 家校合作导论[M]. 上海:华东师范大学出版社,2008:11.
② 同上。

3. 提高学生生存和发展的能力

生存和发展是人适应社会、融入社会生活的基本能力。如何在复杂的社会中生存和发展下去,需要通过教育来完成。家庭和学校是学生成长的重要环境,也是实施教育的两大主体。《教育——财富蕴藏其中》指出:21 世纪的教育的基本作用,似乎比任何时候都更在于保证人人享有他们为充分发挥自己的才能和尽可能牢牢掌握自己的命运而需要的思想、判断、感情和想象方面的自由。[①] 也就是说,学生在未来生存和发展的能力不仅仅局限在单纯的掌握知识和技能方面,还应包含着身体、心理、道德观念、人生观、价值观、创新思维等各方面的综合素质。

学生的生存和发展不是与世隔绝的,是在逐步适应社会环境中取得的。家庭和学校的合作,可以为尚不成熟的个体提供一个提前接触社会的场所。面对千差万别的社会生活,学生在了解社会、适应社会中存在很多困惑。家庭和学校的良好沟通和合作,并形成一致性的教育影响,能够确保学生树立正确的世界观、人生观和价值观。在学校和家庭的共同努力下,帮助学生适应社会,提升其生存和发展的能力。

4. 成长问题防患于未然

学生在成长过程中,难免会遇到不良因素的影响。"问题少年"并非在出生时就被打上标签,他们是在后天社会交往以及学业和道德的成长中,受到了不良因素的干扰,却没有接受到必要而有效的教育干预。而家庭和学校在这一过程中应承担主要责任。事实上,我们经常可以看到,有些家长将孩子送进学校就不管不问了,认为教育是教师的责任,只要孩子进了学校,从此他们就轻松了,教育孩子是学校的事,"我交钱,我消费"。事实上,教师尤其是班主任,由于班级学生人数多,教学工作量大,只能顾及大多数学生的普遍性问题,对一些隐性的学生问题往往无法做到面面俱到。这种情况往往会造成两种结果:一是不能及时发现问题,不能将问题在萌芽状态解决。二是虽然发现问题,但不能及时了解问题的原因并及时纠正,延误了教育的最佳时机。这两种结果将直接导致"问题少年"的形成。如果家庭与学校的合作是有效的、密切的,沟通是及时的、深入的,解决问题的方法是一致的、连续的,那么对学生的成长问题会起到防患于未然的效果。

---

① 国际 21 世纪教育委员会. 教育——财富蕴藏其中[M]. 北京:教育科学出版社,2001:85.

二、对家庭教育的意义

1. 有效补充家庭教育的资源

"家庭教育是人类的一种教育实践,是在家庭互动过程中父母对子女的生长发展所产生的教育影响。广义的家庭教育既包括家长对子女的教育,又包括子女对家长的教育,甚至包括双亲之间、子女与子女之间、子女与长辈之间产生的教育影响。狭义的家庭教育是指父母对子女所形成的影响。"①无论是广义的家庭教育,还是狭义的家庭教育,都离不开家庭互动中教育活动所依托的载体——教育资源。

随着经济的发展,家庭收入的增加,父母对子女教育问题的重视程度逐步提高。家庭中对子女教育的投入不断增加,如课外补习、特长班,课外书籍等,表面上看似乎家庭占有的有形教育资源很丰富,但冷静思考后发现,此种教育资源的增加仅仅局限在以提高子女学业成绩为目的的层面上。在对如何影响子女行为习惯、思想道德,如何深入了解子女的内心世界,如何发现家庭教育问题、解决家庭教育问题等方面,家长所拥有的教育资源是极其有限的。家长可能接收到来自网络传播的家庭教育信息,可能传承上一辈的家庭教育经验,也可能反思自身成长中的家庭教育方式,这些资源可以为解决子女的教育问题提供帮助,但无法有效地解决。

家校合作为家庭开辟了一条新途径。通过共享学校提供的学习资源,参与学校组织的学习活动,家长可以接收到新的教育理念,掌握子女成长的最新动态,了解家庭教育现存问题。可以将这些资源补充到自身的家庭教育中来,使家庭成为子女和父母共同成长的场所。

2. 营造和谐的家庭氛围

"孟母三迁"的故事众所周知,它反映了家长对教育环境的重视。家庭是儿童成长的重要场所,良好的家庭氛围是儿童健康成长的必要条件。家长是家庭生活的主导者。工作和生活的压力、夫妻关系和家庭关系的压力会直接影响家长对家庭氛围的营造,孩子在家庭生活中是可以直接感受到来自于父母关系及情绪上的变化的,而这种感受可能会造成孩子的心理压力及认识上的偏差。一份有关中学生心理健康状况与家庭氛围的关系的调查显示:"中学生良好的心理健康状况与融洽的家庭氛围之间成

---

① 缪建东.家庭教育社会学[M].南京:南京师范大学出版社,1999:2.

正相关,中学生的心理健康状况处于较高水平者,其家庭成员之间具有较高的亲密度,互相尊重,自信心强,组织性明确;而中学生心理健康水平欠佳,甚至有较明显的心理问题者,其家庭成员之间的亲密度低,自信心缺乏,组织性也相对较差。"[1]面对纷繁芜杂的社会,家庭教育和学校教育都会受到来自社会生活环境的影响,家庭和学校的沟通和协调可以发挥教育的最大效能。学校教育对家长教养方式的指导能够帮助建立一个和睦、温馨的家庭环境。

三、对学校教育的意义

1. 实现家庭教育与学校教育的合力性

家庭和学校是儿童教育过程中的天然合作者。家庭教育和学校教育是一个互补的过程,通过相互间的支持和配合,增强教育的效果。家庭教育和学校教育又是一个衔接的过程,二者之间不留间隙,持续稳定地对儿童施加影响。苏霍姆林斯基说,儿童只有在这样的条件下,才能实现和谐的全面的发展,就是两个"教育者"——学校和家庭,不仅要一致行动,要向儿童提出同样的要求,而且要志同道合,抱着一致的信念,始终从同样的原则出发,无论在教育的目的上、过程上,还是手段上,都要避免产生分歧。通过家校合作可实现这种教育过程的一致性。

2. 获得合作伙伴的支持力

学校在育人的过程中并不是孤立的。学校面对的学生教育问题,也并非是单纯的。"学校在教育过程中的主导地位受到了动摇;教师在知识传播方面的垄断地位被打破,教师与学生的原初关系正在改变;学校教育对青少年的可控性也在下降,校内与校外的关系正在调整。"[2]学校努力改变自身的教学与管理,同时也在寻求合作伙伴的支持。面对源于社会影响的学生问题,如贫富差距、校园暴力、不良信息的传播等,学校要解决,但不是独自解决。仅靠学校的力量也无法彻底地解决,学校要在获得来自家庭、社会等合作伙伴的帮助和共同努力下,协调各方,通力合作,才能完成。

3. 扩大学校教育资源的获取途径

家长是一种特殊的教育资源,他们来自于不同的社会阶层、不同的职业背景,拥有

① 胡群英,谢秀东. 中学生心理健康状况与家庭氛围的关系[J]. 赣南医学院学报,2011(4).
② 周丹. 对家校合作若干理论和实践问题的思考[J]. 无锡教育学院学报,2001(2).

不同的理念和思想。家长具有可以补充教师专业以外的知识和技能。对家长的教育资源应该予以重视和利用,使之为学校教育服务。在美国新泽西州,学区各学校成立了"家长志愿者协调委员会",该委员会的任务是征询教师需要什么教育资源(如特殊身份的教育者、教育场所等),然后想办法满足教师的教育需要。各学校都建立了家长教育资源库,并在各个年级都配备了家长志愿者协调员。在每年的《家长—学生手册》中,都有一张供家长和教师签约的伙伴学习合作协议书。

4. 促进学校教育管理水平以及民主意识的提升

前文提到,现代学校的育人活动不是孤立的,需要合作伙伴。学校打开大门,家长走进学校,在家长参与管理的同时,学校已经获得了坚定的合作伙伴,这也正是学校民主管理的开端。

家长参与学校管理,可以有效地配合学校工作,使学生在学校接受的教育更有针对性和时效性,使学校教育能够有的放矢地开展;可以帮助完善学校管理机制,家长对学校的政策规定、制度章程等提出的意见,能够促进学校对自我管理机制的完善;可以监督教师工作质量,及早发现不合格的教师和管理者,避免恶性事件的发生;可以帮助提高管理与教学水平,敦促教师和管理者不断提高自身的业务水平;可以增加学校工作的透明度,促进学校工作向更高层次的社会化发展。

四、对社会教育意识提高的意义

学习型社会要为全体社会成员提供学习和接受教育的机会,要使每个人都能主动地去学习自己所需要的知识,能意识到自己既是教育者,又是受教育者。增加对教育的投入和支持、加深对教育的认识和理解、增强教育意识、扩大教育途径、倡导终身学习,是学习型社会对全体社会成员提出的新的挑战和要求。

家庭是社会的基本单元,学校是实施教育的主体,二者的合作能够有效地将有关教育的理念、思维和方法等传播和渗透到社会的基本细胞中,进而影响整个社会机体。"从家校合作扩展到家庭、学校、社会三方面的合作,从家长参与学校教育活动发展到全体社会成员参与,从合作意识的培养到合作制度的建立,全社会关注教育、参与教育的风气就会形成。"[①]家庭与学校的合作过程是"授"与"受"的统一。教师在指导过程

---

① 马忠虎.家校合作[M].北京:教育科学出版社,1999:52.

中,不断向家长输入正确的教育理念,形成正确的教育意识,促进家长的成长。家长参与其他社会活动时,也通过不同的领域将其获得的信息传递给他人。学校、家庭、社会将教育儿童扩展到全民范围,在这一过程中提升社会的教育意识,进而提升社会的教育水平。

五、对家长和教师的意义

家庭教育与学校教育的合作,是家长与教师相互学习、相互交流、相互教育的过程。家校合作可以敦促家长与教师的深入学习,接受相互教育。

首先,家庭教育知识和技能并非与生俱来,要做合格的家长,必须进行学习。家长可以借助家校合作平台请教学校的教师,获得关于子女教育最直接的知识。家长可以通过参与家长团体,与其他家长进行经验交流,彼此互通有无,以吸收更多的家庭教育经验,交流教育心得,促进教育能力的提升。另外,团体中的家长成员本身来自不同的职业、不同的背景、不同的生活环境,这样就形成了一个丰富的社会资源团,对家长自身素质的提升也有激励和帮助作用。"良好的家校合作,同样能使家长的道德和精神面貌发生积极的转变。家长能在教师和其他家长的榜样作用和帮助下,在合作成功的鼓舞下,营造温馨和睦的家庭气氛,改善亲子关系和与其他家庭成员之间的关系。"①

其次,优秀的教师也不是一蹴而就的,需要一个成长的过程。教师要比较全面客观地认识学生,才能在教育过程中有的放矢,因材施教;需要良好的沟通和交流的技能,将专业知识和技能传递出去,并使"受"者有效接收;需要分享不同的成功经验,改进教育管理工作。家校合作为教师提供学习的途径,加快其成长的速度。"教师在家校合作过程中,若能得到家长的大力支持,一方面会转变对家长参与教育工作的偏见,另一方面也会在教育教学中投入更多的时间和精力,积极地寻求新的途径来密切家校关系。"②

第二节 家校合作中的班主任角色定位

"角色是指一个人在特定的社会人际环境中所处的地位和应遵循的行为模式。一

---

① 马忠虎.家校合作[M].北京:教育科学出版社,1999:50.
② 同上。

个人只有具备你所充当的角色的角色意识，才能在人际交往中进入角色，产生应有的角色态度和行为，较好地履行角色义务。"①每个人在不同的时间、不同的地点，根据需要的不同，担任的角色也不同。在家校合作中，教师应首先明确自己的角色，尤其是班主任在与家长的沟通与交流中，更应拥有明确的角色意识。只有这样，才能更好地完成角色所承担的责任和义务。那么究竟班主任在家校合作中所担任的角色、所承担的责任和义务都有哪些呢？我们对班主任的角色作出以下定位。

一、家长正确认识儿童的协助者

家庭是儿童成长的最初场所，家长最早认识儿童，但并不一定是最了解儿童的。家长经常会有这样的感叹："这孩子，我怎么一点都不认识了？不知道他整天在想什么！有什么事也不跟我们家长讲。"家长拥有良好的愿望，希望通过对儿童的深入了解来把孩子教育好，但是缺少的是科学的家庭教育的知识和方法。尤其是儿童在不同成长阶段所显现出来的心理特殊性，家长往往容易忽略，甚至因为没有相关知识而无法应对。

学校教育中，教师是实施教育的主体，在实际的教学工作和学生管理工作中直接接触学生。尤其是班主任工作，更是围绕学生展开，需要深入细致地了解学生。班主任往往拥有教育教学、心理学等专业知识，在长期的工作中又积累了丰富的识别学生问题、应对不同阶段问题、解决教育问题的经验，因此也更能直接把握学生的变化，正确认识学生。

家长在教育子女遇到困难时，首先想到的就是班主任。班主任可以借助与家长沟通和交流的机会，帮助家长重新认识子女，协助家长为子女成长制定新的目标和计划，适应其成长的规律，为儿童的健康成长提供来自家庭和学校的双重支持。

二、家庭教育的指导者

做好家庭教育工作，首先就要做好家长的教育工作。美国心理学家哈里森说："帮助儿童的最佳途径是帮助父母。"家长教育的实质就是实现对家长的有效指导。班主

---

① 杨照.浅谈班主任的角色定位[J].天津教育，1999(7—8).

任是专业的教育工作者,与家长有着共同为儿童发展创造健康成长环境的愿望,可以为家长提供相关的指导与帮助。

1. 班主任是教育知识和理念的传播者

"在社会发展过程中,教师这一社会角色是通过对文化知识的传播而发挥其功能作用的。没有文化知识传递的需要,也就不可能产生教师的职业角色。教师闻道在先,术业有专攻,而且懂得教育科学知识和技能,了解学生的心理。"家长与班主任的合作是建立在信任的基础上的。"信任是人际关系中的一项资产,人们就彼此承担着失败和背叛的风险。"(查尔斯·帝利,2010)家长对班主任的信任包括其教育知识的专业化,对学生的理解及新教育观念的掌握。因此,班主任可以借助家校合作的平台,将有利于学生成长和发展的教育知识、理念、技能直接传递给家长,指导家长将其应用于家庭教育。

2. 班主任是家长具体问题的咨询者

现代家长并不缺乏参与教育的热情,但是缺少的是对子女教育的正确方法。对子女问题的及早发现,并有针对性地施予教育,是家长寻求班主任帮助的重要原因。班主任作为咨询者,首先体现在其教育知识的专业性上。教师可以帮助家长纠正错误的观念。其次体现在教育影响的延续性上。学校对学生的教育影响延伸至家庭,可能会有所削减,但通过班主任和家长的沟通,可以使教育影响持续有效。再次,有些家长虽认识到问题所在,却苦于没有解决类似问题的经验,又不敢轻易实行,而班主任在工作中积累了大量的解决学生学业、心理等方面问题的经验,可以根据具体问题,提出有针对性的方案。因此,家长可以直接咨询班主任来帮助子女渡过"危险期"。

三、学生发展的指导者

班主任不仅仅给学生传授具体知识,而且要教给学生了解世界、认识时代的方法,帮助他们理解生命的意义,树立正确的世界观、人生观和价值观。班主任要在学生需要的时候给予适当的引导、点拨和鼓励。从现实意义上说,班主任是学生在思想上的引路人。班主任的思想引导并不意味着批评教育,而是在正确认识学生问题的基础上,将教育引导贯穿于学生的生活,施以潜移默化的影响。同时,班主任也是学生在学业上的指路人。班主任的第一身份是教师,在教师专业化的过程中,我们首先对教师的专业知识提出要求。班主任作为专业知识的传授者,可以帮助学生解决专业知识的问题,从而达到"授业解惑"的效果。在知识经济时代,知识更新的速度在加快,获取信息的途径在增加,所以班主任在对学生的学业指导并不局限在知识的传授中,而是教给学生获取信息的方法,帮助学生形成创新的思维方式。学生的懵懂,在班主任的指导下,逐渐清晰明了;学生的困惑,在班主任的指导下,找到了解决方法;学生的茫然,在班主任的指导下,找到了努力方向。学生在成长和发展的过程中,有了班主任的指导和守护,就有了顺利过渡的保障,就有了积极向上的支持。

四、学校政策的宣传者

班主任在与家长的沟通中扮演着"通讯员"的角色。这并不意味着班主任只是单方面的"传声筒"。沟通的重要目的就是要理解。班主任作为学校政策的宣传者,就是要在与家长沟通的过程中,解释学校的政策内容、具体措施及相关要求,使家长在理解其真正意义的基础上,能够接受学校的要求,并使双方紧密地结合起来,发挥双方的作用。

五、家校关系的协调者

"缺乏对家校合作活动的有效协调与管理,家校合作就无法实现连续性。教师可以利用家长的才能开发各具特色的家校合作活动,但要使各活动在时间上保持连续性、在效果上相互强化和促进,则需要管理人员的协调。"[1]班主任作为班级的管理者,对家校关系有着重要的影响。在家校合作中,家长和教师都可能会存在一些错误的认识,比如有的家长可能认为教育孩子是学校的事情,将孩子的学习和思想上的教育工作推给学校,推给班主任,如果孩子出了问题就归咎于班主任和学校。有些教师则认为家长不懂如何教育孩子,时常给自己找麻烦,对家长提出的问题置之不理。久而久之,双方由于认识上的偏差,就会导致实际工作中的冲突,进而影响学生的成长。而班主任就要通过各种渠道来纠正这些错误认识,增进家庭和学校之间的理解,协调家庭和学校之间的关系。目前,学校建立了多种家校沟通的渠道,如家校通讯、便条或喜报、家校热线、家校合作手册等。学校还组织了家校沟通的活动,如教师家访、家长访校、家长学校等。这些渠道和活动的确增加了家长了解学生和学校的形式,但如何加

---

① 马忠虎. 对家校合作中几个问题的认识[J]. 教育理论与实践,1999(3).

深家长对学校的理解,获得家长在家庭教育中的支持,还需要班主任在上述的渠道和活动中,多了解家长的需要,帮助家长解决家庭教育中的困难。同时,将学校的要求和政策解释给家长,以获得家长的理解与支持。班主任要在良好的家校关系中,实现对学生的教育引导,促进学生的健康发展。

第三节　家校合作的基本原则

班主任工作是一项细致、严谨而又复杂的艺术性工作。在家校合作中,作为学校与家庭沟通的纽带和桥梁,班主任工作直接影响着家庭与学校的关系,影响着家庭与学校的配合,阻碍促进学生发展的健康氛围的形成。班主任在工作中应该坚持哪些基本原则来指导家校合作,我们作了以下的探讨。

一、融情性原则

苏霍姆林斯基曾说过:"一个好的教师的必备条件是:首先要热爱孩子,感到和孩子交往是一种乐趣,相信每一个孩子都能成为好人,善于和他们交往,关心孩子的快乐和悲伤,了解孩子的心灵,时刻都不忘自己也曾是一个孩子。"班主任对学生的爱是一种博爱,是一种真挚的爱,是一种毫无偏见的爱,也是一种不带任何功利色彩的爱。班主任在学生管理过程中要有对学生的无私的爱,在家校合作中同样也应该让家长感受到这种爱。班主任拥有教育者的身份,也兼有家长的身份。这种双重身份,可以使班主任更深刻地体会到家长的不易,和对子女的无私。他们与家长一样,拥有一颗爱子女、关心子女的心。家长在感受到这份情感后,对班主任会产生信任感,也更能激发其对子女教育的热情,以及配合班主任工作的积极性。英国作家狄更斯说:"爱,能使世界转动。"班主任在与家长沟通的过程中,将自己对学生的真情实感融入到指导家长的家庭教育中去,融入到相互配合、共同促进学生的健康成长中去。

二、灵活性原则

班主任在做具体工作时,方法要灵活多样,常变常新。针对不同年龄、不同阶段的学生,工作方法应有所变化。学生的不同特点源于其家庭的影响,不同的家长有不同的性格特点和生活方式。班主任在家校合作中既要了解学生的个性品质、兴趣爱好、心理素质和身体状况,也要了解学生家长的情况,如经济状况、文化素质、工作性质、教育思想及教育方法等。根据不同的家长特点做不同的沟通方案,选择不同的沟通方式,采用有针对性的、有效的沟通技巧。

三、以人为本原则

以人为本,一切为了每一位学生的发展是新课程改革的核心理念。班主任在实际工作中,应树立新的教育观念、新的学生观,尊重学生人格,承认学生的差异,关注学生潜能的开发。在与家长的沟通中,要深入了解学生的家庭背景、个性特征、心理素质、思想状况,在对学生施加教育影响的过程中,根据个体的差异,有的放矢地进行。"合作是一种社会互动形式,指两个或两个以上的人或群体为达到共同的目的,自觉或不自觉地在行动上相互配合的一种互助方式。"①家校合作中的"以人为本","人",既包括学生,也包括家长,班主任在实际工作中不能为了解决学生的问题,不分时间、场合和地点地要求家长的支持与配合。家长在社会生活中扮演着多重角色,班主任应该考虑到家长不同的身份、不同的背景、所处的不同环境等来进行沟通。在一次对班主任的访谈中,大多数班主任深有感触:在工作时间给家长打电话,往往匆匆几句话就得结束交谈,根本谈不上深入交流。

[案例]

"一块橡皮"的思考

故事呈现 某寄宿制小学,学生周一至周五在学校住宿,周五下午回家,周一早上返校。每周五下午,各班班主任会汇总本班学生的学习情况及生活情况,将下周一学生需要上交的作业、需要准备的生活用品及学习用品经本校"家校通"信息平台发送给家长,以保证下周学生正常的生活和学习。

二(1)班班主任王老师于周五放学前帮助学生整理学习用品时发现,小明的橡皮已经用完,于是通过"家校通"告知了小明家长,请家长在下周一返校时,给小明买块橡

---

① 郎艳红.试论家校合作对小学英语学习的促进作用[J].安徽文学,2008(4).

皮。小明周一返校后,上午课间时王老师发现,提醒家长给小明带橡皮,小明却没有带,于是,立即打电话给小明的妈妈,电话无人接听。转打给小明爸爸,小明爸爸接电话时说正在上班。王老师说:"上周五已经通知了给小明准备,请家长现在准备好送来吧。"小明爸爸说:"工作忙,实在走不开,没有时间送橡皮。不然,王老师帮忙买一块吧。"王老师回答说:"我是班主任,不是保姆,通知家长应该做的,你们却没做,你们这是对孩子不负责任。"接着挂断了电话。

深入思考 从表面上看,王老师对家长讲的话不无道理。一方面,王老师已经提前通知家长。另一方面,班上学生人数较多,又是寄宿制的管理,王老师的工作量难免增加,对于一些琐事会感到应接不暇,甚至会因为忙于应付而无暇顾及。也许班主任老师们都会有这种感觉:家长不配合,心里很无奈。有时还会认为家长在推卸教育子女的责任,因此产生了不良情绪。但是冷静下来,仔细思考,王老师的话会令家长产生什么样的反应呢?会不会影响家校关系呢?

故事中的王老师工作量大是客观事实,王老师的工作却也细致入微,就连学生没有橡皮这样一件小事也能及时发现并通知家长,可见王老师的心中是装着学生的。但是,在王老师与家长沟通时,我们不难发现,无论是在选择沟通的时间上,还是在沟通话语上,都可能会造成一些负面影响。前文中我们讲过,班主任在家校合作中应遵循这样的几项原则:融情性原则、灵活性原则和以人为本原则。王老师因为着急,显然忽略了这样的原则。经过调查发现,一般家长将孩子送来读寄宿制学校,其主要原因就是工作太忙,无暇照顾孩子。试想如果小明的父母也是出于这种原因,那么周一上午,小明妈妈不接电话,小明爸爸称工作忙、无法抽身,就是可以理解的。王老师在电话中要求家长马上送橡皮来,不但不可能,还会令家长反感。王老师在打电话前就应该设身处地地为家长着想。在沟通过程中,当王老师提出请家长给小明送橡皮的要求时,小明爸爸表示工作忙、走不开,而王老师的回答很干脆,说自己不是"保姆"。很明显,王老师此时是带着情绪的,但是这种情绪是负面的,直接会导致家长对老师的抵触情绪。比如,家长会认为,像买橡皮这样的小事,班主任是小题大做,可以不予理会。那么,如果在以后沟通真正重大问题时,家长的情绪也会受以前的影响,从而直接或间接地影响沟通的效果。当小明爸爸提出请老师代买橡皮时,王老师直接回绝,并指责家长不负责任。我们可以设想一下,为什么小明的家长没有买橡皮?其一,可能真的忘记了;其二,可能因为其他事情耽误了;其三,如王老师所说,家长不负责任。那么在与家长沟通时,我们应遵循灵活性和以人为本的原则,要先帮家长解决一部分老师可以解决的问题,比如故事中,王老师可以先帮小明买橡皮。然后,在适当的时候,让家长感受到班主任的做法是为了帮助家长、帮助学生,并不是给家长找麻烦,或是责备家长,那么,在之后再有类似的通知时,家长就会留心做好,进而减轻了班主任的工作。这样,在相互理解的基础上,班主任和家长间就会形成良性的沟通渠道,确保家庭和学校的合作。

四、平等原则

家校合作中的平等原则就是要在教育者和被教育者之间建立一种平等的关系。这里指的教育者可能是教师,也可能是家长。当然,他们也同样可能成为被教育者,即教师和家长在家校合作的互动中,会因为环境的变化互为教育者和被教育者。尽管班主任在教育专业知识、教育技能上有一定的特长,但特长并不等于特权,班主任在与家长沟通和交流时,不能以一副居高临下的姿态去"教训"家长。以家访为例,"班主任在家访中要发挥主导作用,态度要诚恳,切忌自己讲,家长听。要引导家长发言,耐心听取家长的意见,虚心接受家长提出的建议。班主任要引导家长用正确的方法教育孩子,使家长明白关心、教育孩子是学校、家庭的共同责任。家庭教育和学校教育是相辅相成的,孩子的健康成长需要学校和家庭的共同教育"。[①]

五、指导性原则

实行家庭教育的主体是父母,但一般的父母都没有接受过系统的教育职业培训,缺乏教育理论修养,对教育工作不太熟悉。他们都各有自己的社会角色和职业,教育子女只能在工作和劳动之余进行,所花的时间和精力都是有限的,但是家长拥有对子女的教育热情,期望通过自身的家庭教育为子女营造良好的家庭成长氛围。班主任是家庭教育的指导者,是家长学习家庭教育知识、技能的指导者。在这一过程中,班主任不直接参与家庭教育,但却为家长提供相应的辅助教育支持。班主任要能够在了解学生、了解家庭、理解家长的基础上,通过沟通,充分调动家长的教育热情,提升家长施行家庭教育的自觉性,促进家长对家庭教育知识的学习,在家长遇到困惑

---

① 孔祥池. 班主任做好家访的五项原则[J]. 中国校外教育,2007(9).

与迷茫时,尤其是在家长与子女发生教育冲突时,为家长提供一条清晰、直接、可行的解决途径。

[案例]

"叫家长"的无奈

"叫家长"是个挺通俗又口语化的词,在家长中很流行,一般是指学校的老师主动联系家长,请家长到学校,沟通一下学生的情况。最近一段时间,"叫家长"又被很多家长戏称为"训家长"。由"叫家长"到"训家长"的变化,我们可以感到家长对"叫家长"的头疼与害怕。以下是几位家长的感慨:

家长甲:"每次孩子班主任把我叫过去,除了告状就是教训,为了孩子,还不能顶嘴,只能听着。上班听老板训,下班听老师训,真难受啊!"

家长乙:"班主任打电话来准没好事,不是让我去学校交钱就是批评我家孩子,一句好听的都没有!"

家长丙:"孩子班主任叫我去学校,我干脆就说没时间,不去!"

家长丁:"每次班主任叫爸爸去学校,老师说孩子这不好、那不好,就是怪家里没管。爸爸挨了一通批评回来,我们家就闹得鸡飞狗跳的。"

家长戊:"老师叫我去学校,见面就说我家孩子学习不好、习惯不好,让我们管管。老师训过了就让我们回来。可是我们从哪管,怎么管啊?"

……

家长们的感慨透露着许多的无奈。在传统的"尊师重道"思想的影响下,班主任会认为他的地位神圣不可侵犯,在与家长面对面时,往往是一种居高临下的姿态。班主任请家长来学校的主要原因是学生在校表现不良,而这种居高临下的姿态,无形中将班主任与家长的沟通变成了指责家长、批评家长,甚至是教训家长。班主任出于沟通的目的,但却没有收到沟通的效果。家长则在班主任的"训斥"中,对班主任产生厌恶感,甚至产生抵触情绪,严重影响了班主任和家长的进一步交流,进而影响了学生的成长。如上述的家长丙说的没时间,其实就是反映了家长的抵触情绪。试想在孩子出现问题时,班主任需要与家长沟通,而家长丙因前期"挨训"而拒绝到学校与班主任见面,孩子的问题就无法及时为家长所掌握,很有可能会延误纠正问题的时机,甚至会导致问题的升级。所以,班主任在与家长沟通时要注意平等性原则,尊重家长,并及时听取家长的意见,了解家长在家庭教育中的困难,不能一味地指责。要使家校沟通形成一种平等宽松的氛围,以利于信息的交流、问题的沟通,从而促进孩子的成长。另外,班主任"叫家长"时,除了指出学生的问题之外,还应该为家长提供家庭教育的指导,即坚持指导性原则。家长丁和家长戊的烦恼其实不是班主任的"训",而是如何"教",即如何用科学的方法来教育子女,纠正子女的问题行为。家长丁家里的"鸡飞狗跳"正是由于家长没有合理的方法去教育子女,所以在学校了解到问题后,回到家里只能采取严厉的惩罚措施,甚至是体罚。"爸爸打,妈妈拉,孩子哭",其结果往往是打过、骂过,孩子承认错误,但是没几天就又原形毕露了。这说明方法不合适,没有真正地修正孩子的问题,或者说没有帮助孩子真正地认识错误,改正错误。家长戊的疑问正是说明这种由于教育能力缺乏的无奈。因此,班主任不能将"叫家长"这种沟通方式变成单向的指出问题,而应该结合学生的具体情况,帮助家长找到一条合适的、有效的教育途径,以培养和提高家长的家庭教育能力,指导家长形成科学的家庭教育意识。亲爱的班主任老师,请不要让"叫家长"的无奈继续延续下去,请在平等和指导性原则下,将"叫家长"变成"请家长",使其真正成为家校沟通中直接和有效的途径。请用您的专业知识为家长提供家庭教育知识,对其提供指导意见,不要忽略了家长的教育热情。家长往往是在无奈的情况下,才选择"教育放弃"——一切归老师管。这种情况,是我们在家校合作中最不愿见到的,也是最不理想的。

六、系统性原则

教育是一个整体的、系列化的、有序的系统,这一系统中的某个构成因素发生变化,都会影响教育者和受教育者的行为和行为结果。学校教育、家庭教育、社会教育,是处于不同环境下的教育系统,它们有各自的特点,但就对学生的教育来说,三个教育系统却是协同的关系,他们有着共同的教育目标:为学生营造良好的成长氛围,促进学生的健康发展。班主任与家长分别处于学校教育和家庭教育两个系统中,但是由于二者的施教对象是一致的,所以学校教育和家庭教育又是联系紧密的系统。二者的相互配合,体现着系统中的协同思想。任何教育形式都不是孤立地完成教育任务的。班主任在家校合作的过程中,要看到家庭教育与学校教育是相互协调、相互依存、相互渗透和相互影响的,要重视与家长的协同努力、相互配合、共同指导的过程,不能将家庭教育和学校教育简单地看成是两部分的叠加,而应慎重处理好相互的关系,使二者形成具有一致性、衔接性、互补性和支持性的整体。

七、教育发展性原则

一切的合作只有一个目的,那就是为了学生的教育和发展。"教育专家预测,21世纪最成功的劳动者,应当是全面发展的、具有开拓精神的人,是最善于合作的人。"①家庭与学校合作的目的就是促进学生的全面发展。班主任在与家长的沟通和协作,就是要为学生的全面发展创造良好的环境。学生的成长与发展不是一帆风顺的,他们是在不断的冲突和矛盾中成熟和发展起来的,因此要在学生成长的每个阶段提供必要的教育支持,确保学生顺利地度过危险期和困难期,实现自身的健康成长和顺利发展。班主任坚持教育的发展性原则,就是在不断调整教育措施和家庭指导措施的过程中,解决学生成长中的关键问题,完成培养全面发展的人的教育任务。

[案例]

家校同携手　共铺成长路②

小 G 同学为外来务工子女,性格较内向,为人纯朴,但对学习无兴趣。在课堂上能遵守纪律,但注意力不集中,一直昏昏沉沉、无精打采,老是趴在课桌上,不肯写作业,是班里的后进生。其父亲做古董玉器买卖,生意兴旺,家庭生活环境优越。小 G 的母亲主要料理家庭生活起居及照顾 3 岁的小女儿,也时常叮嘱小 G 的学习,但小 G 从不理会,故而小 G 的学习由威信较高的爸爸来管理,然而由于生意繁忙及对小 G 的溺爱,根本无法对他学习进行督促。我经常与其父亲沟通联系,告知小 G 在校情况,小 G 父亲多次表示会极力配合我的工作,但效果甚微,甚至有时还包庇小 G。因而小 G 持续表现为作业不按时完成,第二天在同学老师的督促下补出部分作业,上课精神不佳。一次次的与家长联系成了家常便饭,每次小 G 的家长态度都是很诚恳的,希望得到老师的帮助,希望老师严格对待孩子,但是每次谈完以后却收效甚微,小 G 依然是一副懒洋洋的状态。一天中午,我像往常一样询问值日班长学生作业的情况,了解到小 G 作业已经补完,我略生疑虑,心想今天小 G 补作业怎么那么勤快,便点了小 G

---

① 马忠虎. 家校合作[M]. 北京:教育科学出版社,1999:46.
② http://www. sanhao. lwedu. sh. cn/infoshow.asp? classid=661840235&newsid=285482203

的名字,并要求他将英语作业本交给我检查。小 G 慢吞吞地从座位上离开走到讲台边,小声地说:"老师,我要去上厕所。""你的作业本呢?先把作业本拿上来。"小 G 没有做声,一转身气呼呼地坐回座位趴在了座位上。于是我又说道:"小 G,将作业本拿出来。"然而,小 G 仍然不理不睬地趴在桌子上。于是我提高了声音:"老师再说一遍,把作业本放到讲台上来!"但小 G 还是头也不抬地趴在座位上不理不睬。随即,我便走下了讲台来到小 G 身边,对他严厉地教育起来:"老师跟你讲话你不听,如果对老师的教育都不理不睬,那老师只能请你监护人来学校管你了!""你别拿这个来威胁我!你去叫好了!"小 G 将头抬起来愤怒地答道。"老师管你是老师的责任,如果你还是这样目中无人,那老师可以不管你,当然要在你父母以及你在场并同意的情况下!"我消了消心中的怒火,严厉地说道。"好呀!不管就不管!谁要你管!"小 G 情绪似乎越发暴躁了,嘴里还嘟囔着脏话……最后,治保老师将小 G 请出了教室……

为什么小 G 会产生这样的行为呢?首先我们要说家长对孩子过于溺爱,溺爱孩子是很多家长容易犯的一个错误,也是导致孩子出现成长困惑的重要原因之一。溺爱下的孩子,通常比较自私,常以自我为中心,不懂得体贴顾惜别人,心理承受能力和自理能力都比较差,具有极强的依赖思想。特别是孩子一旦把父母的付出当成习惯时,他就会觉得理所当然而心安理得地享受父母的付出。如果某天这种付出停止了,或是孩子无休止的索取遭到拒绝了,他就会仇恨父母,甚至打击报复父母。小 G 的父亲虽然时常问起他的作业完成情况,但通常就轻易相信小 G 作业已经完成了,仅仅是形式上的叮嘱几句,将更多的精力还是放在自己的生意上了。而母亲性情直率,对小 G 的学习情况刨根问底,经常引来小 G 的不满。她时常盯着小 G 完成作业,这令小 G 非常反感,因此,小 G 不但不听从妈妈的教导,甚至经常顶嘴,对母亲极不尊重。解决这一问题的关键是要统一父亲与母亲对小 G 教育的态度,就是要让小 G 的父亲把握好爱的尺度和原则,不要过于溺爱。多让小 G 参加班级活动、社会实践,以融入班集体。也可适当地进行挫折教育,以提高孩子的独立能力。这样将学校的教育力量和家庭的教育力量整合成一个强有力的教育系统,就能为小 G 的不良行为改变提供整体的教育合力了。

不少家长在从严要求孩子的同时,缺乏对自己的严格要求,甚至禁止孩子做的,却是他们自己所喜好的。小 G 父母要求小 G 早睡早起,以免上学迟到、上课精神不佳,然而家长自身却时常晚上都不在家,并较晚回来,家长第二天也时常睡懒觉,早上手机都为关闭状态,一般到中午才能与家长取得联系。父母是孩子的第一任老师,父母的言行举止时刻影响着孩子,孩子也时刻在模仿父母,因此,家长要严格要求自己,尽量避免在孩子面前出现不良的言行举止，为孩子的健康成长树立榜样。

　　班主任在家庭教育的指导中要将系统性和教育发展性原则合理地整合，将学校的教育环境与家庭教育氛围融入到教育发展的系统中，为整个系统中的受教育者提供充分的发展空间和自由度，并给予及时的、适度的、有效的教育指导。如果把教育系统中的学生、家长和教师打个比方，我想把他们比作一支箭，箭头是学生，家长和教师分别支撑箭尾。箭头射出的力来自箭尾的支持，箭头的方向受箭尾两翼的影响。希望我们的班主任老师能与家长共同承担箭尾的力与方向的重任。

八、法制性原则

　　班主任在家校合作的过程中要有法律意识、法治精神。随着教育立法的不断健全，教育的各项活动逐渐在法律的指导下进行，依法治教、依法育人也就成为时代发展的必然要求。班主任是特殊的教师群体，班主任的行为更应坚持法制性原则。要在教育法律法规的严格要求下施行教育活动，尊重和保护学生的合法权利，履行好法律赋予的权利和义务。尤其在家校合作的过程中，班主任更应理解和掌握相关法律规定，在对家庭教育进行指导时，做到有法可依，依法维权。既可以保护学生、家长和班主任的合法权益，又能够确保教育主体履行应尽的义务，还可以促进相关领域立法的健全与发展。本书的第五章将对班主任家校合作中的相关法律影响作深入的探讨。

[案例]

增强班主任的法制意识刻不容缓①

　　近年来，状告学校承担赔偿责任的人身损害案件多有发生。校长在判决前忙于应诉，判决后训斥教师。要想有效地减少校园内的人身损害案件，必须增强班主任的法律意识，提高班主任的法制管理水平，锻造依法治教的班主任队伍。

　　目前校园内的人身损害案件可分为四类：（1）伤害类。这类案件中具有加害人和受害人两种主体。加害人和受害人可以是个体，也可以是群体。赔偿主体应是加害方。（2）事故类。这类案件没有明显的加害主体。案件发生的原因往往是危房倒塌、食物中毒、团体活动组织不当等。赔偿主体应是学校。（3）疾病类。这类案件的表现

---

① http://www.sxsedu.net/LookXW.asp? xw_id=758.

形式是学生个体突发疾病或在校感染了传染病,校方没有尽到注意义务,成为赔偿主体。(4)人为类。这类案件的表现形式是教师不尊重学生人格,变相体罚学生,部分受批评的学生心理素质脆弱,无法承受指责,离校出走酿成事故。赔偿主体应是学校。

以下四例个案发生在从幼儿园到高中的各类学校:

案例一:某县直机关幼儿园在课间活动时,组织幼儿喝米汤。教室里挤满了60名幼儿。队伍未整好,米汤桶便已到教室内,敞口无盖。由于幼儿拥挤,教师监管不力,一名杨姓幼儿被推倒在滚烫的米汤桶中,造成Ⅱ级烫伤,烫伤面积为32%。

分析:从案件事实和法律规定看,幼儿园应当承担赔偿责任。最高人民法院《关于贯彻执行民法通则若干问题的意见》(下称《意见》)第160条指出:"在幼儿园、学校生活、学习的无民事行为能力人,受到伤害或者给他人造成损害,单位有过错的,可以责令这些单位给予适当的赔偿。"本案中的受害人和加害人均为10周岁以下的无民事行为能力人,符合本《意见》关于主体的规定。幼儿园的过错表现:喝米汤的队伍未整好、顺序未组织好、米汤桶处无人看管、敞口无盖。(《中国教育报》)

案例二:某小学两名小学生迟到后,班主任令其在室外站立,不许进教室。因是冬天,当日又下大雪,两名小学生在站了一个多小时后,趁老师不注意,跑出校园。又因惧怕家长责问,不敢回家,在大雪天因迷路而走失,数日后,在田地里发现了孩子的尸体。

分析:学校应当承担赔偿责任。该案例中的班主任让学生大雪天在室外受冻罚站,违反了《中华人民共和国教师法》(下称《教师法》)第8条"尊重学生人格"的法定义务。受害人有权根据《中华人民共和国教育法》(下称《教育法》)第42条的规定,"依法提起诉讼"。

案例三:某初中学生甲与乙同住一寝室。甲扔炭块玩耍,该炭块扔到墙上后反弹回来,掉在乙的眼上,致乙视网膜损伤。

分析:学校应承担相应的民事责任。一是因为该初中生虽已超过10周岁,但根据《民法通则》第11条的意见仍属限制民事行为能力人。二是该损伤发生在校园内。教育部颁布的《学生伤害事故处理办法》第2条指出:"在学校负有管理责任的校舍……造成在校生人身损害后果的事故,适用本法。"三是学校对学生的监管不力,警示不够。

案例四:某高中的一位学生到校后感觉身体不适,到宿舍休息了一天半,未见好转;第三日被同寝室舍友送往一诊所以重感冒诊治,当日下午被接回家中观察;第四日求诊于某职工医院以急性喉炎诊治,下午转至上级医院;第五日被确诊为重症肝炎;第六日凌晨死亡。

分析:学校应否承担相应的民事责任,争议较大。受害方认为学校应当承担赔偿责任。理由是：学校没有尽到注意义务，没有将患病学生送往医院救治，没有及时通知家长，延误了最佳抢救时机。

校方则认为不应承担赔偿责任。理由是：该学生虽是限制民事行为能力人，但完全有能力表达自己的病情程度；校方无法预测学生抗病能力的个体差异；死亡结果是病毒侵袭造成，与学校的管理工作不存在因果关系。

诉至法院后，法院驳回了该学生家长的诉讼请求。虽然校方胜诉了，但给我们留下诸多思考：倘若班主任的法制观念较强，了解教育部 2002 年第 12 号令第 9 条第 8 项的内容，"学生在校期间突发疾病，学校发现但未根据实际情况及时采取相应措施，导致不良后果加重的，应承担相应的责任"；倘若班主任尽到了注意义务，及时发现了未上课的事实；倘若班主任通过望诊问诊采取果断措施送往医院救治；倘若提前两天让学生家长接回，死亡后果或许不会发生，民事诉讼或许能够避免。

分析上述四例个案发现，如果班主任具有较强的法制管理意识，倾注全部爱心，及时有效地操作，完全可以避免一些不必要的事故和纠纷。遗憾的是不仅事故发生了，而且酿成了纠纷。班主任是学生工作的管理者、学生活动的组织者、学生心理的调试者、弱势学生的保护者，班主任应在全面提高自身综合素质的同时，增强法制管理意识。禁止居高临下，指责谩骂；杜绝漠不关心，延误时机；切忌缺乏爱心，视而不见。校园内的人身损害赔偿案件上升的趋势给教育工作者提出了紧迫而客观的要求：增强班主任的法制管理意识刻不容缓。

班主任只有增强自身法律意识后，在实际工作中才能坚持法制性原则，进而在其各项工作中能够自觉地依照法律规定进行。在家校合作中，班主任的法制性原则就像一座航标，如果航标歪了，那势必导致整个教育管理的方向发生偏差，就会造成学生的不知所措、家长的无从做起，从而直接影响合作的效果和学生的成长。

案例分析

单亲家庭的阳光男孩[①]

魏书生曾说过这么一句话："走入学生的心灵中去，你就会发现那是一个广阔而又迷人的新天地，许多百思不得其解的教育难题，我都会在那得到答案。"一个著名的教

[①] http://luobuyingzi. blog. sohu. com/67285553. html.

育家说过,没有家庭教育的学校教育和没有学校教育的家庭教育,都不能承担培养人这个艰巨而复杂的教育工程。因此,为了孩子的健康成长,我认为与家长合作是班主任工作的关键。而我也体会到了与家长沟通后学生进步的喜悦。

我们班有个孩子叫王××,是班长,他的学习成绩在年级里是数一数二的。按理说,这样的孩子是最叫老师省心的。可是,他的行为举止偏偏不像一个好学生。我清楚地记得有一次,任课老师反映我们班有酒味,王××成为重点怀疑对象。我问他喝酒了吗? 他说喝了。我很高兴他承认自己的错误。可是当他说出喝酒的理由时,我震惊了。原来,王××属于单亲家庭,妈妈带着他嫁给了同村人,现在妈妈又给他生了一个小妹妹。他对我说:"中午他喝酒家里人都知道,他的继父叫他陪亲戚,不喝不行。妈妈阻拦不起效果,他就只有喝酒了。我看他浑身酒味,就通知他的家长接他回家醒酒。他妈妈抱着一个不会走路的孩子来了,嘴里一直在骂王××的亲爸爸,说他不学好,还边说边哭诉自己命不好,孩子不争气。当我问及王××中午是否在家喝酒时,他妈妈矢口否认,说他根本没有回家吃饭。我知道了,王××在说谎。由于办公室人很多,于是我和他妈妈约好了,晚上我们通电话。

晚上,我和家长在电话里足足聊了一个多小时。我了解到在家长眼里,这孩子一无是处,对孩子的所作所为家长唯一的方式就是指责加上谩骂。我迷惑了,这可怎么办? 教育好孩子的关键就是先教会孩子的妈妈如何教育孩子。于是,我首先肯定了孩子在学校的表现,比如上课积极举手,聪明上进,有集体荣誉感。他妈妈问我孩子在年级是考第一吗? 他和我说他考第一我就没有相信过。我心里很不是滋味。对孩子不信任,这对孩子是怎样的伤害呀! 我感觉重担一下子全落在了我的身上。我决定还是先稳住家长,再做好学生的工作。

第二天,王××就主动找到了我。他对我说,我对不起老师,对不起班级,我保证以后不再喝酒和撒谎了。我问他,妈妈怎么教育你的? 他说,就是唠叨我呗! 在她眼里,我一无是处。我死了她才高兴呢。我再问下去,王××就什么都不说了,只是啪嗒、啪嗒地掉眼泪。这时候,我又想起了魏书生老师说过的话:要想解决教育问题,必须走入学生的心灵。我要寻找教育契机,再争取家长的配合。

此后没有多久,王××就出现不完成作业和上课走神的现象,还听说他夜不归宿去网吧上网,学习成绩也下降了。我和家长电话联系,家长就说,这孩子我不要了,他愿意找他的死爹就去找,不好好学习,还上网,回家我也不叫他吃饭。我和家长说,这孩子出现问题也是您的孩子,现在,把这件事情交给我,我来解决问题。你只要配合我就可以了。于是,我叫家长该做饭就做饭,不要唠叨,可以关心一下生活。出现不对劲的地方,就直接给我打电话。家长答应我了。

家庭不幸的孩子,往往对老师和同伴的关爱有一种特别的渴望。师爱虽不能代替父爱和母爱,但至少可以使学生感受到学校生活的温情和暖意。这不只是一种爱的补偿,更是一种爱的启迪。一个感到人世间充满着爱的孩子,一定会走出心中的阴影,鼓起生活的勇气,乐观地面对现实。

这回,我准备和王××深谈一次。从他妈妈和他在新家处境,分析到他妈妈在婚姻生活中受到的伤害,再说到望子成龙的心情,不懂得教育方法的苦恼。我问王××,你理解妈妈的苦心吗?王××点了点头。我又问,那你觉得妈妈哪些地方需要改一下?他说,我不喜欢回家,每天在学校里,我都是很快乐的,可是一到家里,我就感觉浑身都冷,不想回去,没有人喜欢我,我做什么都不对。我写作业,妈妈就带着小妹妹在我屋里玩,一会就说我几句,一会又说我几句。我去一次网吧,她就唠叨个没完。我就不想写作业了,我就睡觉。我说,那你觉得你去网吧没有错,是妈妈逼迫你去的吗?他说,不是,我就是不想回家。我忽然觉得我找到了突破口。我说,看到你这样,我很着急。这样吧,你妈妈那我去说,保证你的学习环境。但是,你必须要保证不去网吧,这样你妈妈也就放心了。再有,你妈妈以后也会减少对你的唠叨,你觉得这样可以吗?王××的眼睛发亮了,他连忙说,可以!可以!我答应!然后,我又说道,你好好学,考上一中,就可以住校了,那时候一周才回一次家,估计你都会想你妈妈的。你出息了,你妈妈在新家里就有地位。我知道你是一个孝顺儿子,加油吧!王××笑了,他深深鞠躬后回班去了。

我马上拨通家长电话,把我们的谈话内容告知家长。她妈妈很开心,表示一定配合我的教育。此后,我经常找王××询问情况。他说现在好多了,妈妈不再说他骂他了。

有一次,我去班里上课,走到后门的时候,我习惯性地从后门窗口向里面看。这时候,王××站在后门那里,从玻璃那头给我扮鬼脸,那笑容是久违了的笑容,是孩子纯真的笑容。我被感染了。

他变了,变得开朗了,变得积极上进了,成绩也上来了。最重要的是,他已经变成阳光男孩了。

这件事让我体会到了班主任与家长沟通的必要性。一个孩子就是摆在我们面前的一道难题,这道题是需要家长和老师合作完成的。

在工作中,我看到了孩子的成长,享受着这其中成功的喜悦和幸福。家校合作这座桥梁的主要建造者就是我们老师,沟通就可以创造奇迹,合作就可以铸就辉煌。为了孩子,让我们一起努力吧!

[思考]

1. 试分析本案例中班主任所做的家校沟通工作对学生及其家庭的意义。

2. 在本案例中,班主任遵循了哪些家校合作的原则?

3. 请将您在实际工作中遇到的与本案例类似的问题进行归类,并用本章内容进行分析,找出其中的成功与不足之处。

拓展阅读

[1] 黄河清.家校合作导论[M].上海:华东师范大学出版社,2008.

[2] 赵忠心.家庭教育学:教育子女的科学与艺术[M].北京:人民教育出版社,2001.

[3] 邱珍琬.亲职教育[M].台北:五南图书出版公司,2005.

[4] 郭静晃.亲职教育:理论与实务[M].台北:扬智文化,2005.

[5] 赵刚.家长教育学[M].北京:科学教育出版社,2010.

[6] 缪建东.家庭教育社会学[M].南京:南京师范大学出版社,1999.

[7] 岳瑛.我国家校合作的现状及影响因素[J].天津教科院学报,2002(6).

第三章　家校合作的内容与层次

　　家校合作是一种双向、互动的合作，需要家校双方共同的参与。家校双方合作有三个层次：信息交流层次、意义沟通层次、价值劝说层次。信息交流是指家校双方互通信息，保持信息交流畅通，它是家校合作的前提，为后续的意义沟通、价值劝说打下坚实的基础；意义沟通是指家校在信息互通的基础上，能相互尊重，站在对方的角度相互理解；价值劝说则是指家校在沟通理解的基础上，学校对家庭教育进行指导，从而促进学生健康成长。这三个层次是依次递进的，后一个层次是在前一个层次的基础上进行的。本章就家校合作的这三个层次的内涵以及开展的各种方式进行阐释。

第一节　交流——信息交流

一、信息交流的内涵及其重要性

　　在处理班主任和家长的关系时，进行信息交流是第一步，它是后续意义沟通、价值劝说的前提。这就是说，沟通是用信息去沟通，劝说是用信息去劝说，所以，信息交流有着自身的独特内涵和重要性。

（一）信息交流的内涵

　　在理解什么是信息交流之前，我们还先要对信息作出必要的解释。信息作为一个概念，是美国贝尔电话实验室工程师、狭义信息论的创始人申农在1948年出版的《通讯中的数学理论》一书中首先提出的，后被广泛运用到社会科学学科中。"作为一个科学范畴，信息是一个可以度量的概念，因此申农给信息下的定义是'两次不定性之差'。所谓'不定性'，就是人对认知对象的不了解、不确定。'两次不定性之差'，是指人们获得新知识之后，改变了原来的不定性，增加了确定性，但在总体上说，对认知对象的了解仍是不完全的,所以成了再一次的不确定。"①申农的这个定义,主要是从通信系统的联系方面考虑的,是相对狭义的信息概念,在这里我们不作过多讨论。

维纳作为信息控制论的创始人从控制论的角度出发,对信息作了界定:"信息这个名称的内容,就是我们对外界进行调节,并使我们的调节为外界所了解时与外界交换来的东西。这里的信息是指人、动物或机器等控制系统与外界相互联系的方式。"

信息一般有四种存在形态:数据、文本、声音、图像。这四种形态是可以相互转化的。

信息还具有一些特性②:

1. 可传输性:信息需要依附于某种载体进行传输。

2. 可识别性:信息能够以一定的方式予以识别。

3. 可处理性:信息可以通过一定的手段进行处理。

4. 可还原再现性:信息能够以不同的形式进行传递、还原、再现。

5. 扩散性和可共享性:同一信源可以供给多个信宿,因此信息是可以共享的。

6. 时效性和时滞性:信息在一定的时间内是有效的信息,在此时间之外就是无效的信息。任何信息从信源传播到信宿都需要经过一定的时间,都有其时滞性。

7. 可重复利用性:信源发送的信息不论传送给多少个信宿,都不会因信宿的数量而减少,并且一种信息是可以多次被反复利用的。

8. 存储性:信息可以用不同的方式存储在不同的介质上。

9. 信息是可以转换的:信息可以从一种形态转换为另一种形态。

10. 信息是有价值的:信息是一种资源,因而是有价值的。

通过对信息的了解,我们可以看到,信息是必须要与外界交流并传播的。如果信息不能够及时有效地传播,就会失去它的意义。我们发出信息与接收信息就是信息的交流与传播。

(二) 信息交流的重要性

在家校合作中,班主任宣传家长参加活动、张贴班级活动图片、家访、召开家长会、使用家校联系簿等都是家校信息交流的方式。这些信息交流方式构成了家校沟通的桥梁,对班主任和学校的工作开展以及学生的进步成长都具有重要意义。以家校信息

---

① 居延安. 公共关系学[M]. 上海:复旦大学出版社,2008:93.
② http://baike.baidu.com/view/2127628.htm. 2012.5.20.

不对等为例,如果家长只是从班主任那里得到了学生在学校的单向信息传输,而自己的一些意见和疑问不能及时地向班主任和学校反映的话,学校和班主任在家校工作开展中可能不具有针对性,也得不到家长的理解支持,这无疑对促进学生的更大发展是不利的。相反,如果班主任和家长之间的信息交流通畅,班主任能及时全面地了解到学生的在家表现,也能及时向家长反映学生的在校表现,与此同时,家长也了解到学生的在校表现,并能对家校合作工作提出自己的意见和看法,那么家校合作就会发挥到最大的实效。

通过下面的一则案例①,我们也可以看到家校信息交流的重要性。

[案例]

奇奇是一个见识多、思维敏捷、善于观察、能言会道的孩子。课堂上常有他智慧的火花在闪烁。他以解决数学难题而出名,语文背诵也是班里背的最快的一个,很受班主任的喜欢。但有一天,奇奇的妈妈找到班主任:"老师,怎么办呀? 我实在没办法了!"一见面这几句没头没脑的话把班主任给问晕了。要知道奇奇可是班里为数不多的机灵鬼。不过俗话说:聪明的孩子调皮,这真是一点儿没错。聪明的奇奇常常是让老师喜忧参半,常有恨铁不成钢的想法。课堂上只要他集中精力,那一准有精彩的发言、意想不到的提问,可兴奋点一过,激情一过,那他准又是走神一族,做小动作,开小差,手里还经常把弄一些诸如铅笔或橡皮啊之类的文具。课间他也会想出许多点子和他那些志同道合的伙伴疯玩,花样百出,危险不断。他还有一个老也不改的毛病,就是写作业速度极慢、书写时好时坏。听到奇奇妈妈这样说,班主任忙安抚说:"别急! 有什么事慢慢说。"他妈妈这才平静了,道出了事情的原委。原来他父母工作单位很远,所以下班回家较迟,经常是放学后他一人在家。回家后,他就看电视,不写作业,等爸爸妈妈回来后才开始写。由于时间晚了,他写作业就非常马虎,错误很多,妈妈检查后常要他重写,以致很晚才睡。后来他妈妈让退休在家的爷爷放学后照顾、督促他,可是孩子不听老人的话,经常顶嘴,一放学就看电视,对于作业总是马马虎虎。现在妈妈叫他重写,他也不愿意了,还和妈妈顶撞起来,气得妈妈没了办法,这才找班主任来讨教了。听了他妈妈的话,班主任这才知道奇奇是很会钻大人空子的,还敢与熟悉的亲人不讲道理,顶撞他们。班主任和奇奇的妈妈说:"奇奇在校可是一个懂事的孩子,很多

---

① http://zheatt. blog. sohu. com/152036755. html. 2012. 8. 30.

道理不用多说,他就明白,只是自控能力稍微差了些。今天听了你的话,我这才发现他在家还有另一面。为什么你不早和我联系呢?"奇奇妈妈说:"我们怕麻烦老师。再说孩子要面子,一听说我们要找老师谈谈,就认错,还哀求我们,所以我们也就算了。今天实在感到没办法了,才向您反映。"听了她的话,班主任为自己工作的不细致感到惭愧,同时也感到家校联系的重要性。

在这则案例中,奇奇妈妈就是由于没有及时与班主任联系,没向班主任及时告知奇奇在家的表现才导致奇奇的不良习惯没能得到及时干预。当然,作为班主任,没有主动去了解奇奇的不良习惯背后的原因,也是事情不能早日解决的重要原因。

总之,家校信息交流至关重要,需要家庭和班主任的共同努力,才能保证信息交流的畅通无阻。

二、家校信息交流的常见方式及主要内容与特点

(一)家校交流的常见方式

我们在上面已经说到信息是不能独立存在的。家校要进行信息交流,自然是要借助一定的媒介。不同的媒介具有不同的传播信息的功效。家校信息交流方式按不同的标准,有不同的分类。按传统和现代,可以将其分为:传统家校信息交流方式和现代媒体信息交流方式。按是否借助媒介,可以将其分为:面谈和借助媒介。还可以按照人员多少,将其分为:集体信息交流和个别信息交流。表3-1和表3-2对其进行了一些简单的归类。

表3-1

面谈	借助媒介
家长会、家访、家长委员会	"家校直通车"橱窗、QQ群、飞信、MSN群、校讯通

表3-2

集体交流	个别交流
家长会、家长委员会、QQ群、MSN群、校讯通	家访、电访、家长接送孩子时的简单交谈

每一种具体的家校信息交流方式又有着自己独特的特点和适用情况。下面仅举

一些常见的方式进行阐释。

1. 家长会

家长会是既传统又普遍存在的家校合作方式,是指由教师以班级为单位组织所在班级内所有家长共同参加讨论学生在校在家表现情况,并提出适当的解决办法的会议。家长会主要分为三种:班级家长会、年级家长会和全校家长会。

(1)特点

家长会是一种较为传统的家校交流方式,它们能流传至今,自然是有着其自身的优点的。其最大的优势就是家长会是家长和班主任面对面地交流,这就能在一定程度上保证双方进行真实的情感交流,更容易进行沟通。

虽然家长会有着自身明显的优势,但是在现代科技如此发达的当下,其也暴露出了不少的弊端。无论是班级家长会、年级家长会,还是全校家长会,这三种形式加在一起每学期也才召开两三次,很难满足家长和班主任以及学校之间进行交流的需求。因此,家长会存在次数少、间隔时间长、"窗口太小"等问题,家长难以及时了解自己孩子的在校状况。例如,在召开班级家长会时,班主任留给每个孩子家长的时间有限,难以起到深入交流的效果。此外,在召开年级家长会和全校家长会时,也主要是学校讲、家长听,信息的流动都是单向的,家长和班主任以及学校之间的双向交流很少,很难听到家长的心声。

(2)适用情况

家长会的使用很普遍,主要适用于班主任面对集体家长,宣传学校方针政策、传达学校通知、展示班级文化活动成果、进行家庭教育知识补充等情况。

2. 家访

家访是教师,尤其是班主任到学生家里,与家长交流学生各方面的表现状况。对家庭教育进行有针对性的指导的活动。

家访和家长会一样,也是家长和班主任面对面的交流,但常常演变成了"告状"。班主任喜欢把学生的成绩、"罪状"历数给家长,常常弄得家长很怕见班主任,学生也很怕班主任家访,这样的状况在家长会这一家校交流形式中也是常见的。但其实家访的意义并不在于此。家访既可以增加家长和教师之间进行双向沟通、交流思想感情的机会,也可以增进其相互了解,取得相互支持,形成教育共识,实现教育学生方面的协调统一。而且,这种指导方法比较灵活机动,便于进行,指导得也比较具体,更具有针对性。

不难看出，家访主要适用于个别家庭教育指导，而且要在班主任有空余时间以及学生也在场的情况下才能够进行，以便形成班主任、学生、家长"三方会谈"，保证家访意义的达成。但是需要指出的是，家访不仅仅是对"差生"进行的，对"优生"也同样有必要，毕竟再优秀的学生也有需要关怀的地方。

3. 家校联系本

家校联系本就是家校联系的小本子，相比较家长会、家访与校访的受到时间、地域等因素的限制而存在交流不畅通、沟通不及时等状况而言，它成为家校沟通最方便、最快捷的方式。通过家校联系本，家长能够及时了解孩子的在校表现，教师能够及时了解孩子在家的表现和家长的一些意见与要求。而且，教师交代的一些事情，也可以通过家校联系本传达，既便捷，又正确。

当然，家校联系本也存在一些不足。比如，若学生未将家校联系本带回家，班主任的信息就无法传达给家长，交流就中断了。还有的时候由于学生在寄宿制学校，家校联系本一般一周才能来回传递一次，因此也就无法及时发挥其应有的作用了。

需要指出的是，传统意义上的家校联系本有两个重要的组成部分——教师和家长，而学生只在其中起到了一个类似于"邮递员"的传递作用，没有调动起学生自我教育的积极性。

所以，我们在运用家校联系本时要更加注意学生也是整个家校联系本最重要的组成部分。在学生部分，可以分为两个小部分。一个小部分是学生对自己一周或一段时间的学习、生活的小结；另一个小部分是本周的作业。家长部分，主要是希望家长如实反映孩子的在家表现，以及对孩子在校表现的评价和期许。教师部分，则是要借助家校联系本对学生一周的各方面情况对家长作一个简单的介绍。① 只有真正运用好联系本，家校合作、交流才能达到实效。

[案例]

某老师班上有个学生叫小龙，整天与同学没有什么交往，似乎跟谁都有仇一样，眼睛里面似乎对旁边的事物充满敌视，成绩又不太好，让同学和任课老师都很难走近。某老师从各种渠道了解到了孩子形成这种性格的原因：孩子的爸爸和妈妈在教育孩子的方法上有着严重的分歧，爸爸粗暴，妈妈似乎对爸爸的教育方法有意见，却又不想管

---

① 徐羽，陈开艳. 家校合作——理念与策略的探索[J]. 时代教育，2006(S3).

他,从而导致孩子在心理上出现了一些问题。于是,班主任除了直接找家长面谈外,主要就是充分利用家校联系本,每天与小龙及其家长进行书面对话,和孩子聊聊为人处世的道理,和家长聊聊孩子的长处。希望小龙能正视自己的不足之处,慢慢改正陋习,希望小龙的家长能密切关注孩子的变化,在家庭教育中多运用鼓励的方法。班主任告诉小龙的家长,在他们的配合下,孩子一定会有蜕变。小龙的爸爸及时回复了班主任,表示愿意转变教育方法,对孩子多一些耐心和关心。渐渐地,班主任发现每次小龙爸爸回复的内容中,有了对小龙的表扬,小龙的脸上有了久违的笑容,成绩也在一点一点地进步,并慢慢融入了班集体。[①]

从这个案例中可以看到,教师辛勤的汗水终于换来了甜蜜的收获,家校联系本成了班主任的"小帮手"、家长的"知心人"。只要班主任观念正确,学生和家长普遍很欢迎这样的联系方式,小小一本家校联系本,能在家校联系中发挥积极的作用,达到很好的教育效果。

从前面对家校联系本的特点中可以知晓,家校联系本更适用于非寄宿制的学生和家长。

4. 网络

在家校沟通的方式上,传统的家访、校访、教师约家长谈话、电话交谈以及便条交流,由于家校时空矛盾、现代人工作紧张、教师一人要应对多名学生等因素,往往造成不仅学校、教师费时费力,而且收效欠佳等问题。同时,由于一些家长对子女的教育重视程度不够,以及与教师沟通时瞻前顾后等,这些传统的沟通方式往往变成了教师跟学生家长的单向交流,缺乏互动,学生家庭的教育功能不能有效地发挥。近年来,"留守学生"的大量出现,更使家校沟通变得十分困难。

令人欣喜的是,随着时代的进步,互联网技术得以普及。由于它具有不受时空限制、快捷、多向交流、符合现代人审美及娱乐习惯等优势,广为人们所喜爱,也使它为家校沟通提供了新的渠道。它具有以下几个方面的特点:

(1)它能弥补传统家校沟通方式的不足。由于基于网络的信息传输不受时间和空间的限制,依靠信息一输入系统,家校双方都能在第一时间看到。同时,信息的输送

---

① http://www. sanhao. lwedu. sh. cn/infoshow. asp?newsid=666524683&classid=661840235. 2012. 8. 30.

并不只是学校单方面的行为,家长和学生也可以将信息输送给教师,以提出意见、建议,或者寻求帮助。当然,在互动系统中,教师与家长之间有了更多的一对一交流的机会,这样,双方探讨的就是某个特定孩子的教育问题,学校教育和家庭教育也更具个性化,更有针对性。因此,网络是对传统家校沟通方式的重要弥补,能更有效地促进学校教育与家庭教育的共同发展。

(2)它有利于发挥家校教育合力的作用,促进学生的全面和谐发展。学生的发展离不开学校与家庭的共同作用。科学搭建家校网络沟通平台,不但能加强学校与家庭的沟通,让学校与家庭均能及时掌握学生的发展情况,而且能根据每个学生的特点因材施教。同时,家长还能按照教师的指导,适时调整对子女的教育方式,发挥家庭教育的伟大力量,让学校教育在家庭中得到有效延伸,成为学校教育的坚强后盾。另外,教师也能根据家长与学生的反馈,使学生的很多问题解决在萌芽状态。

所以,网络和家长会以及家访比起来,可以说是比较新兴的家校交流方式,在现代发达的科学技术之下,校园网、班网成为家长了解学校的又一新途径,也成为年轻教师和家长欢迎的家校合作方式之一。

无论是在外务工的家长,还是普通家长,都可以通过网络了解到孩子在校的各方面表现,知晓进行家庭教育的方式方法,从而避免了家庭教育的盲目性。班主任通过网络则可以及时发布学校或班级开展的各项活动,及时与家长取得联系,了解学生在家的表现,了解家长对孩子教育的方式方法等这些无法直接从学生身上了解到的信息。其适用人群和范围是非常广泛的。

5. 家长委员会

[案例]

南京市第 43 中学是一所全日制义务教育初级中学。长期以来,学校在管理体制上实行的是校长责任制,辅以教职工代表大会制(下称"教代会")。校长责任制是学校的管理中心,教代会则代表教职工的利益,协调教职工与学校的关系。而作为教育体系中重要主体的学生及其家长的利益,实际上一直缺少一个机构来给予保障。虽然学校之前也成立过家长委员会,但该委员会一直是一个空壳,从没有行使过任何职责。在这种情形下,学生以及家长根本不可能参与到学校的管理中去,学校的管理基本上处在一个相对封闭、孤立的状态,于是出现了这样的怪现象:一方面是学校竭尽全力想做事,做好事,而学生和家长却不理解、不满意、不接受,甚至坚决反对;另一方面是学生和家长对学校有话要说,有建议要提,却没有一个恰当的渠道去表达。学校与学生及其家长的关系完全被割裂开了。后来学校陆续成立了校务委员会和家长委员会。但在成立家长委员会时犯了难,43中外来务工人员的子女几乎占据全校学生数的90%。这些外来务工家庭有着一些共性:父母大多文化水平较低,且生有多个子女,他们为了生计四处奔波,没有时间也没有精力关心孩子在学校的生活和学习状况;他们大多对学校没有太多要求,把孩子送进学校后,一切拜托老师,只要孩子不出事、不闯祸,就万事大吉了;他们大多对学校的活动不关心,对家长应履行的职责不清楚;他们中的一些人甚至连自己孩子在哪一个班级、班主任是谁、有些什么任课教师都不知道,甚至断然拒绝与学校、老师联系……但学校经过慎重考虑和可行性调研,最终决定采用选举的方式,让全体家长投票选举自己的代表!

2009年3月27日,这一天,7位家长委员候选人逐一走上前台,面向全体家长,发表了热情洋溢、慷慨激昂的竞选演讲。家长委员候选人还纷纷发表了自己的"施政纲领":

"我将抽出更多的时间与孩子们以及他们的家长交流,了解他们的想法。"

"我会把学校的管理理念、重大决策和教育教学安排等及时传达给各位家长。"

"我将定期向家长推荐有关书刊,组织交流,提供互相学习的平台。"

"我会用心为你们服务,我会将你们反映的点点滴滴的忧虑、困惑、要求、建议和希望转达给学校和老师们。"

最终,5位学生家长以高额选票成功胜出。

会议主持人当场宣布:南京市第43中学第一届校务委员会家长委员竞选成功!校务委员会家长委员诞生了!

在这个案例中,学校充分将自己学校的困难转变成了一种动力,成立了家长委员会,使许多外出打工子女的家长有了自己发言的更广阔的空间。[①]

家长委员会是由家长代表组成的参与学校活动的一种群众性教育合作组织。家长委员会具有两方面职能:一方面,家长委员会代表家长,反映家长和社会的要求,协助并参与学校的教育工作;另一方面,学校通过这一组织协助做好家长工作,对家长的子女教育工作进行帮助和指导。相比其他家校交流的方式,家长委员会最大的特点就

---

① http://guanli.nje.cn/anliview.aspx? id=46. 2012.8.30.

是:它是一个由家长代表组成的组织体,它代表的是大部分家长的意见,道出的是家长真实准确的心声。①

通过家长委员会的职能我们可以看出,首先,家长委员会就好比一个"代言人",通过先把家长们的意见和心声搜集上来,然后统一向学校和教师反映。这在一定程度上就节约了学校或班主任逐一与每位家长交流的时间,能够在最少的时间内发挥更大的功效。其次,家长委员会是由众位家长组成的,有利于家长之间的经验交流与分享。第三,家长委员会的成员是来自不同行业的家长,他们各有所长,看待问题和教育孩子的方式也各有不同,所以成立家长委员会,可以把不同岗位的家长聚到一起,各抒己见,比如可以让做医生的家长给学生讲讲卫生健康知识,让做律师的家长给学生讲讲如何预防青少年犯罪及自我保护的知识等。家长委员会还可以帮助班主任了解各行各业家长教育孩子的不同方式。

6. 校讯通

"本次数学测试超过90分的有王心语、朱强……""您的小孩正在参加校庆排练,请于今晚21：00整在校园东大门等候。"诸如此类的短信,现在家长每日都要收到几条,这都要归于校讯通的使用。

校讯通是现在社会上最普遍的一种家校沟通方式。校讯通的出现为家长和学校沟通建立起了良好的桥梁,班主任或任课教师通过校讯通及时地通知家长各项事宜,使家长更好地了解学生的在校表现。但是如果教师教育观念落后,或管理不善,就会出现一些问题,如只是把它作为一个通知家长每日学校布置的家庭作业的工具,更有甚者,竟联合通讯公司把校讯通作为一种谋取利益的手段。

[案例]

"又响了! 每天最少三条,多则有七八条。我收到最多的短信是来自学校,而不是客户啦。"一年级家长高先生有些无奈地说。由于他和太太都常要出差,为了省下转发的麻烦,他们订了双份校讯通。他感慨道:虽然是方便家长第一时间了解情况,但有时数量多得让人抓狂,语文、数学、英语老师发,音体美老师发,甚至有时校方也在发。内容则是每天的作业、学习表现、各种各样的通知等。从上午到晚上没停过。有时,你上班正忙着,老师的批评来了,心里"咯噔"一下,工作的心情也被影响了。在这里,校讯

---

① 覃学健. 家长委员会是中小学家校合作的诉求[J]. 教学与管理,2011(2).

通不仅没有达到应有的效果,反而给家校之间的信息交流带来了某种心理上的阻碍。

不管怎样,校讯通的适用范围和适用人群相较于其他信息交流方式具有更广泛性。校讯通在当今科技发达的时代已成为一种潮流和趋势,只有正确运用才会收到良好效果。

7. "家校直通车"橱窗

"家校直通车"橱窗也是进行家校信息交流的一种方式,它是以橱窗展示的方式向家长传达信息的。其所传达的信息内容是丰富多样的,可以有学习方面的,也可以有心理、法制方面的。传播的信息量大,而且接收的家长广泛。但是它也存在一定的弊端,家长的心声没办法向学校和班主任反映,这样交流就存在着一定的单向性。

(二) 家校信息交流的主要内容

家校信息交流是双向的,交流的内容既可以是学校的方针、政策、理念,又可以是家庭的结构、现状以及对孩子的期望。

具体来说,家校信息交流的主要内容包括三个方面。

一是学生在校在家的表现状况,学校、班主任要及时了解和掌握真实情况。

[案例]①

班里一名女生 Z 参加了学校的轮滑社。周四课外活动时,不小心摔了一跤,磕掉了小半颗门牙。同学已经陪她去医务室看过,做了简单处理,医生建议去医院看看。晚自修下课之后已经是晚上 9 点半,班主任这时才知道了这件事。考虑到已经比较晚,班主任与 Z 商量之后,决定暂时不惊动家长。周五早上班主任电话通知了 Z 的父亲,并且将医务室的建议也告知家长。Z 的爸爸表示,周五下午两点半放学之后再带她去医院看。

结果周五下午,班主任刚到家,就接到了 Z 的母亲打来的电话。电话中家长语气比较激烈,对班主任也有所怨言。虽然班主任当时感觉到有点委屈,但还是耐着性子听完了她的话。然后班主任心平气和地说:"现在当务之急是先带孩子去专门的医院看看,听听医生怎么说。然后我们周日晚上在学校见面再详细谈,因为电话里三言两语也说不清楚。你看这样行不行?"

---

① http://heda.hzjsjy.com/show.asp? id=615. 2012.8.30.

班主任耐心地倾听了这位母亲的抱怨。班主任一边听，一边整理思绪，然后发现母亲对于班主任的怨言，主要就是因为出差在外地的父亲没有跟她沟通好，没有把班主任告诉他的消息完整、清晰地转告给孩子的母亲。所以孩子的母亲误会了班主任，以为老师是想大事化小，或者不想多费心思，只想轻描淡写地解决此事。

由此可以看到，信息交流、耐心倾听能够有助于了解事实的真相。

二是家长的教育方式方法以及存在的问题和困惑。家长可以及时将自己的教育经验和困惑向班主任反映，以便寻求解决的办法。在前面一则案例中，班主任的耐心倾听使得家长能将自己的不满情绪发泄出来，班主任也明白了家长发火的缘由，找到了解决问题的正确方法。

三是学校以及班主任的教学工作情况、家校合作的状况。家长也有发言权，也需要知晓学校的教育方式方法以及各项政策。

第二节　沟通——意义沟通

一、意义沟通的内涵及重要性

在公共关系学中，公共关系是一种传播活动，是一种信息交流过程。这是公共关系得以开展的前提。家校关系也是一种公共关系，因此，在第一节我们谈到的信息交流也是家校关系开展的前提。在信息交流实现畅通以后，我们接下来要做的是公共关系（在这里是指家校关系）的第二步——意义沟通。

（一）意义沟通的内涵

"英国早期语言学家奥格登在1923年发表的论文《意义的意义》中用'语义三角图'首次阐明了'事物'与指代事物的'符号'如何由'思想'的中介联结起来的。语义三角图的逻辑走向是：(1)'事物'引起人的'思想'；(2)人用'符号'来指代'事物'；(3)'符号'引起人的'思想'；(4)人又把'符号'还原为'事物'。意义就在这其中产生并沟通了。"[①]

公共关系学者居延安认为奥格登所谓的"意义的意义"，指的是语言"约定俗成"

---

① 居延安.公共关系学[M].上海：复旦大学出版社，2008：97—98.

的那部分意义。但他认为语言的真正"意义"在于运用语言的人,语言的"意义"生成受到人的价值观和信仰等因素的影响和制约,所以,意义沟通"不仅融合了语言表层结构里的约定俗成的'语义',而且——甚至更重要地——包含了隐藏在语言运用者深层思想结构里的'价值取向'"①。

我们在这里所说的意义沟通实际上是要达到一种"跨语沟通"的效果。一般来说,跨语沟通是指两种不同的语言、次级语言或言语语体之间的跨越、转换、沟通和吸纳。具体来说,"跨语沟通"需要四个要素:"第一语言"、"第二语言"、"语境选释"和"言语转换"。"第一语言"指的是言语者所习得和运用的语言及其语言习惯。"第二语言"指的是读听者所习得和运用的语言及其言语习惯。在每一次对话中,听者和说者也是在不断转化的,因而"第一语言"和"第二语言"也是依次转换的。"语境选释"是指言语人对言语活动情境的选择性解释。"言语转换"就是指在特定的语境下第一语言及其言语者与第二语言及其言语者之间"意义"的跨越、转化和分享。②

"跨语沟通"的目标就是意义的分享,沟通的双方不一定要放弃自己原来的立场和价值取向,而只要做到言语意义的沟通、言语意义的分享就够了。

(二) 意义沟通的重要性

著名教育家苏霍姆林斯基曾这样说道:"教育的效果取决于学校家庭的一致性,如果没有这种一致性,学校的教学、教育就会像纸做的房子一样倒塌下来。"这就是说,学校和家庭的教育要具有一致性,学校与家庭最直接的接触者是班主任,班主任能否与家长很好地合作又取决于双方的沟通是否有效。我们通过下面这个事例可以更清楚地看到家校沟通的重要性。

[案例]③

小 C 是一个初一女生,由于参加学校的文艺排练,认识了初三的一个男生。家长及时发现了自己女儿的变化,并与班主任进行沟通,共同商讨教育方法。最后,家长和班主任达成共识,与小 C 面对面地讨论这件事所带来的弊端,让她从心底里彻底明白自己的错误所在,也让她懂得由于自己的无知与好奇,失去了很多学习知识的时间,这就需要自己拿出比别人更多的时间来弥补。在经过这件事之后,小 C 有什么事都能够

---

① 居延安.公共关系学[M].上海:复旦大学出版社,2008:98.

② 同上,第99页。

③ http://www.scsmyzx.com/deyutiandi/jiachangganwu/2008-07-08/101.html. 2012.8.30.

主动地与老师和家长沟通,听听老师和家长的意见。而且,在理解老师与家长这方面也有了很大的进步,在学习方面有了很大的主动性,不再需要家长的看管。在接下来的期末考试中,她取得了非常好的成绩,让家长和班主任都很意外,而小C却说:"如果不是妈妈和老师的及时地沟通,及时地教育,我也不会有现在的成绩,我再也不随意好奇,盲目冲动了。"

小C妈妈和班主任的及时沟通,使小C不致于滑向失败更深的错误,而且还取得了好成绩。

我们常说,有沟通才会有认同,有认同才会有理解。对于家长和班主任的关系,也是一样。班主任和家长要进行家校合作,就必须要有沟通,要站在对方的角度想问题。比如:班主任经常要求学生在写完作业后,或者发了考卷后给家长签字,许多家长认为教师要求家长签字是把自己的教育责任推给家长,所谓"孩子十年寒窗苦,家长十年签字累",大大小小的考试、各种各样的作业都需要家长签字,太麻烦。有些家长甚至认为让家长签字是对孩子学习的一种不信任,不应提倡。但是从班主任的角度来说,班主任是希望家长能借此了解孩子的学习状况,关心孩子的学习问题,配合班主任工作的开展。

所以,班主任和家长要达到意义沟通,就要相互认同、相互理解。否则,双方就像两条平行线,各抒己见,没有交集,无法真正促进学生的健康成长。

二、意义沟通的常见方式及主要内容与特点

(一)意义沟通的常见方式

1. 请家长在一定程度上参与学校和班级的活动,设立"家长开放日"。

要让家长理解学校的办学理念、办学方法、教学方式等等,那就必须首先让家长亲眼看到、亲身体验到学校日常教学活动的开展。

家长开放日就是学校开展的一项面向学生家长的活动,它采取分期让家长来学校深入学生课堂、聆听教师讲课的形式,让家长深入了解自己孩子在学校的表现情况,了解教师的讲课水平,增加学校办学的透明度。

家长开放日活动不仅是展示学生生活、展示教师才能的机会,也是更新家长观念的机会。在家长开放日活动中,教师们可以丰富多彩、贴近生活的活动形式,让家长参与活动,亲身体验愉悦和成功。活动展现了新的教育观念,寓教于乐,充分体现了学生

的主体参与性。同时把尊重学生、相信学生、充分给予学生机会等宝贵的经验和新的教育观念传递给家长。活动结束后,可以向每位家长发放家长开放日活动反馈表(见表3-3),请家长对活动给予评价,并提出宝贵意见。

其实,家长在家长开放日活动中也会感到学校工作的压力,从而理解学校开展工作的难处,这就为学校和家长之间的沟通搭建了桥梁。

表3-3　家长开放日活动反馈表

活动时间		班级	
学生姓名		家长姓名	
您的孩子平时对学校或教师的评价如何?			
通过本次家长开放日活动,您对您孩子所在班级、年级的总体印象是什么?			
听课后,您对教师课堂教学以及您的孩子课堂表现的总体评价是什么?			
您对学校的总体印象和评价以及您对学校本次家长开放日活动有什么样的意见和建议?			

2. 志愿者工作

志愿者工作(volunteering)指的是学校吸引更多家庭作为志愿者参与到学校的各种活动中来。英国、美国的研究发现,这种类型的家长参与对改善学校整体素质及减少不同社会阶层学童的成绩差距有显著的贡献,因此若学校能动员家长担任各种类型的校内义务工作,将有助于提升整体学业水平。当前我国内地的志愿者工作尚在启蒙阶段,只是近来受中国香港和中国台湾的影响,一些学校也陆续开展这类型的活动,包括监考或阅卷、协助搞好旅游或活动、给学生做报告或开讲座、组织社团等,取得了很好的效果。[①]

让家长参与志愿者活动开创了"三赢"的局面,即既是学校对家长资源的开发,又是学校给家长提供近距离接触孩子的机会,家长也能借此加深对学校和教师的了解。

---

① 樊平军.家校互动:形式、内容及现实思考[J].基础教育研究,2010(6).

虽然家长参与志愿者工作对于家校进行意义沟通具有一定的益处,但从实践来看,家长志愿者工作似乎只是零星地开展,覆盖面十分狭窄,家长资源也没有得到充分的开发。与国外相比,家庭也尚未形成志愿为学校服务的意识和传统,校方也缺乏系统的思考以招募家长来为学校服务提供资源。

(二)意义沟通的主要内容

意义沟通的内容主要包括三个方面:理解、尊重、智慧。

由于班主任工作任务重,在工作中难免会缺乏耐性与家长沟通。尤其是刚出校门的年轻教师,有时难以控制好自己的情绪,甚至会当面训斥家长,从而拉大了家长与班主任的距离。这其实是由于缺乏与家长打交道的经验,不能很好地解决家长提出的问题而导致家长不信任或不服从班主任的安排造成的。

所以,我们说沟通其实是一门"艺术"。在学校与家庭的沟通过程中,有效地运用沟通策略会达到事半功倍的效果。

首先,一切沟通都要以理解为前提。在家校沟通中既包括家长对学校的理解,又包括学校对家长的理解。学校对家长的理解有许多方面,例如对学生家庭的了解、对家长和学生处境的了解。教师要感同身受他人的处境,从内心真正地去关注学生的点滴成长。同样,家长对学校的理解也很重要,它包括对学校教学活动的理解、对学校任务安排的理解等。家校双方的任何一方缺少了理解,都无法真正促进学生的进步、成长。

其次,尊重是人存在的一种基本需求,没有尊重就无所谓平等。没有尊重,沟通也难以持久。在家校合作中,尊重就是要求教师对待家长要有诚恳的人性化的态度,以得体的举止和合乎人情的行为方式对待或富或贫、或有权或无权的所有家长。只有这样,才能得到家长情感上的认同①。

第三,家校沟通需要智慧,教师要具有沟通智慧,以丰富的智慧来引导家长。因为,往往善意并不是一定能够带来好的反馈的,尤其是在家长、学生以及学校等复杂的教育关系中,教师更要具备一定的教育智慧,审时度势,把握教育时机,理性地分析和引导家长。

[案例]

李阳是老师眼中的"问题生"。一次,在李阳犯了错误之后,我决定请他的父亲过

---

① 张勇.从沟通走向合作——形成家校教育合力的必然途径[J].教育科学研究,2011(3).

来。以前都是和他的母亲打交道,他母亲在教育李阳的问题上显得很无力,所以我决定和他的父亲好好交流一下。李阳父亲到了以后,我简单叙述了一下今天发生的事情的经过,但同时也表示并不是因为他对老师态度不好才请家长过来的,而是真的想和家长好好沟通一下,让家长多方面地了解李阳在校的情况。同时,我也能更好地开展对李阳的教育工作。李阳父亲听了我的叙述以后,对李阳的行为很生气,说李阳在家时也经常发生类似的情况,就是自己犯了错还意识不到,并对家长的教育有明显的抵触情绪,从表情上看就是一种不服气。在听了李阳父亲的许多话之后,我明白了李阳为什么身上有好多不好的习惯得不到及时的纠正:一方面有学校教育的原因,更主要的在于他的家庭教育有一定的问题。李阳父亲说自己一直很忙,顾不过来李阳,平时李阳就跟着爷爷,爷爷很溺爱孩子,也不让说,不让动的,自己现在在李阳的教育上很头疼,不知道该怎么办,经常晚上想到这个问题连觉都睡不好。

我对李阳父亲的情况表示理解,同时劝解道:"李阳身上还是有很多优点的。"我列举了李阳在校时的一些好的表现,并表示我对李阳是不会放弃的,我还是很喜欢这个学生的。李阳父亲听了以后,面色有些缓和,并表达了对老师的感谢。最后我给李阳父亲提出关于家庭教育的一些建议,李阳后来的表现也得到了很大的改观①。

可以看到,上面的这位班主任运用了自己的智慧,巧妙地和学生家长进行了沟通,达到了很好的效果。但是这种智慧并不是在书本上就能够学到的,它需要教师注意积累教学中的点点滴滴,不断地进行反思和研究。只有这样,教师才能在处理家校关系中不断地变得游刃有余。总之,家校沟通要以理解、尊重、智慧为原则。

第三节　指导——价值劝说

一、价值劝说的内涵及重要性

(一)价值劝说的内涵

价值劝说就是要主、客双方无论在价值立场、解决问题的方法等方面都能去相互

---

① http://qingfengliying.i.sohu.com/blog/view/148987419.htm. 2012.8.30.

理解、相互协调、相互宽容,最终实现互利共赢。

我国自古以来的劝说方法就是两个字,一个是"言",一个是"行",而言和行在现代传播学眼光中,指的就是"言语符号"和"非言语符号"这两种象征系统。孔子强调"言必行,信必果"。老子也说"以信劝人"。这都表明"言"与"信"的重要关系。在西方,修辞学的鼻祖亚里士多德也明确指出三大劝说要素:以理劝说、以情劝说和以信劝说。所以,我们可以看到东西方在"人"与"言"的关系上,汇合成了同一个"信"字。我们在今天也依然要延续这种优良传统。

学校要实现对家庭的指导,达到价值劝说的目的,也需秉承"信"的传统,对家长讲"信",这样家长才能更信任校方,更好地与校方配合。

(二)价值劝说的重要性

英国著名的"曼彻斯特调查报告"指出:"教育成功的至要因素在于家庭环境内,家庭因素的重要性几乎两倍于社区与学校两项因素之和。"少年儿童是在学校、社会和家庭三种环境下成长的。家庭教育对儿童成长的作用,是学校教育、社会教育不能替代的。但是如果家庭缺乏科学的教育方式,则只能事与愿违。

所以家校合作的目的就是要求班主任通过价值劝说,帮助家庭掌握科学正确的教育方式。正确的价值劝说能够树立班主任在家庭心中的威信,也能帮助家长树立其在孩子心中的威信。但如果教师缺乏经验或指导劝说不正确,就会导致家庭教育陷入误区。

二、价值劝说的常见方式及主要内容与特点

(一)价值劝说的常见方式与特点

1. 采取各种方式,利用现代技术对家庭教育进行指导

学校既可以采取文本的方式,比如在校报上刊登家庭科学教育的方法,还可以利用现代发达的科学技术,如网络,向家长宣传并指导家庭教育的有效策略,而且,网络这种方式普及面更广,受益的人群更多。

2. 开办家长课程,开设知识讲座,鼓励建立家庭互助组等

(1) 开办家长课程,开设知识讲座

学校、班主任要面对的家长,其素质是参差不齐的。如果父母没有科学的教育方法,没有足够的教育水平,那么教育就达不到应有的效果,甚至还会给学校教育带来种

种的制约因素和障碍。学校想要提高家庭教育的水平,对家庭实施有效的指导,形成长期的、良好的家校合作伙伴关系,就必须针对本校家校合作的情况,开发家长培训的校本课程,给家长更多更为专业、具体、实效的指导。这样才是真正做到把我们在教育学和心理学中学到的理论知识与家庭指导实际结合起来,由此,才能更好地提升家长教育孩子的水平。正如苏霍姆林斯基所说:"生活向学校提出的任务是如此地复杂,以致如果没有整个社会,首先是家庭的高度的教育学素养,那么不管教师付出多大的努力,都收不到完满的效果。"

因此,良好的家校合作关系需要建立在家长具备一定的教育专业知识的基础之上。学校通过定期举办家庭教育讲座、邀请著名教育专家到校与家长面对面地沟通,就家长在平时家庭教育中遇到的问题或存在的困惑进行实际指导,传授更多正确的教育思想和教育方法,更新家庭教育观念,为家长更好地教育孩子指点迷津,为学生的健康成长营造良好的家庭环境。

(2)建立家庭教育辅导中心

家庭教育辅导中心的宗旨就是,通过让家长获得科学的指导来达到家庭环境的最优化。在家庭教育辅导中心配备辅导员,这就要求辅导员要具备深厚的教育学理论知识和丰富的实践工作经验,并且具有能为家长探索最佳教导模式的创新精神,还要有分析儿童成长信息数据的能力。[1]

有的学校可能不具备足够的师资、设备条件,这就对班主任提出了更高的要求,班主任就要能够承担相应的家庭教育辅导员的角色,具备丰富的家庭指导经验。

(3)创建学习型家庭

[案例]

2003年,山东省青岛市长阳路小学开展家校合作活动,创建学习型家庭[2],收到了比较好的效果。他们主要从三个方面着手开展活动:先用问卷调查家长对于学习型家庭的理解,然后颁布实施《长阳路小学学习型家庭创建标准》,明确学习型家庭的内涵,并且采用《长阳路小学创建学习型家庭评估自测表》进行评估。在具体实施阶段,班主任充分发挥指导作用,帮助家长学习和掌握技巧,提高能力,建立有校本

---

① 王乐. 论中小学家校合作[J]. 教育长廊,2009(9).
② 转载自叶晓璐. 国内家校合作的现状与实践[J]. 河北青年管理干部学院学报,2010(5).

特色的学习型家庭。活动收到了很好的效果,学生有了进步,家长和教师也提高了自己的能力。

创建学习型家庭,需要学校和班主任的指导,具体来说有以下几个方法:①引导家长学习,提升家长的文化品位。学校可以"家长学校"为载体,举办各种各样的培训班,提高家长的家教水平,激发家长自主的学习动机。同时,学校积极创造条件,为家长提供喜闻乐见的学习资源,满足不同层次家长的学习需求。如开放学校图书馆,让家长和孩子一起在图书室看书;不定期地向家长推荐优秀书刊,指导家长购买和阅读。②请家长参与学校教育活动,感悟教育的真谛。比如,请家长参与学校的教育教学活动,就可以邀请家长担任嘉宾,和学生进行面对面的交流、沟通与互动。学校定期举办"家长开放日",对家长和社会开放。或者,请家长走进学校、走进课堂、走进师生中,亲身感受教师的辛勤劳动,共谋学校发展的新策略。还可请家长参与学生特长的培养活动,如"书法比赛"、"演讲比赛"、"现场作文比赛"、"速算比赛"、"英语口语大评比"等丰富多彩的比赛活动都可以邀请家长参与,让家长观看比赛,体验比赛,甚至可以请家长担任评委。③搭建互动平台,在互动中建立对教育的认同感。家长与教师、学校的情感是促使孩子身心健康发展不可缺少的精神营养。学校应积极、主动地搭建家长与学校、教师互动的平台,在共同的体验中,达到对教育的认同感。比如,学校与家长一起组织文体活动。学校大型的文体活动,都可以邀请家长参与筹划,或请家长代表担任评委。重要的颁奖活动,也可以经常邀请家长代表上台颁奖。再如,学校与家长共同组织校外的教育活动。在每年的校外教育活动中,学校都要事先征求家长的建议,和家长共同研讨活动目的,策划活动内容,选择活动地点,同时,邀请部分家长和学生一起活动,有意识地安排家长参与学生的安全管理,监督学生的环保意识等,增加家长的主人翁意识。

(二) 价值劝说的主要内容

价值劝说的主要内容包括:帮助家长掌握教育规律,提高家长的教育理论水平和心理素质;帮助家长树立正确观念;鼓励家长学习育人知识。

1. 帮助家长掌握教育规律

只有掌握了家庭教育的基本规律,用家庭教育的基本规律去分析、认识错综复杂的教育现象,才能运筹帷幄,寻求解决家庭教育的最佳方法。班主任应利用各种机会,提高家庭对家庭教育基本规律的重要认识。

2. 帮助家长树立正确观念

家庭教育能否取得成效,家长的家庭教育观念正确与否是关键,因此,班主任指导家庭教育的当务之急,就是从观念入手,从宣传教育入手,关注家长的家教观念,帮助家长形成正确的亲子观、人才观、教育观。有的家长由于没有树立正确的人才观、教育观,盲目地认为学习好才是最重要的,忽略了孩子其他方面的发展,造成孩子原本的优势畸形发展。这很明显是与学校的全面发展的人才观相背离的,也更凸显了家长持有正确教育观念的重要性。

3. 鼓励家长学习育人知识

家庭教育是一门学问,没有哪一位家长天生地就能把孩子教育得很好。家长要不断地学习,乐于学习,善于学习,不断地提高自身素养,努力学习家庭教育的基本知识。班主任承担起家庭教育重责的同时,最重要的是利用多种形式,鼓励家长以各种方式学习家庭教育的理论和方法。比如组织专题学习、不定期地给家长印发函授学习的资料等,这些都是很好的帮助、鼓励家长学习的方式。

案例分析

好家长是夸出来的①

我班陈权一次又一次地违纪,让我非常苦恼。更令我烦躁的是,我一次又一次地向家长反映情况,家长总是一次又一次地说"到家我会教育他的",可结果却一次又一次地令我失望。这怎么行呢? 陈权本来就很调皮,随着年龄的增长、家庭的放任,他越来越调皮,越来越放肆,也越来越难管了。教育一个人,需要学校与家庭的配合,家长这样轻描淡写地应付,怎么能够把学生教育好呢? 我看在眼里,急在心里。后来,我从一个老师那里了解到一些情况:陈权家里有好几亩的橘园、几个网箱,还养了几十头猪,陈权的父亲整天早出晚归,即使在家,也不懂得如何教育孩子。记得去年有一次,由于陈权违纪了,他原来的班主任就叫他家长到学校来一趟。结果,陈权的父亲当着老师们的面对陈权说:"你这个死崽,总是打架,要是打得赢别人还好,你又打不赢别人!"让办公室里的老师们哭笑不得。当然,家长心里还是希望陈权变好的。知道了这些信息后,我才明白,难怪每次打电话他都说没时间管孩子。另外,他说家里有事,有

---

① http://hds.ccjy.cn/forum.php? mod=viewthread&tid=60&extra=page%3D1. 2012.6.2.

时也只是一个幌子,只不过是孩子太难管了,但他心里还是希望自己的孩子能有所转变的。那怎样才能说服家长,怎样才能调动家长的积极性呢?一个偶然的机会,我听一位老师说:站在家长的角度上看,班主任适当地给予家长一定的鼓励,有利于调动家长的积极性!于是,我就通过电话与阵权的父亲进行了一次交流。

师:喂,您好!请问是陈权的家长吗?

父:是呀。您好!你是何老师吧?

师:嗯,陈权同学在学校爱说脏话,老在别人面前称"老子"……

父:这个死崽!到家我教训他!何老师,有空来玩!

我知道,他说这话就意味着要挂机了。

趁此机会,我赶紧说:"好的。说句老实话,陈权这个学期以来有很大的进步,这离不开您的悉心教育啊!如果全班同学的家长都能像您这样,那我的负担就要减轻很多了!"家长一听,急忙跟我说,家里有多少橘子,有多少网箱,养了多少头猪,也就没时间教育孩子了,是自己把儿子耽误了!听他说得这么诚恳,我趁热打铁:"是呀,其实这正是您值得肯定的地方,能够在百忙当中挤出时间来教育自己的孩子,这是很多家长都做不到的啊!好了,今天就聊这么多,下次再聊吧!"

自从与陈权的父亲通了电话后,陈权在校的表现真的改观不少。一天,班主任正在批改作业,手机忽然响了,一看,是陈权的父亲。

师:喂,您好!陈权的家长吗?

父:是呀。何老师,打扰您了!我家陈权在校的表现怎样?

师:比以前强多了!

父:哦,那就好。感谢你们老师了!

师:这是老师应该做的,您真是一个负责任的家长,这么忙还要抽出时间来问问孩子在校的情况。如果您时间允许的话,我很想和您当面交流一下。

父:好好,行行,随便什么时候都可以,只要你说一声……

于是,我约定了时间与家长交流,家长如期赶到,这一次我们聊了很久,诸如教育要有一定的方法,表扬和批评要适度,批评时更要讲究艺术,有些话在孩子面前不当讲的不要讲等等。到学期末,陈权同学改了很多恶习,各科的成绩都有明显的改观。

这个案例中为什么家校沟通能够取得一定的效果呢?我想其中的奥秘在于:第一,大多数家长都希望自己的孩子上进,只是由于孩子太调皮或是其他的原因,而没有来得及进行教育,于是就把孩子给耽误了。第二,其实,谁都愿意听好话。俗话说,"良言一句三冬暖"。作为老师,除了要夸夸自己的学生之外,还要注意随时夸夸家长。好孩子是夸出来的,好家长也是夸出来的。夸的时候要真诚,要言之有理,令人信服,而不能泛泛而谈。第三,老师在与家长交流时,要善于找到问题的症结,还要善于找出事情的转机,然后对症下药。人们常说,方法总比问题多,这是不争的事实。第四,作为班主任,还应引导家长如何正确教育自己的孩子。

[思考]

在这个案例中,班主任是通过什么方式与家长进行信息交流的? 沟通成功的关键是什么? 家庭教育指导的原则是怎么体现的?

拓展阅读

[1] 张坤霞.家校合作教育研究[M].徐州:中国矿业大学出版社,2009.

[2] 马忠虎.家校合作[M].北京:教育科学出版社,1999.

第四章 家校合作中的问题与对策

现阶段,我国的家校合作现状和教育发达国家相比还存在不小差距,无论是在家校信息交流、意义沟通还是价值劝说方面都有亟待改进的地方。本章主要从班主任的角度找出家校合作各层次中出现的问题,分析其原因,并提出一些改善的建议。

第一节 班级家庭教育的调查与分析

一、班级家庭教育调查的目的与意义

所谓"班级家庭教育",其实就是在一个班级的范围内,家庭教育的动员、组织、促进、协调的形式。它是在班主任的主导下,班级全体任课教师积极参与,组织班级的学生家长学习新的家庭教育理论,交流教育子女的经验教训,探讨依据班级学生的共性与自己孩子的个性,为学生提供优质家庭教育的途径与方法,并付诸实施的过程。[①]

开展班级家庭教育现状调查的目的,就是通过班主任独具匠心的创造性劳动,从整体上提升家长的家庭教育认识水准与"执教能力",使家长们的家庭教育行为从自发的、经验的高度升到自觉的、理性的高度,主动适应社会发展的要求,主动适应新课程改革的要求,与学校、班主任,以及各科教师密切合作,共同创建成功的班集体,共同塑造健全的人。

如何才能更好地进行班级家庭教育,已成为学校教育的一个研究课题,成为班主任的一项日常工作,成为一个能够大幅度改善学校教育的途径。为了能够更好地开展这项工作,开展班级家庭教育的调查是很有意义的。

---

① http://lkyxyz.blog.sohu.com/28807306.html.2007.1.

第一，班级家庭教育调查能够明晰家庭教育的现状，对于班主任的教育教学工作具有巨大的推动作用。家长是教师对学生进行教育的天然的合作者，在家长中蕴藏着巨大的教育能量，这是毋庸置疑的。由于受到受教育水平、教育素养等多方面因素的制约，这种能量所发挥的作用现在还十分有限，这也是不争的事实。有效的动员、组织家长遵循儿童成长的规律开展家庭教育，就犹如制造了一枚威力巨大的捆绑式火箭，它将把我们所从事的学校教育工作推向一个前所未有的高度。积极开展班级家庭教育调查，明晰家庭教育的现状，是教师开创教育新天地、自我减负增效的高明之举，值得教师为之去付出、去收获。

第二，在目前的社会环境中，家长的素质、家庭的结构能不能为教师有效地开展班级家庭教育建设活动，有效地动员、组织起家庭教育的力量提供有力的支持？能不能为学生的成长提供有效的帮助？能不能为学校的教育提供有力的支持？这些问题也会影响班主任家庭教育的开展。但就家长而言，一般认为，家长之间必然存在着学识、理念、需求上的巨大差异，这不仅不是教师开展家庭教育建设的障碍，而且是教师可以善加利用的教育资源。这也是开展班级家庭教育现状调查的一个重要意义。

第三，班级家庭教育现状调查研究，为班主任增添了一个新的教育研究课题，也为班主任教育学生打开了一扇以往半开半掩着的成功之门。仅仅停留在纸面上难以落实的"家校合作"理念、仅仅存在于官方文件中很少受到教师和家长关注的家庭教育计划，有可能在"班级家庭教育现状调查"这个平台上，在班主任获得众多的教育"外援"、获取更大的教育成就，家长获取"教子真经"、获得家庭教育的更大成功这两种方向几乎完全一致的力量的驱动下，化作广大班主任与家长的自觉行为。

二、班级家庭教育调查的原则

调查的进行主要是为了研究的科学性，因此，在实施调查时也要确保调查的科学性。在对家校合作现状的调查实务操作中，教师必须遵循一些调查的原则，具体包括：

1. 全面性原则

家校合作现状的调查所涉及的对象是教师、家长、学生。他们各自不同的社会背景如年龄、职业、收入、经济基础、教育程度、信仰、居住环境等条件因素会出现差异，其态度及行为会呈现出各种各样的复杂图景。教师所进行的家校合作现状的调查自然不会只关注个别家长、教师、学生的态度、情感、行为，而是要本着全面性的原则，在总体上把握他们的想法,这样所反映出来的数据才是全面的、有说服力的。根据"大数定律",前期调查应做到大量观察,必须使观察的量所代表的样本与总体数所表现出的平均值接近。为了在更大程度上符合"全面性"原则,还有必要着重选取某些典型作重点调查。[①]

例如:您的家庭结构是怎样的?

A核心家庭　B主干家庭　C联合家庭　D其他家庭(单亲家庭、残缺家庭)

2. 代表性原则

家校合作现状调查的对象的数量可以是巨大的,也可以只涉及一个学校的情况,这主要取决于调查范围的选择。如果是全国性的家校合作现状调查,数量上的庞大性、分布的广泛性可想而知,如果只是涉及一个学校的家校合作现状的调查,数量上自然也就很小。无论数量的大小,在确保调查全面性的基础上,都要保证调查样本的代表性,"因此前期调查只能采取从总体中抽取样本的方法来进行。样本的代表性对反映总体全面情况的质量至关重要,所以必须使每个个体的抽取都应该得到'均等抽取'、'随机抽取'的机会"。韩绪芹的硕士论文《泰安市初中家校合作现状调查研究》中,所选取的调查对象就很有代表性。"泰安市现有普通初中 184 所,在校生 28.4 万人。本研究选取了泰安市实验学校、泰山学院附属中学、泰安市东岳中学、泰安市第十二中学四所学校作为研究对象。这四所学校办学水平高,规模大,在泰安市具有较高的社会信誉度,都建有家长学校,基本代表了泰安市初中家校合作实践的最高水平,因此,具有较强的代表性。"[②]这就是小样本所具有的足够代表性。

3. 客观性原则

家校合作现状调查中,"不仅面临着调查对象的问题,同时由于它不可能靠少数几个人单独完成,还容易受到众多调查人员自身的干扰,如调查人员的理解能力、对调查课题的熟悉程度、责任心等等都会影响调查结果。因此,家校合作现状前期调查实务操作必须要有一个统一的标准尺度,要有自身的相对独立性,以确保客观和公正。这主要是指在问卷设计中,对每个问题、每个概念都要进行具体的、确切的涵义规定"[③]。例如:在家校合作现状调查中,家长的"教育观念"、"儿童观念"经常被涉及,当就"教育观念"、"儿童观念"进行调查时,就需要对他们进行界定,不要让调查对象产生歧义。

---

① 居延安.公共关系学(第四版)[M].上海:复旦大学出版社,2011:183.

② 韩旭芹.泰安市初中家校合作现状调查研究[D].山东师范大学硕士论文,2010.

③ 居延安.公共关系学(第四版)[M].上海:复旦大学出版社,2011:184.

调查者和被调查者在谈论或者理解"教育观念"、"儿童观念"时是在同一范围内的,而不是一个在政治领域,而另一个在文化领域或是经济领域。只有这样,调查才能有一个共同的客观认识。客观性原则还需要注意信度问题,信度是指调查的稳定性和可靠性程度。在客观性原则下,要求在同等条件下重复测量能获得相同的结果,确保调查的信度,这样就排除了一些因时、因地、因人的不同而造成的误差影响结论的问题。

4. 定量化原则

调查研究既有定性方法,也有定量方法。对客观事物从定性分析进入到定量分析,标志着认识既有总体的、宏观的把握,也有精确的、清晰的量化描述。对家校合作现状的数据的统计分析或建立相应的数学模型,对于阐释内在关系的清晰度、客观度、科学性有很大的帮助。马克思认为:"一种科学只有成功地运用数学时,才算达到真正完善的地步。"[①]"在一定意义上,运用数学也就是运用定量方法来分析和显示认知结果。在社会调查中,定量化原则包含这样几层意思:①运用统计学的原理对调查作规划;②运用各种数学模型来搜集和分析调查资料;③用数学关系显示和表达调查的结论。如果说客观性原则旨在防止调查出现误差,那么,定量化原则则是防止出现误差的强有力的措施。"[②]

三、班级家庭教育调查的问卷设计与访谈提纲设计

(一) 问卷设计

1. 班级家庭教育调查问卷设计的目的

通过问卷上的封闭式问题和开放性问题了解调查对象以及班级家庭教育的现状,比如,家庭结构、家长教育理念、家长对家校合作的态度等。通过分析问卷中呈现的数据进行统计与分析,并得出相关的结论,为班主任进行班级家庭教育提供切实的依据,为更好地开展家校合作以及制定相关的决策提供参考依据。

2. 班级家庭教育调查问卷设计的特点

(1)优点:班级家庭教育调查问卷可以在短时间内了解家长的情况;便于对调查结果进行定量研究;问卷的匿名性也使家长填写时无心理负担,保证一定的真实性。

---

① 拉法格. 回忆马克思恩格斯[M]. 北京:人民出版社,1957.
② 居延安. 公共关系学(第四版)[M]. 上海:复旦大学出版社,2011:184.

（2）缺点：只能获得一些书面信息，不能深入了解到家长的一些更具体的想法；家长可能在主流价值观的影响下填写问卷，可能使调查失去真实性。

3. 问卷维度设计及问卷具体内容设计

（1）家庭的结构

最常见的家庭分类是以家庭代际层次和亲属关系为标准的，包括核心家庭、主干家庭、联合家庭和其他家庭等四种类型。核心家庭是指由父母和未婚子女组成的家庭，仅有夫妻组成的家庭也叫核心家庭。主干家庭是指由父母和一对已婚子女组成的家庭。联合家庭是指由父母和多对已婚子女组成的家庭。如果已婚子女在父母去世后仍不分家，也叫联合家庭。其他家庭则包括单亲家庭（离婚者与未婚子女组成的家庭）、残缺家庭（未婚子女组成的残缺父母或者残缺一方的家庭）。

（2）家长的年龄

家长的年龄段的划分主要是根据选取的学校层级，小学、初中、高中学校的选取自然决定了家长年龄段，因此在划分家长年龄组别上也要作相应的调整。选取小学家校合作情况调查研究，家长的年龄组别可划分为：30—35 岁组、36—45 岁组、45—55 岁组、56 岁以上组；选取初中或是高中家校合作情况调查研究，家长的年龄组别可划分为：36—45 岁组、46—55 岁组、56 岁以上组。

（3）家长的学历

受调查家长的学历情况选项一般包括：小学或以下；初中；高中或中职；大专；本科；研究生及以上。

（4）家长的职业

家长工作情况的调查主要涉及家长的职业以及职业的特性，职业可分为：教师；医务科技人员；国家机关公务员；公司职员；商务人员；工人、农民；待业；其他。职业特性一般包括时间弹性大或是固定时间上下班两种。

（5）家长的教育观念

教育观念属于观念意识范畴。马克思主义哲学认为，观念是人对物质世界的一种认知结果，是客观存在的主观映象。对于教育观念，不少研究者给予了不同的界定。如"教育观念是指人们对教育问题的认识和看法，是一个内涵丰富、外延广泛的概念系统，它对教育活动全过程起着根本性的指导和统率作用"[1]。裴娣娜教授认为，"教育

① 张丽园. 更新教育观念是素质教育的核心[J]. 党的生活，1999(5).

观念是指按一定时代的政治、经济、文化发展的要求,反映一定社会群体的意愿,对教育功能、教育对象、人才培养模式、教育体制、教育结构、教育内容、教育过程及方法等根本问题的认识和看法。不同的教育观念可以产生矛盾、冲突,也可以互补和融合"[1]。"教育观念是指人们对教育这种社会活动的认识,它包括教育本质观、教育价值观、教育质量观、人才观等等系统观点和理论。"[2]根据上述观点,教育观念的内涵可分析为,"教育观念是不同的教育主体在一定的教育实践中形成的关于教育、关于教育若干本质现象的基本认识和看法"[3]。李召武在《关于教育观念的理性思考》中指出,作为一个群簇而生的观念群,教育观念有不同的存在形态,如理论形态的教育观念、制度形态的教育观念、社会心理形态的教育观念。

虽说素质教育已深入开展,但在现行的考试制度下,应试教育的弊端依然存在,无法根除,受其影响,家长多有"学而优则仕"的思想。这些家长对于孩子在校情况最为关心的是孩子的学习成绩,以及影响孩子学习成绩的种种问题。而学校在高考制度和家长的压力下对升学率的追求丝毫不敢懈怠。这就使得学校、教师的主要精力不得不放在学生的学习成绩的提高方面,家校合作的内容也就自然而然地围绕着学生的学习而开展。但是有的家长由于自身接受了高等教育,在对孩子的教育理念上与现行教育体制有很大的不同,因此,家长的各种教育理念可谓"仁者见仁,智者见智"。本章主要从以下几方面就家长的教育理念问题进行调查研究:

① 家长的儿童成长观

社会的竞争压力日趋凸显,家长的儿童成长观也随之发生改变,从教育孩子首先学会做人、学会做事、学会关心到只关心学习成绩、试卷分数,忽略了儿童成长中最需要、最起码的要素。在班级家庭教育现状调查中,需要对家长的儿童成长观进行问卷调查,搞清现状,为班级家庭教育的开展打基础。成长观的维度主要包括两个方面:道德教育为主;知识学习为主。

② 家长的亲子观

亲子观指家长对自己同子女具有什么样关系的看法,集中反映在家长的教育动机上。一是家长把儿童的成长和自己的命运联系起来,其动机往往出于养儿防老、光耀门庭、继承家业、实现自己当年没有实现的理想等;二是家长认为子女首先是国家的公

---

① 裴娣娜. 对教育观念变革的理性思考[J]. 教育研究,2001(2).

② 徐亚妮. 谈教师对基础教育课程改革的思考[J]. 社科纵横,2005(20—1).

③ 李召武. 关于教育观念的理性思考[J]. 教育理念与思考,2002(6).

民;三是家长强调子女本身的幸福;四是家长认为子女既是国家的,又是自己的。不同的亲子观会影响家长对家庭教育的态度和教养方式,从而影响家庭教育的效果以及家长培养儿童的质量。

③ 家长的儿童观[①]

儿童观是人们对儿童的总的看法和基本观点,或者说,是人们在哲学层面对儿童的认识。不同的时代、不同的文化、不同的地域、不同的社会成员会产生不同形态的儿童观。家长的儿童观念、家长眼中的儿童是什么样子的,主要涉及两种价值取向:管教的对象;尊重的主体。

(6) 家长参与家校合作情况

① 参与的积极性

家长参与的主动性常常通过其对参加学校活动的态度和次数反映出来。

② 家长对学校的了解

包括学校的办学理念、学校的课程设置、子女所在班级情况等。

③ 参与的方式

包括参加家长会、面见教师、与教师电话或短信联系、家校通(网络联系)等。

④ 参与的障碍

包括没有足够的时间与精力、对学校活动不了解、与学校(教师)沟通有困难、觉得自己能力和水平都不够等。

⑤ 参与的内容

家校合作的主要内容备选中有学习情况、兴趣爱好、孩子的教育方法、思想品德、身心健康、个性和人际关系等。参与内容的调查可设为多项选择。

(7) 家长对学校教育的期望的调查

对于这项调查内容,横向上可将家长分为受过高等教育和未受过高等教育两类。未受过高等教育是指学历在高中以下(包括高中)。在纵向上可从以下几个维度进行调查分析:

① 拿到文凭;

② 提高素质;

③ 培养挣钱能力;

---

① 胡术恒.儿童观及其对教育观的制约与影响[D].东北师范大学硕士学位论文,2006.

④ 其他。

4. 问卷设计的原则及问卷设计的注意事项

问卷,是载有各类表明调查者意向的问题的工具,其基本形式是纸面材料。问卷的设计一般分为三个部分:

第一部分,是对调查的简要说明。通常列在问卷的开头,用以向受试者解释调查的性质、目的,以及向受试者作出的承诺,如保密、不公布受试者个人的选择情况等等。

第二部分,是对受试者如何回答问题进行方法上的指导。问卷一般为选择题。在指导中,应列出一至两个例题予以示范,并对受试者的选择符号作出统一规定。如"√"表示同意,"×"表示不同意。如果不统一规定,又无事前指导,便有可能在选择中引起标准混乱,最后无法汇总。

例:"在下面一些问题里,我们希望了解您对家长委员会的看法。请您在认为合适的答案所对应的( )中作出记号'√',切勿使用任何其他符号。如无特殊说明,请只选取一个答案。"这样一种指导陈述无疑能起到提示作用。

第三部分,是问题的陈述与排列。在前面部分,已经在客观性原则的阐述中提出了问题陈述的语言要求,即具体、明确、不产生歧义。

(1) 除问题的陈述之外,问题的排列也应当注意

[问题 1] 你认同家长委员会这种家校合作的方式吗?

( )很认同。

( )无所谓。

( )不认同。

[问题 2] 你觉得家长委员会在家校合作中最主要的作用是什么?

( )沟通作用。

( )交流作用。

( )解决学生实际问题的作用。

这是一种不合适的排列,问题 2 在起着一种暗示作用,会影响受试者的客观判断。

(2) 问题的排列必须有逻辑性,不能让受试者的思想陷于混乱

[问题 1] 您参加家长会的频率是?

( )每两周一次。

( )每月一次。

( )每两个月一次。

[问题2] 您的月收入是多少?

这种跳跃过大的问题排列,会影响受试者的耐心,从而导致草率了事,搪塞交差。

(3) 假如问题比较复杂,则尽可能将其简化,一个陈述只包含一个问题。

(4) 对一些较为敏感的或可能令人难堪的问题,应避免正面提问。例如有一个问题:"您是否特别溺爱孩子?"尽管受试者是不留姓名的,但潜意识的作用会使想回答"是"的人在内心感到不安,并违心地倾向"否"的选择。这就失去了调查的意义。如果换个角度问:"有些人认为父母可以溺爱孩子,有的人则坚决反对。您的意见?"这样效果就会好些。

(5) 应尽量使问题陈述呈封闭性,即限定受试者在给出的答案中选择。封闭性问题的优点在于指导性强,易于汇总统计结果。与封闭性问题相对应的是开放性问题,即让受试者自由发表看法。尽管开放性问题可以获取许多甚至是意料之外的信息,但它难以控制,也难以统计汇总,因此,在公共关系的实务操作中,这类问题只处于辅助地位,大量的、主要的问题形式是封闭性问题。

(二) 访谈提纲设计①

1. 访谈的目的

通过访谈,面对面地与家长进行沟通交流,明晰家长的教育观念,挖掘家长对于家校合作的真实想法,更深层次地探讨班级家庭教育中存在的问题以及改善的意见。

2. 访谈的特点

(1) 优点:可以对家庭情况、家校合作情况等较深层次的内容有比较详细的了解;由家长亲口讲出,具体而准确;使班主任了解到问卷中不容易发现的情况及问题;有助于班主任与家长之间的沟通与交流,互通信息,做到全面了解学生。

(2) 缺点:访谈法要专门的技巧,需要受过专门训练的专业人员,这就对班主任提出了更高的要求;比较费精力费时间,工作成本较高;访谈法易被家长认为是班主任如何看待学生的依据,所以会故意夸大或弱化某些问题。

3. 访谈的内容

(1) 家长的教育观念:儿童成长观、教子观等。

(2) 家校合作中存在的问题以及对家校合作中学校、教师、家长责任的划分等。

(3) 对班级家庭教育的实施看法以及建议等。

---

① http://hi.baidu.com/loveisall/item/c578c60eb4fec191a2df4302.2010.11.

4. 访谈设计注意事项

（1）访谈题目既要精练，又要表达清楚；既要有学术性，又不能太学术化；即不能因为精练而语焉不详，也不能因为学术性而使得语言晦涩难懂。

（2）访谈各题目之间是一个并列关系，同时也是一个递进关系，不能是重叠或重复和相互包含的关系；各访谈题目构成总主题的各个方面，换言之，总题目是各分题目的逻辑总和。

（3）访谈的题目不易太多太细。一定要有针对性，问题要具体。问题应该是开放性的，不能是封闭性的。避免出现简单的是否题，同时也要避免出现诱导性的题目。一般而言，访谈题目以6—8个为宜，最多不要超过10个题目。

（4）自己使用的访谈提纲既要简明，又要全面，而且要把各要点罗列清楚，切忌过分繁复，甚至连自己都不明白什么意思。给自己使用的提纲是表意性的，而非表形性的，亦即一定要能够使自己明白，能够起到启示作用或提醒作用，而正式提纲则既要表形，也要表意，当然两者都要突出简明的特征。所谓提纲就是指纲目，而不是指过分繁复的内容。

（5）引导语重点讲述访谈目的和为什么选择该访谈对象。访谈目的不宜太空洞，一定要以激起访谈对象的兴趣为根本出发点。

概括而言，访谈设计有以下六个原则：简明性原则（指语言表达）、适量性原则（指题目总量）、针对性原则（指问题方式）、开放性原则（指题目类型）、一致性原则（指各题目结构）、非重叠原则（指题目逻辑）。

访谈提纲举例：[①]

问题设计：对家校合作中教育责任的访谈

访谈一

访谈对象：X同学家长

访谈时间：2010年1月11日

访谈方式：qq交流

问：作为家长，你是否认为家校合作使教师的责任减轻了？

X同学家长：我认为应该是这样的。家校合作后，家长可以说是全力以赴，牺牲了自己的很多时间在帮老师做事情，比如学生活动，原来最忙的是老师，现在最忙的是家长，跑腿的都是家长。再比如，现在低年级阶段的小学生下午放学时间很早，家长在这

---

① 杨莉.小学低年级阶段家校合作中教育观念冲突的研究[D].四川师范大学硕士学位论文，2010.

段时间,除了要完成孩子行为习惯的培养外,还要检查孩子识字、背书。老师原来要承担的一些工作让家长给承担了,这就是老师责任的减轻。

访谈二

访谈对象:Y同学家长

访谈时间:2010年1月12日

访谈方式:面对面交流

问:作为家长,你是否认为家校合作中老师的责任减轻了?

Y同学家长:我觉得这个问题不能简单地回答是还是不是。表面上看来,老师的一些工作交给了家长,好像是减轻了责任。但我觉得,小学低年级阶段,像一些机械性的识记工作,家长都能承担,这可以让老师在课堂上有时间作一些知识的拓展。另外,家校合作是否有用,我觉得关键还在老师,老师得花更多的时间和精力去思考什么样的合作才能事半功倍。而且,有的家长并不懂什么是家校合作,老师还得在教学生之外,再教家长,应该是任务更重,责任更重。

由访谈得知,在家校合作中对教师责任的认识,有56.5%的家长并不觉得教师是在推卸自己的教育责任,相反是对教师的要求更高。有43.5%的家长认为教师的责任在减轻。

第二节 班主任家校交流的问题与对策

一、班主任家校交流中存在的问题

1. 信息交流不通畅

"信息的缺乏或错位容易导致误会与分歧。盖斯威奇(Gestwicki,1992)指出,信息缺乏是形成家校冲突的主要原因之一。两者通过交流,更深地理解彼此的期望以及孩子的需要,从而建立双方合作的基础。爱泼斯坦(Epstein,1992)进一步指出,如果这种交流扩大到孩子,使孩子知道父母与教师为了他们所付出的辛苦,他们会更深刻地理解学校教育的重要性。"[①]但是在实际的班主任家校交流过程中却常常存在信息

---

① 彭茜,郭凯.家校合作的障碍及其应对[J].教育科学,2001(11).

交流不通畅的情况,比如文本性的家校交流材料——孩子的成绩单、家长手册不能及时地传递等。当然,许多学校都已经采取了与家长交流信息的新方式,如开设班级网页和博客,实现与家长的网上信息交流。班主任及时将孩子的学习和活动情况传到网上,让家长了解孩子的在校情况。有些教师每天也会将家庭作业发到网上,以便告知家长。此外,家长对班级和学校的意见也可以发到班级网上。这种新的沟通途径日渐受到家长的欢迎,但上网条件(是否方便上网)的限制和家长对计算机技术的掌握水平参差不齐,影响了网络作用的发挥。

所以,信息交流的不畅通会造成家校无法进行进一步的意义沟通,自然班主任也就无法针对某一具体家庭与学校合作存在的问题进行有效的指导。

2. 信息交流单向,关注面狭窄

一项调查[①]显示,教师和家长交流的话题主要集中在学生的学业成绩方面。例如,在家长们最想了解的信息中,"孩子的学习成绩"占到了52%,其次是"学习态度"和"思想动态",分别占22.5%和25.5%。与此相应的是,在对教师的问卷调查中,教师对于"您认为家长最想了解什么情况"这一问题的回答,与对家长的调查结果相仿。可以看出,家校合作在很大程度上所围绕的中心问题仍然仅仅局限在单一的学生智力发展层面上。尽管家长和教师之间也有关于学生品德培养方面的交流与对话,但这种交流大多是收集和了解孩子听课是否认真、是否听话、是否调皮等信息。而关于学生的身体发育、心理健康、情感发展、学习习惯、人际交往等内容,却很少交流涉及。

只有信息交流是双向的,信息才会流动。信息交流单向不仅表现为上面所列举的现象,还经常表现为家长与班主任的信息交流是单方面的,即只有班主任反映孩子在学校的表现,家长只是听,却不能给予及时的回应。家长是孩子最主要的监护人,对孩子的在家表现完全有自己的发言权,但常常在班主任的"气势"之下变得只是点头、低头。如此一来,孩子在家的情况得不到反映,班主任也无法了解学生的全面情况。

关注面狭窄主要是指家校进行信息交流时最关心的是孩子的学习成绩,对作为家校共育对象的孩子的其他方面则很少关注,比如孩子的兴趣、心理健康等等。素质教育要培养的学生是全面发展的学生,素质教育的实现也需要班主任和家长的通力合作。素质教育不仅仅是要求提高学生的成绩,还希望学生在品德、兴趣、健康、艺术修养等等各方面都得到发展。但家长和学校在进行信息交流时往往只将关注的焦点集

---

① 钱焕琦. 当前家校关系中存在的问题及伦理调试[J]. 中国德育,2006(3).

中在学生的成绩上,学生其他方面的才能或问题就得不到很好的关注。

3. 阶段性强,连续性差

我们经常看到,信息交流时间上,许多学校只是围绕几个大的时期进行,如学期初、学期末、节假日等等,其他时间则偃旗息鼓,似乎把家校合作给抛到脑后去了。可能有些班主任觉得自己每天管理班级事务就已经很忙了,如果还要经常和家长保持联系,就会增加更多的工作量。但是这些班主任忽视了家校合作的重要性。因为一旦碰到问题,自己单方面地寻找解决办法,就不如和学生家长一起交流,这样解决得更容易些。所以,家校合作不是某一段时间的合作,它要求持久性、连续性。单单在某一段时间开展家校合作,家校之间的信息得不到有效、及时的交流,学生的成长问题也就得不到及时的关注和解决。

二、班主任家校交流存在问题的原因分析

1. 信息交流手段单一,传统信息交流的弊端日益突出

信息交流手段单一是班主任家校交流存在问题的一个重要原因。虽然现在科技发达了,媒体传播普遍了,但是许多学校、班主任以及家长信息交流的方式仍然主要依靠最原始、最传统的家长会、家访等形式。而且这些传统的信息交流方式也主要是以学校、班主任为中心,以通报孩子在校、在班情况为主,以致不能在家校达成共识的情况下解决问题。

除此之外,传统家校信息交流的方式,如家长会、电访、家访,需要家长和班主任都能够在指定的时间内参与,任何一方如果不能参与,家校信息交流的效果自然就会大打折扣。另外,传统的形式占用时间较多,教师为了能够节约时间,一般只会选择"差生"作为家校合作教育的重点,对于优秀的学生或表现一般的学生采取家校合作的几乎没有。①

当然,我们也并不是说这些信息交流方式已经过时了、不适用了,事实上,在一定程度上这些家校信息交流方式还是必要的,但是现在生活越来越繁忙,家长的工作和教师的工作都很忙碌,单单依靠某一单一信息交流手段已显得不够了。

2. 家校责任不明,共育意识差

在家校合作中,存在的一个重大的问题就是责任的相互推脱。家长认为把孩子送

---

① 黄予,冼伟铨. 家校合作与信息技术[J]. 网络科技时代,2007(22).

到学校了,孩子什么方面出了问题都是学校的责任;而学校认为家长是学生的重要监护人,对孩子的成长负有更主要的责任。如此一来,在家校合作中,双方不能很好地明确自身的责任,只把责任推诿到对方身上。

3. 对于家校合作的总目标意识不明确,计划性不强

当前,从我国教育政策现状来看,家校合作没有相应的规范性要求,教育主管部门也没有专门针对家校合作颁布具体的法律规范和指导意见。家校合作活动完全属于学校和家庭自主管理的领域,家校双方只是根据各自的理解和好恶来建构实际行为,许多学校没有设立专门的组织机构来对家校合作活动进行设计、指导和计划。这就使得家校合作活动整体上处于自发、松散的状态,因而难以达到理想的合作状态。一项调查发现,只有约16.7%的学校设有家校合作机构[①]。正是因为许多学校的家校合作活动在时间上时断时续,在内容上缺乏前后的呼应,不能切实提高合作的效果,达到活动目的。

三、班主任有效进行家校交流的对策

1. 采取多种信息交流手段,保持家校信息通畅

首先,在开学时通过网络、电话拜访、家访等多种形式联系学生家长,传递喜报。

班主任可以把传送喜报作为交流的手段。把学生在校的情况,如有趣的发言、比赛的结果、好人好事、学习成绩的点滴进步,都以喜报的形式向家长汇报。这种形式的交流可以密切教师、学生和家长之间的关系,特别是可增强学生的自信心。

班主任在开学前就应当尽量通过电访、家访等多种形式与班级所有学生家长取得联系,告知本学期家校合作的内容,强调家长参与班级活动、学校活动的重要性,鼓励家长积极参加家长活动。

其次,可开办家长沙龙,每月一次。

在家委会委员对家长需求了解的基础上与班主任共同商讨,确立沙龙主题,组织交流活动。

第三,可在新学期开学时进行问卷调查。

---

① 转引自田贵辰,刘学军,魏喜凤. 中小学家校合作现状与对策[J]. 石家庄学院学报,2010(6).

新学期开学时，向家长发放调查问卷，了解学生在家的各种表现，以及家长对与孩子、班主任和学校的期待。

第四，可巧妙利用电话、网络等手段密切与家长的联系，逐步有针对性地与家长交流。

班主任在了解了所在班级全体学生的情况以后，就要有针对性地与某些孩子的家长进行单独交流，并保持密切的联系。比如建立班级通讯网络。目前电话已经普及到家家户户，可在班级中把学生分成多个小组，每组设立一个联络员，负责把教师的要求传达给家长，同时，家长也可以通过电话向同学或老师了解情况，形成一种互动交流。还比如建立班级网站。教师可以通过网站，根据本班的特点向家长介绍家庭教育知识，针对某些家庭教育问题开展讨论。这种形式的交流可以提高家庭教育的质量。在家校合作的过程中，班主任要记住苏霍姆林斯基的一句话："我们和家庭作为并肩工作的两个雕塑家，有着相同的理想观念，并朝一个方向行动。要知道，在创造人的工作上，两个雕塑家没有相互对立的立场是极为重要的。"

2. 明确家校双方的责任，共同促进孩子的成长，把孩子纳入交流圈

苏霍姆林斯基说："儿童只有在这样的条件下才能实现和谐的全面发展，就是两个教育者——学校和家庭，不仅要一致行动，要向儿童提出同样的要求；而且要志同道合，抱着一致的信念，始终从同样的原则出发，无论在教育目的上，过程上还是手段上，都不要发生分歧。"从这个意义上来说，家校合作即学校起主导作用，家庭和学校在教育孩子的过程中协调一致，相互支持和配合，以最大限度地发挥各自的优势，弥补各自的不足，实现教育的最优化。

开展家校合作，其目的就是为了更好地发挥家庭和学校的优势，用家庭教育的优势来弥补学校教育的不足，让学校教育指导家庭教育，最终使家庭教育再来支持和强化学校教育，即双方优势的相互利用和相互弥补。

首先，要让家长了解学校的办学目标和办学理念。可以通过家长学校讲课活动、家长会等，让家长听一听学校的办学目标和办学理念；通过分发宣传资料、下发学校校报等形式，让家长了解我们的办学目标和办学理念；帮助家长掌握科学的育子方法，使家校教育更有的放矢。

其次，让家长参与学校教育教学活动，深入了解学校教育教学工作①。

---

① http://www. zlsyxx. com/wygkcn_ShowArticle. asp? EC_ArticleID=2205. 2012. 8. 30.

① 每学期举办"教学开放周"活动,让家长亲身感受学生在校的学习生活,了解孩子在学校的成长与发展情况,感受教师异彩纷呈的教学风格。通过加深了解,增进理解。通过交流心得体会,提出办学建议。

② 学校向家长公开校长信箱,方便家校沟通。

③ 成立班级、校级家长委员会。聘请关心学校、热爱教育的家长为家长委员会成员,并颁发聘书。

④ 广泛开展形式多样的家校联系活动,如:家访、校访、电话联系、发送短信(电子邮件)等。还可以建立班级博客,要求班主任及时通过班级博客和家长沟通,也提倡家长随时通过班级博客和班主任进行交流,加强教师与家长的感情联系,奠定学校与家庭教育的感情基础,使家庭教育目标与学校教育目标相一致,充分发挥双方的作用。

第三,开办"家庭教育讲坛"。邀请专家、名师、优秀家长来学校做专题讲座,开拓家长的家教视野,更新教育理念。

在进行家校合作信息交流时,家校双方都要明确自身的责任,自觉地承担起来。除此之外,孩子是家校共育的主体,家校合作的过程中也要充分尊重孩子的意见,让孩子有自由表达的权利。

3. 制定每学期明确的家校合作计划,并根据实际情况及时调整

开展任何一项工作都需要有计划,家校合作也一样。只有制定合理的家校合作计划,并根据实际情况及时调整,才能保证家校合作的连贯性。家校合作的计划也需要班主任和家长共同商讨,尊重双方的意见。

具体来说,家校合作计划可以从以下几个方面入手:

① 分层次进行家长家庭教育讲座,共商教育学生良方。一学期至少两次,有计划,有内容,有考评。比如每年七年级新生入学之前,举办新生家长培训班,明确怎样做好孩子入学的准备工作,怎样帮助孩子养成良好的学习习惯。九年级毕业班毕业前,举办家长知识讲座,交流怎样帮助孩子复习,关心孩子心理健康。

② 进行学习型家庭的创建活动,评选示范性学习型家庭和合格(优秀)学习型家庭。

③ 家访。班主任坚持至少每学年对每位学生上门家访一次。

④ 把家长请进来。邀请家长进课堂听课,邀请家长和孩子一起参加学校、班级的各项活动。

⑤ 针对班级里的一些特殊学生,进行个案研究,增强自身的教育知识。

第三节 班主任家校沟通的问题与对策

一、班主任家校沟通中存在的问题

班主任家校沟通中主要存在两方面的问题：

1. 沟通内容单一，缺乏技巧

一般来说，许多班主任都是等到学生出现问题了才会找家长进行交流、沟通，但这时的沟通已经缺乏了理解的基础。作为班主任，不但要和家长交流、沟通孩子出现问题的方面，还要把孩子表现良好的方面及时地向家长反映。

班主任在与家长沟通时经常缺乏技巧，一开口就是向家长"告状"，让家长很尴尬。就算班主任讲的完全是事实，但下次再与家长沟通时，家长首先担心的就是再挨一顿批评，班主任也就别指望家长再主动联系了。

2. 班主任和家长相互挑剔多，相互理解少

在实际的班主任和家长沟通过程中，经常会出现相互抱怨的情况。比如家长会抱怨教师信息传达不到位、做学生工作不到位，班主任会抱怨家长把学生的学习、心理健康等完全推诿给学校等。双方不能做到相互理解，都只站在自己的角度看问题，这着实是班主任家校沟通时的一大难症。就像第四章提到的"让家长签字"①的例子，"家长签字"作为监督孩子学习的形式，被各地教师所推崇。家长会上教师也不断强调：让家长在孩子的作业本上签字，一是为了确保学生按时完成作业；二是督促父母尽监管孩子的责任。但是"签字"这一做法仍在家校合作中存在不小的非议。

① "家长签字"能确保作业质量？

可以说，许多学校采取"家长签字"这一措施，其最直接的初衷是：可以有效地压缩学生"撒谎"和"偷懒"的空间，促进学生保质保量地完成教师布置的各项作业。有些孩子自主学习的能力比较差，让"家长签字"使家长介入了孩子的学习，了解了孩子的学习态度和掌握程度，对于培养孩子良好的学习习惯具有重要的意义。但随着孩子年龄的增加，作业数量增多、作业难度增加，在实践中就会暴露出诸多问题。

---

① http://blog.hasyxx.com/user/hawlxls/archives/2012/10522.html.2012.8.30.

从学生方面来讲，比较优秀的学生能够按照教师的要求，在每天作业完成后让家长签字，因为他们不怕家长检查他们的作业。但对于学习比较困难的学生来说，常常会出现因作业内容太难而无法完成的情况，为避免家长的责骂，要么将难题暂时省略，要么干脆先不管对错地做完，以先得到家长的签字再说。还有些学生，为了长期解除家长签字带来的压力，骗家长签字的有之，互相签字的有之，甚至请人代替家长签字的有之，自己来签的也有之……在这种情况下，暂且不说作业完成的质量，由此带来的负面影响本身就是很明显的。

从家长方面来说，有些家长确实有时间或有能力帮助孩子更好地掌握学习内容，为孩子答疑解惑，但是更多的家长由于工作关系或自己知识结构方面的原因，无法对孩子的学习和作业提供实质性的辅导和帮助，只能在孩子的作业本上签上"已检查"、"已听写"、"已订正"之类的话，然后签上自己的名字。在这种情况下，不仅难以保证作业质量，"家长签字"无形中也成为了家长的一种负担，而最终流于形式。

② "家长签字"能尽家长的责任？

在现实中不乏这样的家长：他们根本不检查或难以检查孩子的作业，只关心作业的正确率和试卷上的分数。正确率或分数高时面露喜色，如果成绩不好，则不知道如何帮助孩子分析原因，只是将不签字作为惩罚，或只是一味训斥。家长的这种教育方法，不仅会让孩子，特别是学习困难的孩子产生学习上的心理负担，而且会在孩子内心埋下逆反、畏惧的"种子"，不利于孩子和家长坦诚、有效的沟通。

家长教育子女的内涵本应是很丰富的，但如今，学校对"家长签字"的定位更多地侧重于"监督"的功能。孩子的学习兴趣和自觉性不仅仅是依靠监督就能提升的，它需要家长和教师不断地启发、诱导、激励和帮助，相互共同努力。因此，家长签不签字和家长负不负责没有必然的因果联系，只单方面强化"签字"的监督功能，由家长为孩子的作业把关、签字，很容易对孩子产生误导，把作业完成的责任分解到了家长身上，久而久之导致学习能力丧失，滋生了依赖性和惰性思想，也淡化了孩子的责任心。所以，"家长签字"表面上看是提高了孩子作业的正确率和规范性，但同时也在无形中使教师难以从作业中发现学生学习中存在的问题，也失去了从学生作业中反思和改进自己教学的机会。

③ "家长签字"是教育还是控制？

教师将"家长签字"视为一种管理，有些教师还会对没有在作业本上签字的学生进行训斥和惩罚，这一方面造成了学生心理上的压力和损害，另一方面也逼迫学生为了避免训斥和惩罚而学会欺骗教师和家长,造成师生关系、家长和教师关系的不和谐,从而家校难以形成合力。很显然,这些有悖于教育的本质。

像请"家长签字"这样的状况还很多,家长和班主任都各有各的看法,各有各的难处,因此造成了相互指责、相互挑剔的状况。

二、班主任家校沟通存在问题的原因分析

1. 家长层次不一

[案例]

徐海腾是一个调皮的男生,经常有同学到班主任那里告状:徐海腾又打架了,又怎么怎么了,很让人头疼。徐海腾还有一个特点,那就是在老师面前非常听话,一旦老师离开,就管不了自己了。于是我打算让家长到学校来一趟,共同教育他。没想到帮我叫家长的同学说,他爸爸说忙,在家里教育就行了。我对此感到很无奈。但我仔细想了想,十个手指头都不齐,一个班级的孩子当然也不一样,家长自然也是层次不同,于是我决定平时与徐海腾多沟通,经常到孩子家中走访,了解孩子的家庭情况,了解父母的困惑和难处,帮助他们进行家庭教育。①

从这个案例我们可以知道,家长的层次是不一的。家长层次不一,主要是指家长的受教育程度、受教育方式不一,有的家长是干部、高级知识分子,有的家长是高中或以下文化水平,这种家长水平的参差不齐会对班主任的家庭指导产生很大影响。作为高级知识分子的家长可能有着自己的一套教育理念,并认为自己的理念比学校和班主任的更先进,因此对于班主任的家庭指导意见只是听听,并不采纳。受教育水平较低的家长则由于自己的文化水平不高,就会对班主任寄予很大希望,对班主任的家庭教育指导方式尽量执行,完全放弃了自身原本可能正确的、个性化的家庭教育方式。

2. 班主任与家长双方的兴趣点不一致

班主任与家长都有着各自的兴趣点。班主任可能是尽量本着从促进学生全面发

① http://tengzhou. fxl2011. teacher. com. cn/GuoPeiAdmin/TeachingIntrospection/TeachingIntrospection-View. aspx? TiID=120. 2012. 8. 30.

展的角度出发与家长进行沟通,而多数家长则主要希望以提高孩子学习成绩为前提进行沟通,对于孩子的兴趣、心理等有所忽视。

3. 班主任和家长对对方教育孩子的方式不了解,各执己见

每个家庭都有一套自己教育孩子的方法。比如有的家庭是传统的教育方式,认为孩子就应该在捆绑下成才;还有的家庭采用的是现代的家庭教育方式,对孩子完全地民主,给予充分的自由。当然这也是两种极端的教育方式,实际上更多家庭采用的是折衷的教育方式。而学校也有着自己独特的教育方式,于是家长和学校可能站在两个不同的角度,在如何教育孩子方面无法达成一致,从而导致班主任不能很好地对家庭教育方式进行有效的指导。

三、班主任有效进行家校沟通的对策

1. 把握与家长沟通的心理,掌握沟通的艺术

班主任要面对众多家长。每位家长的性格、职业、教育背景都不同,所以有的家长属于知识型,有的家长属于溺爱型,有的家长属于放任不管型。还有的家长脾气暴躁、气势汹汹等等。因此,作为班主任,要针对不同的家长采取不同的策略。总的来说,班主任对学生的评价要公正、客观、全面,让家长听完后,觉得这是教师的肺腑之言。要多鼓励、赞扬学生,把自己对学生的期望和肯定通过家长传输到学生那里,让家长和学生都充满信心。不要等到学生犯了错误才家访、请家长。当学生有错时,不要让家长感觉到教师在推卸责任,把学生犯的错误通过提供可行性的建议表达出来,或换一个语言表达的角度,使学生能接受。

具体来说,对于知识型的家长,班主任在如实地向家长反映情况后,应主动请他们先提出教育的措施和处理的意见,并认真倾听。因为这些家长一般来讲比较注重对孩子的教育,他们观察自己孩子的表现经常比教师还要深入、细致、具体。当然,班主任在听取家长意见的同时还要具有自己的判断力,要冷静地分析。每个班级都会有这样的一批家长,他们有一定的知识、修养,在教育孩子方面有独到的见解,与这类家长交谈后,通常能达到预期的效果。

对于溺爱型的家长,班主任在和家长见面后,要先肯定学生的长处,对学生的优点给予肯定,抓住他们身上的积极品质。那些溺爱型的家长更希望听到班主任对自己孩子的肯定。因此,充分尊重学生家长的感情,肯定家长热爱子女的天性,这样家长才会

从心理上接受班主任。同时,也要用恳切的语言向家长反映情况,指出学生存在的问题。所以,对于这类家长,总的原则是,班主任要在肯定中提出要求,在要求中透着婉转。班主任沟通的主要目的就是要家长全面地了解孩子,从而主动地与班主任共同商讨教育孩子的方法,主动配合学校的教育工作。

脾气暴躁型的家长,通常文化程度不太高,对孩子是"恨铁不成钢"。学生一出现毛病,他们就会不加分析地拳脚相向。与这类家长沟通,要特别讲究方式方法,要谨慎行事。要以柔风细雨式的交谈方式让家长知道:老师请家长到学校来,并不是希望给自己的学生招来一顿皮肉之苦,而是为了帮助学生尽快认识和改正自己的缺点错误,希望得到家长的配合,齐抓共管,共同教育学生。如果家长不分青红皂白地把孩子打一顿,则既没使孩子认识到错在哪里,怎样改正,也可能加深师生间的隔阂,使孩子对班主任极为反感,感到老师很可怕、很可恶。要使家长理解所有这一切,首先就要以情服人,取得家长的信任。要使他们相信,请他们到学校来并不是为了给孩子以惩罚,而是争取家长的协助,共同帮助学生。对于这样的家长一定要声明:既不能打骂孩子,还要起到教育作用。

对于放任不管型的家长,要多报一点喜,少报一点忧,决不夸大问题,使家长认识到孩子的发展前途,激发家长对孩子的爱心和期望心理,主动参与到孩子的教育活动中来。使家长明白,没有父母的爱培养出来的人,往往是有缺陷的人。家长与子女间的感情一定要加强,为学生的发展创造一个良好的家庭环境。

对于"后进生"的家长,则要让家长对自己的孩子充满信心。班主任最感头痛的是面对"后进生"的家长。班主任常常面对孩子可怜的分数,无话可说;面对家长失望的叹息,无言以对。对于"后进生",我们不能用成绩这一个标准来否定学生,要尽量发掘其闪光点,要让家长看到孩子的长处,看到孩子的进步,看到希望。对孩子的缺点,不能不说,但也不要一次说得太多。不能言过其实,更不能说"这孩子很笨"这样的话。在说到学生的优点时要热情,有力度,而在说到学生缺点时,语气要舒缓婉转,这样就会让家长感到对自己的孩子充满信心。只有家长对自己的孩子有了信心,他才会更主动地与教师交流,配合教师的工作。

对于气势汹汹的家长,教师要以理服人。有些教师碰到气势汹汹的家长,往往也会热血冲头。碰到这种家长,教师一定要沉得住气才行。最有效的做法就是面带微笑。在人际交往中,微笑的魅力是无穷的,它就像巨大的磁铁吸引铁片一样,让人无法拒绝。班主任在面对家长的指责时,要克制自己的怨气;不要和家长争执,更不要挖苦讽刺学生,甚而伤及家长。只要脸上充满微笑,那么无论是在多么尴尬或困难的场合,都能从容度过,赢得家长的好感,体现自己的宽容大度,从而最终消除误解和矛盾。[①]

总之,用老中医的话说,也就是"听诊把脉,对症下药"。不同的家长有不同的性格特点,他们对孩子、对学校的期望,以及他们看待事物的观点也不尽相同。因此,在与家长的交往过程中,班主任只有学会"听诊把脉",摸清家长情况,了解家长的喜好,对症下药,才能建立畅通无阻的家校配合绿色通道。

2. 创造良好的沟通氛围,帮助家长认同学校的教育方式

良好的沟通氛围是家长和班主任之间合作的基本保证。学校教师和管理者对家长参与持何种态度与学校提供的家校合作的氛围有直接的关系。对此,学校应创造接纳与兼容的学校文化氛围,使学校领导和教师了解多元文化背景下不同家庭的教育需要,使家长们都能感受到学校对自身参与学校教育的重视。另外,良好的学校氛围还可使教师具有良好的心态,同各种类型的家长都能够进行有效的沟通,从而促进家校合作的顺利实施。

家长对学校教育方式的认同是学校对学生实施教育和管理的条件。如果没有认同,学校可能就会处于被动地位。对于班主任和家长之间的合作来说,主要是要让家长认同学校的规章制度,以及学校赋予班主任的管理班级的权利。

具体来说,要达到这种认同,也不是一蹴而就的。班主任和家长可以先共同制定一个大家都认可的目标,该目标对每个参与者都赋予较高的期望,通过对目标的分解,把目标具体化为责任,并且责任到人,以确保目标的实现。其实建立与维持良好的家校关系的最首要与最基本的目标就是为了提升在校学生的成就动机与学业成绩。当然还有其他的目标,包括为家长提供支持,让家长与其他社区资源保持接触,聚集有相同的特殊教育需要的家长,鼓励家长提高自己的教育技能,采取其他措施提高家庭生活质量。[②]

3. 采取"请进来"策略,鼓励家长参与学校活动,提高家长与学校沟通的积极性

所谓"请进来"策略,就是班主任经常邀请家长参加学校的活动,使其对学校、班级的各方面有更多的了解,这会增加家长对学校和班级的认识,以及对班主任工作的理解。例如邀请家长参与班级班会等活动,就可以创造三方相互理解的机会。

---

① http://blog.sina.com.cn/s/blog_512458000100ffoj.html. 2012.8.29.
② 彭茜,郭凯.家校合作的障碍及其应对[J].教育科学,2001(11).

而且家长还可以通过到学校参观的方式,实地了解平时在家里看不到的孩子在学校、班级的学习环境和学习情况,看看孩子待人接物的态度,以及面对不同情况时的反应。在这种时候,家长往往能看到孩子的"另一面"。如果孩子在家里表现良好,在学校却喜欢捣蛋、恶作剧,家长不妨反省一下,是不是自己平时管教太过严格,或太过一板一眼,使得孩子在家庭中隐藏了性格,并应寻找改进的方式。

诸如学校经常开展的文化活动、运动会、春游等,都可以邀请家长前来观看或参加。这些活动都可以起到良好的沟通作用。既可以促进家长对学校、自己的孩子以及家长之间的了解,也可以使家长和教师、孩子之间融洽感情,消除隔阂。

第四节　班主任家庭教育指导中的问题与对策

一、班主任家庭教育指导中存在的问题

1. 班主任和家长地位不对等

人与人之间的交流首先就要求双方的地位平等。班主任和家长作为家校合作的主体,同样在合作中要求地位平等。地位对等,家长才能有话敢说,有话愿说。但实际中常常存在班主任和家长地位不对等的情况。这种现象有两种表现:一是有的家长往往认为班主任就是权威,自己只要听从就好了,即使有不同的看法和建议也不敢向班主任提出。二是由于有些家长的社会地位、职业等关系,班主任对其心存余悸,不能大胆地基于学生的家庭情况进行教育指导。这两种表现,不论哪一种,都会影响班主任家庭教育指导有效性的发挥。

2. 指导方式单一

班主任在进行家庭教育指导时,指导方式是最重要的方面。正确而多样的指导方式,会极大地达到家庭教育指导的效果。单一且错误的指导方式则会对家庭教育指导的效果大打折扣。但是在班主任的实际工作中,常常存在班主任指导方式模式化,缺乏多样性、针对性等状况。这就导致一些学生的家庭教育问题未能得到及时有效的解决。

3. 指导范围狭窄

班主任对家庭教育进行指导应该包括许多方面,不应只局限于一隅。片面关注某一方面的指导而忽视其他,则会使家庭教育效果不能收到良好的成效。有些学校

或教师常常迫于社会上关于升学率舆论的压力,在对家庭进行教育指导时仅仅从提高学生成绩的角度出发,从而忽视了其他方面的指导,比如忽视了指导家长从学生的身心发展特点出发教育和关心孩子、注意孩子的情绪变化、帮助孩子度过青春叛逆期等。

二、班主任家庭教育指导存在问题的原因分析

1. 家长自认为是"受教者",班主任是"施教者"

许多家庭在接受班主任家庭教育指导时都自认为自己就是"受教者",只有听的义务,只要按照班主任说的做就好了,即使自己有好的意见也不敢说、不愿说。自古以来,家长就对教师存在着一些误解,认为教师是严厉的。教师一找,家长就会下意识地认为准没什么好事。当然,这也和有些教师经常把找家长变成"告状"有关。有些教师只顾着自己情绪的发泄,而没有顾及家长的情绪态度和心理反应。当觉察到家长的这些心理时,班主任这时就要及时地引导,告知家长有什么意见和好的想法都可以及时和班主任沟通,有什么难题也可以找班主任多多咨询。

2. 班主任缺乏工作的积极性

班主任是班级的管理者,需要对班级管理付出很大的心血,但是有的班主任在家校合作的过程中,往往认为家校合作并不是班主任的主要工作,班主任的主要工作是管理班级的学生,对家长则能远之则远之。还有的班主任由于所在班级有些学生的家长不好打交道而存在畏难情绪,渐渐地缺少了工作的积极性。班主任在家庭教育指导方面缺乏积极性,那家校合作其他方面即使做得再好,达到的效果也只能是事倍功半了。

3. 家校日常交往和非日常交往的对立和分裂

"日常交往指的是日常生活领域中主体间的交往,以日常语言为媒介,以血缘关系和天然情感为基础,具有封闭性、个体性等特点,其活动图式具有自在的、自发的和非理性的色彩;非日常交往是非日常生活领域中主体间的交往,即在社会活动领域进行的交往活动,具有开放性、主体的多角色性等特点,其活动图式受自觉的法律、组织规章和制度的合理性制约,具有自为、自觉和理性化的特征。"[①]

---

① 陈昉. 家校合作:一种特殊的交往[J]. 当代教育科学,2008(3).

家校合作是一种有一定组织形式的合作，所以我们可以说家校合作更多地具有非日常交往的特征，但日常交往是所有其他社会交往的前提，所以家校合作也包含日常交往的特征。

我们认为家校合作中日常交往和非日常交往应该是互渗互动的，因为只有这样，才能保证家校合作的良性运转。但是事实是，家校合作中常常存在日常交往和非日常交往的分裂，因为家校合作以有组织的形式把学生在家庭中的日常生活世界从隐退的背景中拉到了学生成长的前台，从而一定程度上阻隔了其教育生活（主要是非日常生活）与日常生活的断裂，当然这也是学生健康发展之必需。然而，家校合作中的异化却以合力的形式"抛却了学生作为人的本质，学生不是作为有血有肉的生命个体而存在，而是被剥离了情感、特性、价值的抽象的符号而出现在合作中，其生命的范畴里仅剩下'分数'、'纪律'两项内容以及'学生'这唯一的身份，其作为合作目标主体的地位并没有得到体现"①。如此一来，学生在家校合作中应有的尊严和价值就被家校交往的异化所消解。

4. 班主任有效教育知识、经验缺乏，无法指导家长

班主任个人掌握的教育知识的丰富度在一定程度上决定着能否有效地指导家长。有些班主任，尤其是一些年轻的班主任，虽然受过良好的教师教育，学习了教育学、心理学、卫生学等相关知识，但是由于缺乏实战经验，在与家长打交道时，往往是眼高手低，指导费力又不讨好。

三、班主任有效指导家庭教育的对策

1. 建立平等的家庭教育指导机制

班主任在对家庭进行教育指导时，首先要摆好自己的心态，不能是一副高高在上的样子，要求学生家长完全按照自己的方式开展家庭教育。要给学生家庭充分发挥的空间，只有这样，家长才会乐于让班主任进入自己的家庭进行指导。

2. 学校建立班主任家庭教育指导机制，鼓励并保障班主任开展家庭教育指导

家校合作不光是要班主任和家长的参与，也需要学校给予更大的支持。学校应该建立一个逐步完善的家庭教育指导机制，对班主任指导家庭教育工作给予有效的指

---

① 陈昉. 家校合作：一种特殊的交往[J]. 当代教育科学，2008(3).

导。这个班主任家庭教育指导机制的参与人员主要是各班的班主任,这样就能方便各班主任集思广益,共同商讨家校合作中遇到的问题,并提出有效的解决办法。

3. 提高工作积极性,采取多种家庭教育指导方式,实现指导的有效性

班主任要对工作有耐心,才会有积极性。一位班主任的女儿回家对爸爸说,他们的班主任李老师就特别有耐心。有一次,一名女生向他问关于保温瓶保温的原理问题,李老师耐心地给这位女生讲了好多遍,这位女生都听不明白。旁边的同学都已经不耐烦了,可是,李老师一点抱怨都没有,下课后竟然跑回家拎来保温瓶为这位同学示范讲解,直到她明白为止。女儿说:"爸爸,我以前只是在报纸、电视、电影上看过这样的人,没想到生活中还真有这样的好老师啊!你会不会当这样的好老师?"这位既是爸爸,又是班主任的老师知道女儿在说自己缺乏耐心,他感到很惭愧。班主任作为班级的管理者,对班级的成长进步具有重大的责任,因此,班主任首先就要有耐心,要持之以恒,对工作保持永久的积极性和热情。

当然,班主任在开展家校合作工作时光有耐心也还是不够的。班主任要开动脑筋,开展各种家庭教育活动。班主任可以建议学校开办家长课程,开设知识讲座,进行家教行为指导,宣讲教育政策法规,讲授教育学、心理卫生等知识。例如开办讲座时,就可以通过每学期开学时发放给家长的学校课程意见征询表,了解家长需要哪些知识、哪些帮助,然后整理出切合家长愿望的家长学校课程,组织专题讲座。还比如,针对放学时家长等待接孩子的现象,学校可开设流动的家长学校,把家长请进学校的阶梯教室,滚动播放一些家庭教育宣传片,既保持了校门口安静的环境,又能让家长接受一些知识。除此之外,还可以鼓励建立家庭互助组,开办家长俱乐部,让许多家庭进行内部交流、学习和帮助,班主任则进行及时而有效的指导等。

需要指出的是,班主任对家长家庭教育指导的有效性首先表现在指导科学、实用。这就是说,给家长的建议要条理清晰、言简意赅,最重要的是科学、实用。没有把握的不要说,记不准确的不能说,要实事求是,不能言过其实,故作高深。如果教师的建议不科学、不合理,在家长心中的威信就会大打折扣,所以教师要加强自身的理论素养,积极探索,勤于思考。

4. 寻求日常交往和非日常交往的统一、和谐,实现二者的互渗互动

前面提到班主任家校合作中存在日常交往和非日常交往的分裂、对立,家庭教育指导属于班主任家校合作的一部分,自然也存在类似的问题,所以应该努力寻求家庭教育指导日常交往和非日常交往的统一。可以通过两方面着手:一是通过家庭教育指

导引领科学思维、人文精神等理性因素向家庭、学校中的日常层面渗透,使家长、班主任逐步超越在家校交往及与学生交往中的重复性、自在性图式,使关注学生发展始终成为自觉;二是在有组织的活动中适当地考虑人的需求、情感等非理性因素,以消除家校合作非日常交往中的异化现象。① 这也是家校合作的一个重要的突破口。

5. 班主任提高教育专业素养,提升家庭教育的指导能力

班主任的素养对整个家庭教育指导工作的影响是巨大的,甚至可以说是决定性的。班主任自身要具备各方面的知识,包括法律、教学、学生心理、家长心理、指导策略等方面。但是只是在理论上具备这些知识是不够的,班主任还要主动积累丰富的与家长打交道的经验,学会应对各种"疑难杂症"。除此之外,班主任还要有良好的心理素质,因为家庭指导工作不会如我们想象中的一帆风顺,班主任需要及时地调整好自己的心态。

班主任要提高指导家庭教育的能力,可以通过以下几种方法:

(1) 个案指导法

针对一些家长因与班主任意见分歧而引发的冲突案例,从学生、家长、教师等不同的角度寻找产生家校沟通不良的原因,通过介入学生家庭,以服务为宗旨,以朋友的平等身份和家长进行沟通,并与学生进行交谈,充分倾听各自的"陈述",理清家校沟通中的"障碍点",提出合理建议。同时,要创设班主任与家长面对面沟通的环境,交换各自的想法,以消除彼此的"心结",缓解紧张关系。通过对典型个案的实践指导,班主任才能掌握对这类家庭进行家庭教育指导的策略、步骤和方式。

(2) 自我反思法

班主任梳理在与家长沟通中达成和谐以及引发冲突的案例,进行分析比较,反思成败原因,并借助于同伴的启发指导,调整行为策略,设计"再沟通"方案,并予以实施。通过自我反思、同事互助、集体诊断,班主任与班主任之间建立了积极的伙伴关系,形成了互相交流经验、互相切磋心得的研究团队。班主任在与同伴互动中共同分享经验,相互学习,彼此支持,共同成长。

(3) 借鉴创新法

通过对典型案例的培训,学会换位思考,认识到有些家长文化素质不高,且生存压力较大,特别需要得到班主任的关注和指导。若在沟通中责备家长,这种沟通将会变

---

① 陈昉. 家校合作:一种特殊的交往[J]. 当代教育科学,2008(3).

成"僵局"。与这些家长进行沟通,更需要良好的心理素质和服务态度,无论是在多么尴尬或困难的场合下,都要体现自己的宽容大度,赢得家长的好感。[1]

总之,只有通过不断实践,班主任才能真正提高自身指导家庭教育的能力。

案例分析[2]

寅是个聪明的孩子。跟着电视能把高难度的悠悠球技术学得有模有样;篮球技术同样也是男生中的佼佼者;电脑游戏方面堪称行家,是很多男生的偶像。而且,寅尤其深得数学老师的青睐。寅的爸爸是公交司机,非常辛苦,也很忙碌。妈妈在公司的业务做得很好,比爸爸更忙。于是孩子就和网友走近了,加上学习上不是很给力,总是很随意地对待自己的学习,因此总是因为学习的随意受到了爸爸妈妈的批评。因此,寅和网游走得更近了。预初时我第一次家访,寅就在电脑桌前乐此不疲地玩着,他妈妈为此深感忧虑。当时我给她支了几招,她也没有下狠心执行。

初一学年要结束的时候,考试前,寅妈妈给我打来电话诉苦,求救。家长接待日那天,寅妈妈特地请了假,带着寅一块来了。寅妈妈一个劲地感谢着:要不是老师的督促,抓得紧,他也不可能考这样。接着她就愁眉苦脸起来:眼看着暑假将近,我们工作又忙,他在家整天抱着电脑可咋办? 上了瘾可咋办? 听说上瘾的孩子性格大变,成绩直降,可愁死我了! 我们说他他又不听……一旁站着的寅一脸尴尬,看到我看着他,把头埋了下去……

这倒是个棘手的问题,我总不能跟家蹲点去,也不能总靠电话救急。况且次数多了,就有了抗药性,在我这答应好了,回家依然我行我素,也解决不了问题。家里的事还得在家里解决,需要父母去解决,而寅妈妈却像一个束手无策的孩子,在孩子面前那样无助,怎么去管理、教育孩子呢?

于是我支开寅,和寅妈妈做了一次长谈,对寅的问题作了详细的分析:

一、上网成瘾确实后果很严重

有家长无力支付上网费用,孩子变卖所有家当的;有几乎全部时间都在进行疯狂的网络游戏导致视网膜裂孔的;有因迷恋网络游戏,被医生诊断为"重度网络成瘾患

---

① http://www.shangao.com/show.asp? id=351.2012.8.30.

② http://cqzx.xhedu.sh.cn/cms/data/html/doc/2011-12/05/30377/2012.6.2.

者",在被父亲送到医院治疗的当晚,用玻璃碎片割腕自杀的……

二、孩子为什么网游成瘾

1. 父母陪孩子的时间太少

2. 可供选择的太少

网游是那么有趣,孩子喜欢网游是很正常的,加上没有别的更多的选择,迷上网游也是可以理解的。要分散孩子的注意力,增加更多选择的可能,将孩子从唯一的网游爱好中拔出来。

3. 孩子在现实生活中得不到肯定,得不到满足

像寅这样的孩子,学习不会很用功,成绩不会让家长很满意,甚至很不满意。因为成绩的原因,动辄批评孩子,尽管舍不得打,但冷暴力是很普遍的。而在网游中,孩子找到了成就感、满足感。

所以要多肯定孩子,要运用赞赏的方法,让孩子在学习上有兴趣学下去,至少不要过早地厌恶学习。凡是越早厌学的,迷上网络的概率也越高。

三、父母对孩子一定要管,一定要相信孩子是会听父母的

第一,要相信自己在孩子心中的权威,不能因为孩子不听,就觉得没辙了。

第二,孩子必须要听父母的,管孩子的时候不要心软。

第三,和孩子好好谈一次。堵是堵不住的,要思考如何正确引导、有效监管。

打游戏不是错,甚至完全可以,但要坚持以下原则:

(1) 必须完成该完成的学业,而且要保质保量。

(2) 必须在父母的监管之下,父母不在的时候不得玩游戏。

(3) 时间控制在父母手中。根据孩子的表现优劣,或惩罚或奖赏。

第四,游戏里也有积极的一面,可以挖掘一下。

孩子在游戏中勇于闯关,一路奋进,力争完成终极任务,有的游戏还需要团队合作才能完成任务。这些积极的因素完全可以引导到其他方面,促进孩子的成长。

最后我当着寅和寅妈妈的面给寅布置了一个作业:和爸爸妈妈好好谈一次,列一个暑假计划出来,能做到哪些,不能做到的不要写上去,答应了就必须做到。三方签字,也给我交一份。

第二天,寅交过来一份详细的计划,有妈妈和自己的签名,我也把名字签好,留了一份。我郑重地对寅说:"男子汉应该信守诺言,老师相信你会按照承诺做到的,会控制好网游时间的! 我会经常和你妈妈联系的。"

暑期家访时,寅妈妈对寅的表现还是比较满意的,寅每天的学习任务都能高质量地完成。寅自己也是比较满意的,因为妈妈并没有完全禁止他玩游戏。我大大表扬了寅,同时肯定了寅妈妈,还有寅爸爸的坚持。

　　如今的寅,游戏固然仍是他的最爱,但仅仅是之一,而不是唯一。他也有着更多样的精彩生活。

　　[思考]

　　作为班主任,您从这个案例中得到哪些启示呢? 案例中的班主任运用了哪些策略与寅的家长合作?

拓展阅读

　　[1] 陈昉.家校合作:一种特殊的交往[J].当代教育科学,2008(3).

　　[2] 彭茜,郭凯.家校合作的障碍及其应对[J].教育科学,2001(11).

　　[3] 黄予,冼伟铨.家校合作与信息技术[J].网络科技时代,2007(22).

第五章　家校合作中的法律意识与实务

本章讲述的是班主任家庭教育工作中的法律问题，侧重从理论高度来探析班主任家庭教育工作中的各种法律关系与责任，以及班主任应该具有的核心法律意识。这一方面给学习者奠定了相应的理论基础，另一方面也可以启发他们把理论运用于实践的能力。

第一节　班主任家庭教育工作中常见的法律问题

教师的教育行为一旦脱离教育学的轨道，有时不仅要负道德上的责任，而且要负法律上的责任。班主任作为教师队伍中比较特殊的群体，其法律意识就更显重要了。班主任要严格按照教育法规法律来规范教育，学好法，用好法，依法保护学生的合法权益，预防学生犯罪，正确处理突发、偶发事件，这是班主任在新形势下既紧迫又现实的要求。

一、班主任家庭教育工作中的基本法律知识

（一）班主任家庭教育工作中的法律关系

1. 教育法律关系

教育法律关系是指教育法律规范在调整教育社会关系中所形成的人们之间的权利与义务关系。同样地，并非所有的教育社会关系都是教育法律关系。只有通过国家的教育立法被确定为由国家教育法律法规调整的教育关系才称得上是教育法律关系。教育法律关系是教育法学研究的核心内容。

教育法律关系根据不同的标准和认识角度可以分为不同的类型。根据教育法律关系所体现的教育内容性质可分为基本教育法律关系、普通教育法律关系和诉讼教育

法律关系。根据教育法律关系各主体之间的地位是否平等可划分为平权型教育法律关系和隶属型教育法律关系。除了这两种划分以外还有其他的形式，比如根据教育法律关系的产生是否运用法律制裁，可分为调整性教育法律和保护型教育法律。总之，在教育活动中，既存在行政法律关系，也存在民事法律关系。

作为教育法学的核心研究中心，教育法律关系区别于其他法律关系主要体现在，教育法律关系是以教育法律规范为前提而形成的特殊社会关系，是以权利和义务为核心而结成的社会关系，是以国家强制力作为保障的，它反映的是教育规律的社会关系。

教育法律关系是由教育法律关系主体、客体和内容三个要素构成的。

教育法律关系主体是指在教育活动中依法享有的权利和承担义务的法律关系的参加者，也可称为权利主体和义务主体，主要包括：(1)公民(自然人)。即我国公民和居住在我国境内或在我国境内活动的外国公民或者无国籍人；(2)机构和组织(法人)，主要包括两类。一类是各种国家机关，包括权力机关、行政机关、司法机关等，其特点是具有权力特征；另一类是社会组织，包括党政、企业事业单位和社会团体等；(3)国家。教育法律关系主体的资格是由法律赋予的，而非天赋。要成为教育法律关系的主体，都需要享有权利和承担义务的，即具备权利能力和行为能力。权利能力是由法律所确认的，能够参加一定的法律关系，依法享有一定的权利或承担一定义务的资格，这是前提条件。行为能力是由法律确认的，法律关系的主体能够通过自己的行为行使权利和承担义务，具备取得权利、行使权利和承担义务的能力。

教育法律关系客体是指教育法律关系的权利和义务所指向的目标和对象，它是连接教育法律主体的权利与义务的桥梁，包括物、行为和智力成果三类。物是指一切财产权利对象，包括自认之物和人造之物，例如学校的经费、校舍等。行为是指法律关系主体所表现出的各种活动，即主体的权利和义务所指向的作为和不作为，这是教育法律关系客体中最为重要的内容，例如教育者和受教育者的教育教学行为等。智力成果是指人们在智力活动中所创造的精神财富，它具有非物质财富的性质，是人脑劳动和人类文明的结晶，例如各种科技成果、专著和教材等。① 成为教育法律关系，客体应满足三个条件：第一，必须是一种资源，能够满足人们某种利益的需要，具有利益属性。第二，必须具有一定的稀缺性，不能被需要这种客体的人无代价地占有利用，具有代价

---

① 朱曦. 教师职业道德与法律修养[M]. 苏州：苏州大学出版社，2002：219—220.

属性。第三,必须具有可控性。

教育法律关系内容是指教育法律关系主体在依法成立的教育法律关系中享有的权利和承担的义务。它由教育法律规范所确认,并由国家强制力保证实施,是教育法律关系的重要构成要素之一。权利和义务是教育法律关系的核心,没有权利和义务为内容,就无所谓的教育法律关系。下面就教育法律关系的内容,即教育法律关系中的权利与义务单独进行讨论。

2. 教育权利主体的权利与义务及相互关系

教育法律关系主体所涉及的范围是非常广泛的,它包括教育行政机关及其他国家机关、学校、教师、学生、公民、其他社会组织等各种主体。正确认识这些主体的法律地位,知晓其权利与义务是教育行政机关依法行政、保障其他主体的合法权益、全面推进依法治教的需要。由于本章主要是探讨班主任家庭教育工作中的法律问题,这里只对与班主任、学生及家庭相关的法律地位展开论述。

(1) 班主任的法律地位及其权利与义务

《教师法》对班主任身份的规定是专业人员。作为专业人员,班主任必须符合专门规定的相应条件,同时也享有一定的专业自主权,教育教学、教书育人是教师的基本职责。从教师与教育行政机关的关系来看教师的法律地位:班主任与教育行政机构之间是行政管理者与行政相对人之间的教育行政法律关系。这种法律关系主体之间的地位是不对等的。从教师与学校的关系来看教师的法律地位:班主任与学校的关系主要表现为任命制、聘任制等形式。我国《教育法》规定,学校有权聘任教师及其教职工,实施奖励或处分等措施。

班主任作为教师的一员,依据《教师法》第七条规定,我国教师享有以下权利:教育教学权;学术活动权;指导评定学生权;报酬待遇权;参与教育管理权以及进修培训权。但由于班主任角色的特殊性,依据相关法律法规,班主任享有以下特权:班级管理权;地位待遇保障权;奖励权;岗位培训权。班主任的义务主要有:遵守宪法、法律和职业道德,为人师表;贯彻国家的教育方针,遵守规章制度,执行学校的教学计划,履行教师聘约,完成教育教学工作任务;对学生进行宪法所确定的基本原则的教育和爱国主义、民族团结教育、法制教育以及思想品德、文化、科学技术教育,组织、带领学生开展有益的社会活动;关心、爱护全体学生,尊重学生人格,促进学生在品德、智力、体质等方面全面发展;制止有害于学生的行为或者其他侵犯学生合法权利的行为,批评和抵制有害于学生健康成长的现象;不断提高思想政治觉悟和教育教学水平。

（2）学生的法律地位及其权利与义务

法律意义上的学生，一般是指在各级各类学校及其他教育机构中登记注册并有其学业档案记录的受教育者。

学生的权利是指学生在教育活动中享有的由教育法赋予的权利，是公民受教育权的一个具体内容，是国家对学生在教育活动中可以为或不为一定行为的许可与保障。具体表现在：学生有参加教育教学计划安排的各种活动，使用教育教学设施、设备、图书资料的权利；学生有按照国家有关规定获得奖学金、贷学金或助学金的权利；学生有在学业成绩和品行上获得公正评价的权利和在完成规定的学业后获得相应的学业证书、学位证书的权利；学生有对学校给予的处分不服向有关部门提出申诉，对学校、教师侵犯其人身权、财产权等合法权益，提出申诉或者依法提起诉讼的权利；学生享有法律、法规规定的其他权利，主要包括如下几项权利：受教育权；姓名权；荣誉权；隐私权；健康权。学生的法定义务是指学生依照教育法及其他有关法律、法规，参加教育活动中必须履行的义务，主要有：遵守法律、法规；遵守学生行为规范，尊敬师长，养成良好的思想品德和行为习惯；努力学习，完成规定的学习任务；遵守其所在学校或者其他教育机构的管理制度的规定。

（3）家庭的法律地位及其权利与义务

国家通过法律赋予家庭以教育法律关系主体的资格。根据《婚姻法》、《民法通则》、《教育法》、《未成年人保护法》等法律规定，家庭中的父母或者未成年人的监护人，有抚养、教育、监护和保护子女或者被监护人的职责，是具有代理未成年人享有特定的教育权利的主体，也是履行特定的教育义务的主体以及承担相应的法律责任的主体，此外，家庭对在经济上还未独立的成年人起着关注和扶持的作用。家庭应对未成年人或其被监护人依法承担相应的义务。

家庭的教育权利是指父母或其他法定监护人依法享有的，与其子女或者其他被监护人受教育权利相关的各种权利。根据相关法律规定，其权利主要有：帮助或代替未成年子女或者被监护人选择学校；了解子女或者被监护人的学业成绩及其他有关情况；参与学校管理并对学校工作进行监督与评价。家庭的教育义务主要有：送未成年子女或者被监护人入学接受义务教育；保护未成年子女或者被监护人的受教育权；教育未成年子女或者被监护人不得有不良行为；为未成年子女或者被监护人接受教育创造良好环境；配合、协助学校教育未成年子女或者被监护人。

（4）教育权利主体间的相互关系

首先是班主任与学生的关系。教师与学生的关系是教育活动中最为核心的关系。由于班主任既是教师的身份，又是学生的最重要和最直接的指导者、关怀者，因此，班主任与学生的关系既有一般教师与学生关系的普遍性，又有班主任特殊角色下的师生关系的特殊性。班主任与学生的关系是指法律上的权利与义务关系。依据法律，班主任对学生应充分行使其权利，承担其相应的义务。班主任具体的权利义务详情见"班主任的法律地位及其权利与义务"部分。班主任与学生的关系通常可以看作学校与学生的行政法律关系，因为学校，特别是公立学校是依据国家的相关法律法规，由国家批准设立的，学校要依法对学生进行一定的行政管理，而教师，特别是班主任是接受学校委托对学生进行教育和管理的主体。此外，班主任和学生都是自然人或公民，教师和学生之间可以形成一定的民事法律关系，因此，学生有权对班主任侵犯其人身权、财产权等合法权益的行为依法提出申诉，或者提起诉讼。

其次是班主任与家庭的关系。一般来说，班主任与家长的关系可以看成是学校和家长的关系。家庭在保证学生的教育权利方面有重要的作用，它需要与学校配合，并参与和监督学校的教育教学工作。学校不仅有权实施教育教学活动，也有权对学生家长提高家庭教育进行指导，同时还要对受教育者的监护人履行一定的义务。其义务主要包括：以适当的方式为受教育者的监护人了解受教育者的学业成绩及其他有关情况提供便利；遵照国家有关规定收取费用并公开收费项目；依法接受学生家长的监督；学校教师可对学生家长提供家庭教育等。未成年学生的父母或者其他监护人，除了上述的权利外，还要履行一定的义务，主要有：保障适龄儿童按时入学接受义务教育；为未成年子女或者其他被监护者受教育提供必要的条件；配合学校，对其未成年子女或者其他被监护人进行教育等。例如，《义务教育法》第五条第二款规定，适龄儿童、少年的父母或者其他监护人应当依法保证其按时入学。接受并完成义务教育。

最后是家庭与学生的关系。家庭中的父母或者未成年人的监护人，有抚养、教育、监护和保护子女或者被监护人的职责，是具有代理未成年人享有特定的教育权利的主体，也是履行特定的教育义务的主体，以及承担相应的法律责任的主体。此外，家庭对在经济上还未独立的成年人起着关注和扶持的作用。家庭应对未成年人或其被监护人依法承担相应的义务。具体义务可见"家庭的法律地位及其权利与义务"。

(二)班主任家庭教育工作中的法律责任

1. 教育法律责任的涵义

教育法律责任是教育法律关系主体因实施了违反教育法的行为,依照有关法律、法规的规定应当承担的否定性的法律后果。[①] 这一概念主要包含以下几层含义:首先,存在违法行为是承担教育法律责任的前提;其次,教育法律责任的承担者是具有遵守法定义务的教育法律关系主体;再次,教育法律责任与法律制裁紧密相连。法律制裁是特定国家机关对违法者依法追究法律责任而采取的惩罚措施。教育法律责任作为一种否定性的法律后果,体现在国家对违反教育法律、法规的行为的制裁上面,是社会主义法制"违法必究"原则的具体体现。

2. 教育法律责任的类型

(1) 行政法律责任

行政法律责任是指行政法律关系主体违反了行政法律、法规所应承担的法律后果。其形式主要包括行政处罚和行政处分。

行政处罚是指国家行政机关依法对违反行政法律规范的组织或个人进行的行政制裁。根据1998年国家教委发布的《教育行政处罚暂行实施办法》的规定,教育行政处罚的种类主要有10种:(1)警告;(2)罚款;(3)没收违法所得,没收违法颁发、印制的学历证书、学位证书及其他学业证书;(4)撤销违法举办的学校和教育机构;(5)取消颁发学历、学位和其他学业证书的资格;(6)撤销教师资格;(7)停考、停止申请认定资格;(8)责令停止招生;(9)吊销办学许可证;(10)法律、法规规定的其他行政处罚。

行政处分是由国家机关或企事业单位对其所属人员予以的惩戒措施。包括警告、记过、记大过、降级、降职、撤职、开除留用和开除。行政处分有时也称纪律处分。

(2) 民事法律责任

民事法律责任是指行为人由于民事违法行为所应承担的法律后果。教育法的民事法律责任是教育法律关系主体违反教育法律、法规,破坏平等主体之间正常的财产关系或人身关系,依照法律规定应承担的民事法律责任,是一种以财产为主要内容的责任。[②]

根据《民法通则》的规定,承担民事责任的主要方式包括停止侵害,排除妨碍,消除

---

① 朱曦. 教师职业道德与法律修养[M]. 苏州:苏州大学出版社,2002:221.
② 同上,第248页。

危险,返还财产,恢复原状,修理、重作、更换、赔偿损失,支付违约金,消除影响、恢复名誉,赔礼道歉等。以上方式,可以分别适用,也可合并适用。

（3）刑事法律责任

刑事法律责任是指行为人刑事违法所应承担的法律后果。教育刑事法律责任是指行为人实施了违反教育法和刑法的行为,达到犯罪程度时,所应承担的法律后果。[①]追究教育刑事法律责任是国家对违反教育法的行为人最为严厉的法律制裁。例如,《义务教育法》第16条的规定:任何组织或者个人不得侵占、克扣、挪用义务教育经费,不得扰乱教学秩序等,违反此规定,情节严重构成犯罪的,依法追究刑事责任。

3. 教育法律责任的归责形式

（1）教育法律责任的归责要件

首先,损害事实的存在。通常包括两种类型:其一,损害已经发生的、客观存在的,将来的损害如果必然发生也视为已经发生的现实损害;其二,损害的权益是受教育者法律所保护的权益,是责任人侵犯了教育法律规定的权利和违反了教育法律规定的义务所承担的实际后果。其次,损害行为违反了教育法,即责任人的行为违反了教育法的规定。假如责任人的行为违反了其他法律而不触及教育法,那么他所承担的就不是教育法的法律责任,这是构成教育法律责任的前提条件。再次,行为人主观上有过错。这是构成教育法律责任的主观要件,包括故意和过失。故意是指侵害行为出于主观上的恶意,其目的是希望或促进损害的发生,或预见其发生。如教师体罚学生,情节严重的。过失有广义和狭义之分,广义的过失包括了故意;狭义的过失是指对可能发生的损害欠缺合力的注意或未尽职责,如学校应对全体教职工和学生进行安全教育和制定应急防范措施而未做的[②]。最后,违法行为与损害事实之间具有因果关系,即违法行为是导致损害事实发生的原因,损害事实是违法行为造成的必然结果。

（2）教育法律责任的归责形式

① 教育行政机关及其他国家机关:行政机关承担法律责任的形式主要包括:承认错误、赔礼道歉、恢复名誉、消除影响、恢复职务、撤消违法决定、纠正不正当行为、返还权益、赔偿等。其中,赔偿是行政法律责任的最主要形式之一。

② 教育行政机关及其他行政机关的工作人员:行政机关工作人员承担法律责任

---

① 朱曦. 教师职业道德与法律修养[M]. 苏州:苏州大学出版社,2002:250.

② 同上,第252页。

的形式主要有：警告、记过、记大过、降级、降职、撤职、开除公职等。

③ 实施教育教学活动的学校与校长：学校承担的教育法律责任形式主要包括：通报批评、整顿、停办、停止招生、取消学校发放学业证书资格、举办考试资格、没收违法所得、赔偿损失等。

④ 教师：教师承担教育法律责任的形式主要包括：被取消教师资格、行政处分、解聘、赔偿损失、刑事制裁等。

⑤ 学生：学生承担教育法律责任的形式主要有：警告、记过、留校察看、开除等，主要是纪律处分。

⑥ 家长或者其他监护人：根据我国《义务教育法实施细则》第40条规定，适龄儿童、少年的父母或者其他监护人未按规定送子女或者其他被监护人就学接受义务教育的，城市由市、市辖区人民政府或者其指定机构，农村由乡级人民政府，进行批评教育；经教育仍拒不送其子女或者其他监护人就学的，可视具体情况处以罚款，并采取其他措施使其子女或者其他监护人就学。

（三）缺乏有效法律保护的家校关系所呈现出的教育问题

1. 家校合作的重要性

家校合作是指以促进学生发展为目的，家庭和学校两种力量互相配合、互相支持、互相协调的教育互动活动。苏霍姆林斯基说："儿童只有在这样的条件下才能实现和谐全面的发展，就是两个教育者——学校和家庭，不仅要一致行动，向儿童提出同样的要求，而且要志同道合，抱着一致的信念，始终从同样的原则出发，无论在教育的目的上、过程上还是手段上、都不要发生分歧。"家庭和学校是孩子成长过程中最重要的教育力量。我国相关法律法规对其责任和义务都作出了明确的规定。但是如果双方只是孤立地行使自己的权利和履行自己的义务，势必给孩子的成长造成不利的影响，正如苏霍姆林斯基所言："若只有学校而没有家庭，或只有家庭而没有学校，都不能单独地承担其塑造人的细致、复杂的任务。"家校合作可以优化德育环境，可以使家庭教育和学校教育成为一个一致的过程，家庭可以全方位地支持学校教育的工作，为学校提供孩子的信息，在家庭中为孩子创设良好的环境等等。学校在教育学生的同时，可尽全力帮助家长解决在教育子女过程中遇到的各种问题，共同促进学生的健康成长。

2. 缺乏有效法律保护的家校关系所呈现的问题及重新建构

由于我国目前并没有对家校合作作出明确的法律规定，有的只是在部分教育法规中零星涉及家庭及学校的责任与义务，这就使得家校合作在没有有效法律保护的情况

下,在具体实践过程中,经常会出现一些问题,主要体现在:

(1) 家校合作认识上的偏差

一些教育工作者认为家长的文化水平有限,在教育孩子方面存在许多不科学之处,他们不仅没有能力参与学校的教育工作,反而经常给学校带来麻烦和干扰。也有人认为家长没有时间来参与学校教育工作,即使有时间参与,也大都是草草应付,如"家长开放日"之类的活动,家长反应并不十分强烈,活动时常流于形式。另一方面,当家长进入校内干预学校的某些决策时,教育工作者们倾向于自我保护,甚至质疑家长的决策建议。从家庭方面来看,很多家长缺乏参与学校教育的意识,并不能很好地认识与履行自己的权利与义务。有的家长将孩子的成长责任全部交付于学校,放松了对孩子的教育。有的家长只关注孩子的考试成绩,在智育上配合学校,能督促孩子的作业,在其他方面则对孩子或千依百顺,或苛刻粗暴。家长们的这些行为一方面推诿了自身的责任,另一方面也助长了学校方面对家长参与学校教育的偏见。教育工作者和家长对家校合作的这些褊狭认识严重阻碍了家校教育合力的形成。

(2) 家校合作实践中的问题

家校合作计划是实现家校合作目的的基本保证。科学、系统的家校合作计划能够为活动的顺利开展提供良好的指导和促进作用。然而,许多学校缺乏家校合作的整体计划,家校合作难以相互配合,合作活动具有很大的随意性,往往是问题出现了才会想起家长。即使是已经开展的活动,往往也是不完整的活动,缺乏必要的活动记录、总结反思等。此外,家校合作是家庭与学校双向的交流活动,而在具体实践中,双向交流活动经常演变成单向度活动,且是以学校为中心的活动。例如,常见的家校合作形式之一,家长会,几乎就是班主任的个人报告会,家长只是被动地接受,很少有发言的机会。再者,许多家校活动在时间上断断续续,内容上缺乏系统性,即使是在家长教育方面,家长获得的也只是零碎的知识和简单的技能,不成系统,因此,很难将其迁移到对孩子的日常家庭教育中。

(3) 有效家校合作关系的建构

谋求有效的家校合作策略,是当前教育社会学研究及教育实践中的一个重要问题,具体策略可从以下入手:

第一,加强立法保障,规范家校合作。国家和地方立法机关应尽快制定并颁布有关家校合作的法律法规,从法律层面明确学校和家庭在家校合作中的权利与义务,同时加强对家校合作双方的监督与管理,对没有认真实践家校合作的学校给予惩罚。

第二,转变观念,增强家长与学校双方的合作意识。观念是行动的先导,先进的观念能够极大地促进行动的开展。家校合作中,家庭与学校的地位平等是尊重家长参与学校教育的重要标志。为保证家校合作的顺利推行,学校就要转变陈旧的观念,对自身在家校合作中的角色进行正确的定位。学校由于在家校合作中起主导作用,更应该对自己在新型家校合作关系中的定位有一个准确的认识。学校应该认识到家校合作是学校与家长进行平等、双向交流的平台,在家校合作中,学校起主导作用,而非领导作用,充当的是服务角色,而非领导角色。因此,学校应充分发挥其服务的功能,将建立良好的家校合作关系纳入学校的发展计划,把家长当成平等的合作伙伴和得力的助手,接受家长的监督和管理。

第三,全面合作,增强家校合作的一致性。家校合作的一致性包括教育目标、教育观念、教育方法等的一致性。学校应该把自己的教育目标、教育观念、教育方法对家长作出明确说明,家长也应该把自己对子女的期望、育人方法等向学校表明。然后,家庭和学校两方面进行谋和、协商,力求在上述各方面达到一致,使家校合作的作用得到最大的发挥。

第四,拓展家校合作渠道,建立切实可行的家校合作模式。针对家校合作方式单一的问题,学校可以通过多种形式开展家校合作,建立切实可行的家校合作模式。例如,成立家长委员会,有效促进家长与学校的沟通;建立家校联系簿,及时沟通学生信息;定期举行家长会、家访等活动,保证家校信息畅通;有效利用网络资源,拓展家校合作的新渠道等。

二、班主任家庭教育工作中存在的法律问题

尽管目前我国关于班主任和家庭的教育责任与义务有着明确的规定,使得双方在教育孩子时能够做到有法可依,但班主任工作在家庭教育中还是存在很多的问题。

(一)教育立法不健全

教育立法不健全,主要从两个方面来看:一是体系不健全。虽然带有立法性质的《教育法》已颁布实施,为广大教师依法治教提供了依据,但是这只是一个纲领性文件,对教育的许多规定也只是原则性的,真正要落实,则必须以其他单项法律和行政法规为基础,而这正是教育立法的缺陷所在,即从体系结构上看,纵向层次比较完善,横向

部分则缺口较大，[1]如班主任工作、家庭教育等方面的单项法律比较单薄。二是内容不够明确，可操作性不强，尤其是对学校和家庭的归责方面，由于近年来学生在校受伤案日益增多，学校和家庭因为承担责任问题发生了不少的纠纷。

（二）教育执法不彻底

教育执法不彻底主要表现在：一是执法不严。特别是当案件涉及的是相关领导和重要单位时表现尤其明显。如侵占学校场地、干扰教学秩序、污染学校环境等经常得不到合法的解决。二是权责不清。如父母不送子女上学接受义务教育，这该由谁管，是行政机关还是司法机关？如果管，又可采取哪些措施，其力度该如何把握。结果往往是有利的大家都来管，如教育费附加，很多部门都想管，而不利的则相互推诿，如儿童失学辍学问题等。

（三）法律意识不深刻

[案例]

2010年4月6日，河南一中学15岁女生雷梦佳在班主任带领下的全体同学就她严重违反班纪班规现象测评投票的压力下结束了自己的生命；某重点高中一年级学生张小三因平时纪律松散被班主任刘老师根据本班同学集体拟定的班规开除；2011年9月16日，星期五晚上，某校高二两位同学在回家路上被一辆的士撞倒，身体多处擦伤，的士司机反骂他们两人走路不长眼睛。两人之后各自回家。伤势重的石某被父母送往医院，脸上缝了十二针。两人当时都没有记住的士车牌号码的意识。[2]

学生自主管理的底线在哪里？这一件件不幸事件的拷问，让人无法逃避。如果班主任具有较强的法制管理意识，倾注全部的爱心，及时有效地操作，完全可以避免一些悲剧的发生。遗憾的是，不仅事故发生了，而且酿成了不可挽回的后果。班主任是学生工作的管理者、学生活动的组织者、学生心理的调试者、弱势学生的保护者。班主任及学生的法律意识亟须加强。

因此，要健全教育法制，在班主任家庭教育工作中推行依法治教，必须从立法、执法、监督、宣传等各环节入手：

---

① 潘世钦，刘小干，颜三忠. 教育法学[M]. 武汉：武汉大学出版社，2010：28.
② 转载于 http://blog. sina. com. cn/s/blog_7993012b0100z6f7. html。

1. 加快立法进程,完善教育立法体系

一方面,要制定全面的、系统的立法规划,加快立法进程,实行法律专家立法。另一方面,应大胆吸收和借鉴国外先进的教育立法经验,提高我国立法技术,规范立法程序,加强立法的审查与监督。

2. 加大执法力度和法制监督

要在明确各执法部门的职责、权限和责任的基础上,规范执法程序,严格执法责任,保证执法的实效性。同时,要加强教育的法制监督,强化执法机关内部的监督。此外,要发动其他部门的监督,如纪检、司法监督、社会舆论监督、群众信访监督等,使之形成监督合力,提高监督实效。

3. 增强依法治教的法律意识

观念是行动的先导。只有牢固树立教育法制观念,才能自觉地用法护法。因此,要加强教育法的普及宣传,增强广大教师和家长的教育法律意识。

第二节　班主任家庭教育工作中的核心法律意识与实务

一、班主任家庭教育工作原则

《公民道德建设实施纲要》中明确指出,要坚持道德教育与社会管理相配合。要广泛进行道德教育,普及道德知识和道德规范,帮助人们加强道德修养。健全有关法律法规和制度,把公民道德建设融于科学有效的社会管理之中。逐步完善道德教育与社会管理、自律与他律相互补充和促进的运行机制,综合运用教育、法律、行政、舆论等手段,更有效地引导人们的思想,规范人们的行为。[①] 从这个意义上说,法律是最低限度的道德,道德与法律是相辅相成的。没有道德支持,法律就会陷入空洞;反之,没有法律的维护,道德就会苍白无力。班主任在家庭教育工作中要始终坚持法律与道德的统一,具体表现为:

(一) 法律与道德相统一

法律与道德在功能是相辅相成的。法律是国家意志的体现,以系列文件的形式存

---

① 转引自朱曦. 教师职业道德与法律修养[M]. 苏州:苏州大学出版社,2002:180.

在,是矛盾激化不可调和的产物。它通过必要的强制手段对人们的行为规范加以约束和警戒。道德建立在伦理的基础上,以传统文化传承的方式为人们所接受,带有普遍意义的价值判断,是人们自觉遵守的规范,强调教育感化的作用,使人们自觉遵守行为规范,并通过自我调节加以自律。一个失去基本道德意识的人,即使是面临严酷的法律规范,他也是被动的、服从的。没有道德作为人的底蕴,就不可能成为真正的守法者。加强法律意识,必须以道德为基础。但是仅有道德也是不行的,还必须要有适当的法律来约束,否则社会生活会成为一团乱麻,因为道德的约束力毕竟是有限的。班主任在家庭教育工作中一方面要坚持依法治教,另一方面也要坚持道德的底线,发挥道德的力量。

(二) 守法自觉与道德自律相结合

"以德治国"的战略国策与依法治国的治国方略是相辅相成的,真正地实现了以德治国必须要处理好德治与法治的关系这一理念。以德治国的内涵在于以德治人,即通过教育造就具有较高道德素质的公民。[①] 由于法律规范的特殊性,它的适用对象和范围有特殊的规定性。它是德治与法治并驾齐驱,充分发挥着德育对国民的启发和引导作用,用道德在更广泛、更具体的领域内调节人们的社会关系。同时,在以市场经济为基础的社会转型时期的今天,必须要发挥法律的效用,对各种违法乱纪行为和社会不良现象进行惩戒,以维护社会公正与秩序。班主任首先是一个公民,他享有法律赋予的基本权利,并承担相应的义务。班主任在家庭教育工作中应自觉履行自己的义务,加强自身的道德素质,成为家长或其他监护人以及学生遵纪守法的榜样。

(三) 依法治教是班主任家庭教育工作的基本原则

依法治教是指全部的教育活动都应当符合教育法律的有关规定,所有的教育法律关系主体在从事各类教育活动时都应当遵守或不违背教育法律的规定和精神。班主任在家庭教育工作中要做到依法治教,就必须把握好教育法律和教育方针、政策等相互间的关系。教育法或教育法规是指调整教育活动中发生的各种关系的规范性文件的总和,有广狭二义。广义的是指国家机关,包括立法机关和政府机关制定和发布的一切有关教育方面的规范性文件,主要是以教育法规、教育法令、教育条例、教育规则等形式出现的。狭义的是指由国家立法机关认可的,并受到国家强制力保证执行的有

---

① 朱曦. 教师职业道德与法律修养[M]. 苏州:苏州大学出版社,2002:185.

关教育方面的规范性文件。^① 教育法制是由制定完整的教育法规和依法治教两部分组成的。制定完整的教育法规是教育行政有法可依的前提条件,班主任在家庭教育工作中必须依照教育法规的规定,从法律上确认实施国家的教育方针、培养目标和保障公民受教育的权利,坚持依法治教。

二、班主任家庭教育工作中的法律意识

(一)权利和义务的意识

班主任不仅要了解宪法规定的公民的基本权利和义务,还应把握《教师法》规定的教师的基本权利和义务,明确自己享有的权利和应该履行的义务,认真做好本职工作。在履行职责的过程中,决不能超越法律的规定。同时要根据学生的年龄和特点,通过灵活多样的方式,教育和引导他们学习《教育法》中赋予受教育者的基本权利和应当履行的义务,促其依照法律的准则规范自己、约束自己,实行自我教育、自我管理。另外,班主任可给家长们相应的法律指导,师生与家长都清楚各自的权利和义务,利于化解矛盾和冲突。

[案例]

2007年1月3日中午,汝南县官庄乡官庄村村民龙海生给记者打电话,说他的儿子龙凯被学校勒令退学后,校方不告知家长,儿子整天在社会上游荡。两个月后,家人到学校看望儿子时,才知被勒令退学了。

现年16岁的龙凯,曾是驻马店财经学校计算机应用与维修610班的学生。龙海生告诉记者,他儿子初中毕业后,于去年9月初来到驻马店财经学校就读。今年1月1日上午,龙凯回到家,家里给了他400元生活费。拿到了生活费,龙凯于当天下午"返校"。第二天上午,其哥哥龙运鹏到驻马店市区看望朋友,临走时顺便到学校看望弟弟,学校保卫科的工作人员说龙凯早就被勒令退学了。

龙海生说,大儿子龙运鹏把这一消息告诉他后,他当即就拨通了班主任刘巍老师的手机,问龙凯现在在校表现怎么样,刘巍说"还可以"。当他问龙凯现在是否在学校时,刘巍说,"有一个事情没给你说,龙凯因聚众斗殴,早在去年11月2日就被学校劝

---

① 朱曦.教师职业道德与法律修养[M].苏州:苏州大学出版社,2002:188.

退了"。"劝退两个月了,怎么不通知家长?要是有个三长两短谁来负责?!"他当时气愤地责问,班主任刘巍却含糊其辞。据龙海生介绍,儿子龙凯于去年9月入校时,校方留有自己的手机号码和家里的固定电话号码,儿子被勒令退学后校方一直不告知家长,实在是令人费解。1月2日中午,他赶到学校,校方给了他一份《关于给予龙凯等9位同学纪律处分的决定》,决定里说,"经学校研究,决定给龙凯同学勒令退学处分",另外8位同学"留校察看"。龙凯的同学对他说,龙凯被勒令退学后没地方去,整天在街上游荡,夜里没地方睡,不是借宿在同学家里,就是到网吧通宵上网,实在是太可怜了。当日傍晚6时许,逐街逐巷寻找的龙海生在驻马店市客运东站附近一家网吧里找到了龙凯。

1月3日下午,记者来到驻马店财经学校,龙凯的班主任刘巍老师解释说:"龙凯被学校勒令退学后之所以一直没通知家长,是因为龙凯不让说。"记者一直没有见到该校领导。该校保卫科的工作人员向记者提供了周副校长的手机号码,记者拨通后,周副校长说(这事)不归他管,便将手机挂断了。

儿子龙凯聚众斗殴,校方勒令其退学处分是否过重?校方瞒着一直不告知家长,是否涉嫌剥夺了家长的"知情权"?龙海生说,近期,他将请律师,通过法律途径向校方讨一说法。①

从目前看来,事故虽没有造成非常严重的后果,可是这足以提醒广大班主任:应与家长保持密切联系,特别是在学生发生一些异样情况时,更应当通知家长,这是班主任义不容辞的责任与义务,家长有了解孩子在校情况的权利。如《教育法》第六章第四十九条规定:未成年人的父母或者其他监护人应当配合学校及其他教育机构,对其未成年子女或其他被监护人进行教育。根据此条款,学校有义务有责任对家长提供相应条件,确保家长行使法律赋予的教育权。家长的知情权是家长教育权利的一个方面。家长要求知情权是合法合理的,学校应该把知情权还给家长。本案例中,该班主任在事情发生时并没有及时通知家长,没有履行班主任的义务。

(二) 平等意识

班主任在家庭教育中应当秉持平等意识,做到尊重学生,不仅要把学生作为"人"来对待,教师与学生在教育教学的活动中的地位也是平等的,更不能随便差使学生为

---

① 整理自 http://bbs.news.163.com/bbs/shishi/173162155.html。

自己办事情。《未成年人保护法》规定,学校及教职工应当尊重未成年人的人格尊严。《刑法》规定,以暴力或者其他方法公然侮辱他人或者捏造事实诽谤他人,情节严重的,处三年以下有期徒刑、拘役、管制或者剥夺政治权利。同时,要尊重学生个体间的差异。无论学生的家庭背景如何,教师都不能区别对待,要一视同仁。《义务教育法》第29条规定,教师在教育教学中平等对待学生,关注学生的个体差异,因材施教,促进学生充分发展。

[案例]

初中二年级学生小年平时好动,不守纪律,经常被老师批评。再加上父母双双下岗,家里生活拮据,因此内心有着强烈的自卑感。一次在课间休息时,小年被同学小丰踩了一脚。小丰不但不道歉,反而嘴里念着:"穷小子,别脏了我的鞋底!"小年十分生气,便将此事告诉了班主任。小丰的学习成绩在班上名列前茅,是班主任的得意门生,因此,班主任不但没批评小丰,还对小年说:"你本来学习就不好,还不老老实实地呆着,整天惹是生非,将来也和你父母一样成为下岗工人!"直说得小年眼泪汪汪,一言不发。放学后,小年在学校操场将小丰拦住,双方厮打起来,最终二人都受了轻伤。为此,小丰将小年和学校一同告上法庭。法院判决小年的监护人承担小丰的大部分损失,学校也因管理不善而向小丰承担了部分赔偿责任。[①]

(三)表率意识

"为人师表"是法律对教师的要求之一。班主任除了自己要学习贯彻好相关教育政策法规,还要结合实际对学生进行必要的法律常识教育。试想一个不懂法、经常在教育工作中违法的班主任可能带出一批学法、懂法、知法、守法的学生吗?答案是明显的。因此,班主任应该成为学生的表率,严格以法律的规范约束自己的行为,认真落实《中小学教师职业道德规范》。此外,班主任在与学生家长的交往过程中,也要坚持依法治教的原则不动摇,做好家长们的法律表率。

[案例]

1996年冬天的一个上午,某市一小学二年级(1)班班主任,数学教师马某(民办教

---

① http://88mm. wxjy. com. cn/dyzc/bencandy. php? fid=32&id=1989.

师），因该班学生刘某未完成家庭作业，非常生气，把刘某叫到其办公室训话。他越说越着急，顺手拿起在其旁边的热炉钩子将刘某脸部烫伤有三处之多。马某体罚学生的恶劣行为，在当地造成极坏的影响，教师马某后来被学校开除。[①]

　　教师作为培育祖国花朵的园丁，肩负重任。为了培养有理想、有文化、有道德、有纪律的"四有"新人，加强对学生的教育无疑是正确的，但是教师教育学生一定要讲究方式，不能以体罚或变相体罚学生的行为对待这些未成年的孩子。体罚学生和变相体罚学生是一种违法行为。我国《未成年人保护法》明确规定，学校、幼儿园的教职员应当尊重未成年人的人格尊严，不得对未成年学生和儿童实施体罚、变相体罚或者其他侮辱人格的行为，对实施此种行为，情节严重的，其所在单位或者上级主管机关应给予行政处分，如果学校、幼儿园的教职员对学生实施体罚、变相体罚，给学生的身体造成伤害的，则可能构成故意伤害罪或过失致人重伤罪、过失致人死亡罪，行为人要承担相应的刑事责任。虽然当事人教师马某已经受到了惩罚，可是其行为留下的影响却是极其恶劣的，难以消除的。马某作为一名教师不仅没有履行好的自己的义务，反而去闯法律的红灯，可见马某本人并不是知法、守法、用法的好楷模。新时期的班主任一定要坚持依法治教的基本原则，为广大学生和家长做好知法、守法、用法的榜样。

　　（四）保护未成年人权益和预防未成年人犯罪意识

　　《未成年人保护法》的第 17 条至 26 条，明确规定了学校保护未成年人的具体内容和范围。一般情况下，班主任是这一规定的主要落实者和执行者，因此班主任要强化保护未成年学生权益的意识，不准侮辱他们的人格尊严；要加强对学生的安全教育，增强学生的自我保护意识和能力；组织学生参加集会、文化娱乐、社会实践等集体活动时要把安全放在第一位。

［案例］

　　最近，河北省唐山市路南区人民法院审理了一起四名未成年人被告因沉迷网吧入室盗窃的刑事案件。本案四名被告均为十五六岁的在校中学生，学习成绩一直不错。一次四人出于好奇走进一间网吧。上网聊天、玩游戏使他们感觉新鲜刺激，从此一发不可收拾，有时甚至旷课或夜不归宿，整天泡在网吧里。后来，手头的零用钱已远远不

---

① http://www.66law.cn/laws/68806.aspx.

能满足他们上网的需要,于是便产生了盗窃的邪念。2000 年 11 月至 2001 年 3 月间,四被告先后多次入室,盗窃 27100 元及手机、手表等物,案值近三万元。[①]

　　此案的发生令人深思。当前,虽然家长、学校及全社会都在关心青少年的健康成长,但青少年犯罪的势头仍居高不下,青少年教育和管理上仍存在不容忽视的问题,影响青少年健康成长的社会环境亟待净化。首先,作为家长应对孩子负起法定的责任。本案中四名未成年人作案后,有的用赃款购置了手机、呼机。由于沉迷网吧,他们有时夜不归宿。对此,家长虽有所察觉,但孩子轻而易举就搪塞过去了。可见,家长对孩子行为的忽视和放纵。其次,学校应担负起教育和管理的责任,教师必须关心每个在校学生的健康成长。本案中,四少年沉迷网吧后,学习成绩出现大滑坡,学校既疏于管理,又未与家长及时沟通,从而使四少年在错误的道路上越走越远,以致走向犯罪。学校应对教育和管理工作的失误进行深刻反思。再次,文化市场管理部门应强化管理,净化社会环境。由于青少年辨别能力和自控能力较差,极容易步入网络"陷阱"和沉迷于网络空间不能自拔,从而荒废学业,甚至为支付高昂的上网费用走上犯罪道路。因此,文化市场监管部门应进一步规范和强化网络业和网吧的管理,最大限度地减少"网吧"对青少年产生的不良影响。

　　(五) 注意和家长保持一定的联系

　　《预防未成年人犯罪法》的第三章"对未成年人不良行为的预防"的第 16 条规定,中小学生旷课的,学校应当及时与其父母或者其他监护人联系。对于这一点,班主任应特别注意,对学生的教育,特别是对学生不良行为的预防,除了加强教育和管理,一定要加强与学生家长的联系,发挥家长的教育力量,双方携手共同做好孩子的教育和引导工作。

[案例]

　　1995 年 4 月 28 日下午,某中学初二学生孙某的外公像往常一样到学校去接孙某回家,但一直未等到孙某。孙某的父母闻讯后急忙赶到学校查询,班主任说下午没有见到孙某前来上课,也没有交过请假条,不知道哪去了。当晚孙某父母报了案,

---

[①] http://space.30edu.com/04314842/ReadArticle.aspx? ID=a62cf44c-21a7-4ac3-8800-00c245729b55.

但经过几年的查找，孙某依然不见踪影。2001年9月，孙某家长把学校告上了法庭。①

《学生伤害事故处理办法》第二章第九条规定，对未成年学生擅自离校等与学生人身安全直接相关的信息，学校发现或者知道，但未及时告知未成年学生的监护人，导致未成年学生因脱离监护人的保护而发生伤害的，造成的学生伤害事故，学校（含教师）应当依法承担相应的责任。本案中，学校是有一定过错的，具体表现在班主任发现孙某没有上课，也没有请假时，没有及时与家长联系、询问原因、通报情况，以致在下午放学后才由家长发觉孙某失踪，失去了寻找孙某的最佳时机。

（六）自我保护意识

班主任如果违背政策法规的要求对学生进行教育和管理，不仅伤害了学生，也伤害了自己。从一定意义上说，法律法规既是对班主任教育教学的规范和约束，同时也是对其的一种保护。在学校中能担当班主任工作，体现了领导、同事对其责任和能力的认可。那些因为行为违法给学生造成极大的伤害的班主任，自身的利益和情感肯定也会造成伤害。班主任做到不违规、不违法就能很好保护自己。

［案例］

刘某系某农村中学八年级学生，14周岁，因为在校与同学打架被班主任老师肖某当众批评。由于刘某拒绝认错且态度较为恶劣，老师便将其赶回家。刘某遂独自带着书本、被褥等东西回到家中。刘某母亲张某问明情况后，第二天便陪同刘某一同去学校，准备找老师道歉认错，并要求让刘某继续在校读书，直至初中毕业。当刘某母子走到校门附近横穿马路进学校时，刘某被车撞伤，经医院抢救无效死亡。张某遂将肇事司机和学校告上法庭，要求二被告承担刘某被车撞死的民事责任。②

刘某因违纪被老师赶回家，在返校途中被车撞身亡，学校是否要承担民事赔偿责任？对此有两种不同观点。第一种观点认为，刘某车祸身亡系学校违规将学生赶回家后才发生的结果，学校的违规行为与刘某车祸身亡之间存在因果关系，应当承担责任。

---

① http://blog.sina.com.cn/s/blog_644886410100wnfd.html.

② http://www.66law.cn/goodcase/11854.aspx.

第二种观点认为,学校违规将学生赶回家系一种违反行政法义务的行为,其行为的直接结果是刘某受教育权的侵害而非车祸,与车祸间并无直接因果关系,不应当承担民事责任。在法律上,一个行为是否要承担法律责任要同时满足三个条件,即违法的危害行为、损害结果和法律上的因果关系。应当说,老师把学生赶回家剥夺其教育权利的行为违反了我国相关的教育法律法规,是一种违法行为,侵害了学生受教育的权利,客观上发生了学生遇车祸身亡的损害结果,但违法行为和损害结果之间是否有法律上的因果关系却是不易说服的。应当说,老师赶学生回家、学生回家、学生返校、学生遇车祸身亡这一系列的事情,在时间上确实存在先后承接的关系,或者说存在事实上的因果关系,但时间上的先后承接并不一定必然导致法律上的因果关系发生。如果说一个事实上的原因离结果太远,远得对结果的发生不产生什么影响,那么这个事实上的原因并不能成为法律上归责的原因。学生在回家途中并没有发生不测,而是平安地回到了家,置于其家长的监护之下,其法律因果关系已经中断,车祸的法律责任不应当由学校承担。此外,即使学生在回家途中发生车祸,也不应当由学校承担责任。学生被老师赶回家途中,如发生车祸纯属意外事件。其回家时虽没有成人陪伴,但鉴于该生已经年满 14 周岁,完全有安全独立回家的能力。当然,如果本案中的学生系一个幼儿,因其没有独立安全回家的能力,学校将其赶回家,遂产生学校陪护之义务,由于学校未能陪护发生车祸学校当然应当承担责任。而该学生返回学校是由家长陪同,因学生疏忽大意、家长疏于监护及车辆驾驶人的原因发生车祸,应由家长、学生及肇事司机按照各自过错承担相应责任。

[案例]

案例 1

河南省某城镇中学初中三(5)五班学生夏某,是个性格内向、自尊心极强的女同学,她平时有写日记的习惯。1990 年 3 月 12 日上午课间休息时,夏某和其他几名女生结伙去操场游戏,这时,其同学李某无意间发现夏某书包中的日记是打开的,就好奇地拿出来翻,当她看到夏某日记中记录其爱情心理活动的一段文字时,就摘录了下来,然后把夏某的日记放回其书包里。放学以后,学生李某故意拖延时间留下来,并把自己摘录夏某日记的内容告诉给班主任赵老师。

第二天上课时,赵老师将学生夏某的日记内容在全班同学面前朗读出来,并且斥责地说:"作为一名即将中考的学生,不好好学习,竟然还有心思谈恋爱,一个女同学,也不检点一点儿。"夏某在赵老师的一番说辞之下,有口不能辩,不由得失声痛哭起来。赵老师见状不仅不反思自己言行的过失,反而以为学生夏某的行为是对他的不尊重,于是,他对夏某吼道:"要哭出去哭,知道要面子就别写那样的日记!"此后几天里,班里、学校里到处都有人对学生夏某指指点点,说三道四。在这种情况下,夏某自己感到再也无脸见人,前途更是无望。3月17日下午,夏某偷偷回到家中,找出家中的毒药,独自一人在城镇菜场的草棚里服下磷化锌自杀。①

本案中教师赵某除泄露学生夏某的隐私外,还用挖苦的语言在全班训斥学生夏某,这是侮辱学生尊严的行为,违反了《未成年人保护法》中"保护未成年人的工作,应当尊重未成年人的人格尊严"和"学校、幼儿园的教职员应当尊重未成年人的人格尊严"的规定。由于教师赵某违反了法律规定,损害了学生的名誉和人格,引起学生夏某自杀,教师赵某对其侵权行为应承担相应的法律责任。因此,班主任要想杜绝此类事件的发生,维护学生的合法权益,保证学生健康成长,必须学习和掌握《中华人民共和国未成年人保护法》的基本要求,明确法律责任。

案例 2

1995 年秋季以来,辽宁省凤城市边门镇中学不断有学生辍学现象发生,到 1996 年 9 月,辍学生达 130 多人。为了保证全镇"普九"工作完成,边门镇政府先后组织了 20 多名机关干部和教师到辍学学生家中做动员工作。到 1996 年 10 月,仍有 23 名辍学学生家长拒绝送子女复学。依照《未成年人保护法》和《义务教育法》,边门镇政府向凤城市人民法院对这些家长提起行政诉讼。凤城市人民法院行政审判庭受理后,由副庭长带队到边门镇各个村把辍学学生家长召集到一起,进行《义务教育法》和《未成年人保护法》的宣传,并向这些家长下达了违反《义务教育法》处罚决定的《执行通知书》。有两位家长拒不执行,构成放纵子女辍学、侵害未成年人的合法权益的违法行为,且拒不改正,被凤城市人民法院处以拘留四天,分别罚款 400 元和 300 元的处罚。②

评析:《义务教育法》明确规定,父母或者其他监护人必须使适龄的子女或者其他被监护人按时入学,接受规定年限的义务教育。《义务教育法实施细则》第 12 条规定,适龄儿童、少年需免学、辍学的,由其父母或者其他监护人提出申请,经县级以上教育

---

① http://www.jojy.net/website/josyxx/pages/uploadfiles/2008102420509371.doc。

② http://www.ekaoshi.cn/forum.php? mod=viewthread&tid=11962.

主管部门或者乡级人民政府批准。因身体原因申请免学、辍学的,应当附具县级以上教育主管部门指定的医疗机构的证明。缓学期满仍不能就学的,应当重新提出缓学申请。本案例中,家长无故让应接受义务教育的子女辍学,是对适龄儿童受教育权的剥夺,是违反义务教育法的。可是义务教育阶段的学生辍学问题,仍然是一个普遍性的问题,特别是目前比较贫困的地区,辍学问题尤为严重,这与许多人法制观念淡薄,对义务教育的重要性缺乏充分认识有很大关系。因此,新时期的班主任必须学习义务教育法,掌握义务教育法,宣传义务教育法,严格执行义务教育法。

案例3

2006年11月14日上午第三课,初一年级体育课上,按教材要求体育老师徐某进行支撑跳跃教学。在体育老师这一组,一位身体比较胖的男生朱某,因害怕手一下子撑到了山羊的前面,朱某当时就趴在山羊上面不能动弹。教师立即让其他学生停止了练习,将其送到了医务室。校医诊断为肘关节处有可能骨折,建议去医院拍X光片。体育教师立即把他送到医院交费拍了X光片,然后分别打电话给班主任、校分管体育的领导及朱某的家长,告知该生已经被他送到医院。X光片出来后,被确诊为右手肘关节鹰嘴窝骨折,需要绑石膏固定。徐某交了拿石膏的费用,医生帮朱某固定好了石膏,再一次拍了片子,确诊已经绑好后,徐某送朱某及他父亲离开了医院。离开医院后,徐某把情况向校长作了汇报。几天后,朱某的父亲托班主任将拍X光片的钱交给了徐某,徐某则买了一箱饮料给朱某。在这期间,徐某经常去班上看望朱某,朱某的父亲感激不尽。体育课上,朱某总是吊着绷带来看同学们上体育课,师生关系比以前更加融洽。[①]

评析:这是一则令人欣慰的案例。在本案例中,体育老师与班主任做到了及时报告、主动调解以及总结,这是伤害事故妥善解决的重要原因。所以,事件发生的善后处理工作也是非常重要的,其着眼点主要包括对外发表消息,澄清事实真相,对事主或相关事物的治疗、矫正与修护,对周边人、事、物的复原,加强预防,减少类似事件的发生,总结经验教训,检讨得失,讨论工作改进方案等。

案例分析

2004年4月7日,北京市海淀区某小学学生赵海涛和刘伟(均为化名)在校外玩

---

① 整理自 http://www.baidu.com。

火,学校决定让其停课两周。赵海涛的母亲请求学校给予别的处分,遭拒绝。此后,赵母曾两次带着孩子到学校请求早日让孩子上学,一次被班主任推出教室,一次被学校教导处主任堵在学校大门外。22 日,停课期满的赵海涛回到学校才发现同学们已经进行了期中考试,而他在未得到任何通知的情况下,因缺考各门都被计为零分。复课两天后赵海涛感到学习很吃力,赵母要求老师为孩子补课,又遭拒绝。①

[思考]

1. 案例中的学校和班主任的做法是否违法?该家长该如何保护自己孩子的合法权益?

2. 班主任在家校合作中应坚持怎样的原则和具有怎样的法律意识?

拓展阅读

[1] 教育部政策与法制建设司.现行教育法规与政策选编(中小学教师读本)[M].北京:教育科学出版社,2002.

[2] 谢志东.教育法规讲读[M].北京:北京大学出版社,1999.

[3] 张乐开.教育政策法规的理论与实践[M].上海:华东师范大学出版社,2002.

[4] 杨颖秀.教育法学[M].北京:中国人民大学出版社,2008.

[5] 张根洪.教育激情[M].上海:同济大学出版社,2005.

[6] 潘世钦,刘小干,颜三忠.教育法学[M].武汉:武汉大学出版社,2010.

---

① 整理自 http://news.sohu.com/2004/04/25/31/news219943171.shtml。

第二部分

第六章　家校合作中的口语传播

　　传播,也就是信息拥有者向信息接收者通过一定的手段和方式传输信息的内容[1]。传播的形式多种多样,但是一般而言,传播分为两大类:一类是大众传播,一类是人际传播。大众传播是特定社会集团利用报纸、杂志、书籍、广播、电视等大众媒介向社会多数成员传送消息、知识的过程[2]。人际传播是指人和人之间直接进行的信息交流活动。[3] 由此可见,无论是大众传播还是人际传播,都离不开口语传播。在我们的日常生活中,口语传播被广泛地应用。如我们谈话、口头传递信息等等。在班主任家校合作中的家访、电访、开家长会、个别家长开放日等等,都离不开口语传播。

第一节　口语传播概述

　　人类居于社会,要生存要发展,就必须与外界打交道,这就需要不断地交流。而口语传播则是日常交往中一条重要途径。在人类的传播活动中,口语传播是第一个发展阶段。在文字出现以前,初民的交流就是从开口说话开始。可以说,口语传播是伴随着人类不断发展的,在人类文明的发展中扮演中重要的角色。时至今日的网络时代,口语传播仍是生活中不可缺少的传播方式之一。

　　如何提高口语传播的有效性? 这需要我们了解口语传播的特点、局限与技巧。

一、口语传播的特点

　　口语传播是指传播者(即说话人)通过口腔发声并运用特定的语言和语法结构及

---

[1] 苏炜. 大众传播论[M]. 北京:中国经济出版社,2002:5.
[2] http://baike. baidu. com/view/42312. htm.
[3] 徐耀魁. 大众传播新论[M]. 苏州:苏州大学出版社,2005:65.

各种辅助手段向受传者(即谈话对象)进行的一种信息交流或沟通、劝说活动。口语传播常采用面对面的方式①。

(一) 口语传播要借助于符号

口语传播实质上是传者和受者之间的信息流通,而信息的流通必须借助于符号。符号包含着信息,信息要以符号为载体。符号在信息传播中占据最重要的位置,所有的传播形式都离不开符号,都要靠符号来表达事物的状态与存在方式。符号就是可以拿来有意义地代替另一种事物的事物②。符号是独立存在的。比如说在家校合作中,班主任向学生家长谈论学生的近况,说到学生最近的成绩不是太好。这里的"成绩"、"不太好"就是我们所说的符号。说到"成绩",家长马上就会想到学生各科考试的分数。说到"不太好",家长就会意识到差或者糟糕。"成绩不太好"就意味着学生各科考试的分数比较差。所以符号是一种指称,每一种事物、每一个事件都有它的名称,这个名称就可以被称为符号。人们之间的交流就可以通过符号来进行,也可以通过符号来思考。比如说家长意识到学生的成绩不是太好,他就会去思考学生在哪些学科上不好、为什么成绩会不好、需要怎样去教导孩子提高成绩等等。那么家长在这个思考的过程中就会运用到符号,即"教导"、"提高成绩"等等。语言学家索绪尔对语言符号进行了深入的研究,并把语言符号分为口头语言符号(语音符号)或书面语言符号(文字符号)两种形式。语音符号是语音和语义的结合物,而语义就是语音所表达的含义,语音是符号的外在形式,是有意义的符号。索绪尔认为:"……每一个观念固定在一个声音里,一个声音就变成了一个观念的符号。"③在班主任家校合作中所说的口语传播,事实上就是运用口头语言符号来进行传播,即通过语音符号传播。比如之前提到的班主任和家长在沟通中提起孩子的"成绩不太好",就是语音符号,它代表着一种含义,就是孩子在科目考试中的分数不高,不能达到老师与家长的要求。

口语传播借助于符号传达者的思想。家校合作中的班主任与学生家长的沟通就是通过各种符号来传达思想。比如班主任在家访时谈论学生的近况,说学生在班上表现不错,上课时积极思考老师提出的问题,主动发言。课后有不懂的问题就向同学或者老师请教,有错就及时改正,并且别的同学有难题,他也很热情地帮助,得到了教师和同学的一致好评。这一番话中就包含着很多符号,家长也通过这些符号来了解到学

---

① 居延安.公共关系学[M].上海:复旦大学出版社,2008:205.
② 董天策.传播学导论[M].成都:四川大学出版社,1995:42.
③ 索绪尔.普通语言学教程[M].北京:商务印书馆,1982:158.

生在班级的表现好,获得了老师和同学的认可,班主任说学生在班上表现不错,也代表着他对学生这样好的表现也是感到非常欣慰的。所以,符号不仅仅传达着意思,也能传达出传者的感情。

(二)口语传播有丰富的表现手法与辅助的手段

口语传播的信息内容,不仅仅包含语音符号、语法结构等,也包含一定的语气、语调以及身体语言。这充分说明口语传播的形式非常丰富,人类的表达可以借助不同的形式表达丰富的内容。比如,在谈话中如果出现了尴尬的场面,谈话的一方可以运用机智幽默,带头爽朗大笑,这样就可以有效地缓解气氛。在教育工作中,班主任不仅可以用语言和学生进行交流,也可以用身体语言,学生表现得好,班主任微笑着向学生点点头代表肯定与赞扬。学生有沮丧、灰心的状态,班主任在劝导的过程中拍拍学生的肩膀,代表着鼓励。例如,新华街小学的班主任王霞这样写道:

[案例]

在我接任的第一个班里,有一个比较差的学生,他的名字叫张羽。

其实张羽原本是个品学兼优的学生,可是自他的家庭发生变异后,他的学习成绩直线下降,性格也变得异常古怪:染上了易怒、焦虑、痛苦等不良情绪。同学之间的关系也日益僵化,常为一句话或一件小事而大打出手。同学们都不愿意再理他,他也越来越孤僻,逐渐地,他各方面都落后了,成了一个比较差的学生。了解他的情况后,我不禁产生了深深的同情。一个孩子失去完整家庭后的心情必定是痛苦的,而他又无力自我摆脱,以致造成心态失衡。我想必须以我的爱心和教育来使他走出这段人生的低谷。

我开始主动、平和地接近他。他的书摔破了,我悄悄地给他补一补;他的衣服没穿好,我给他整一整,有意无意中我总与他走在一起,摸摸他的头,拍拍他的肩;当大家一起随便谈话时,我偶尔向他幽默地来两句,让他在猝不及防的情况下展颜而笑。慢慢地我发现他有些变化了。他的脾气不再像从前那样暴躁了,也愿意和我接触、聊天。我感到彻底改变他的时机到了……①

在上述案例中,这位班主任没有用苦口婆心的方式去劝说学生张羽,而是用简单

---

① 史爱华. 班主任工作典例与研究[M]. 北京:北京师范大学出版社,1996:25.

却细心的行动去打动学生,她给学生补书、整理衣服、摸摸头、拍拍肩等等细小却温暖的动作,最终使得学生有了改变。可以看出,非语言的行动也是可以起到意想不到的作用的,所以在口语传播中,班主任可以在运用语言的同时,适当地运用一些辅助的手段去跟学生或家长沟通。

(三) 口语传播的主体要在同一的时空范围内,信息的传递与信息的反馈同步进行

口语传播一般而言是两个或者两个以上的主体参与,在同一时空内进行交流。口语传播是以面对面的形式,有传者和受者,至少有两个人。口语传播以面对面的形式进行,传播的距离较短,范围有限,有时空的限制。所以口语传播就要利用好时间和空间,掌握好传播的机会,高效优质地传播信息。比如,在语文课堂上,教师正在绘声绘色地讲,学生在聚精会神地听,教室里飞来了一只蝴蝶,吸引了学生的目光,引起了一些骚动。这个时候教师就要抓住良好的教育机会,和学生一起短暂地欣赏一下蝴蝶的美,然后引向人与自然的关系。这样,不仅活跃了课堂的气氛,学生也会记忆深刻。重庆市巫溪县城厢小学三(3)班同学雷仕林同学写的"教室里飞来一只小鸟"就很好地表达了教师利用时机对学生进行教育的场景。

[案例]

"啪",突如其来的声音打破了教室的宁静,正在做作业的我们抬起头来四处张望。忽然,黄欣大叫起来:"呀,小鸟!"

原来是一只小鸟迷失了方向,不知什么时候飞进了我们的教室。它想从窗户飞出去,结果撞在了透明的玻璃上。小鸟正急得在教室里直打转转。

教室里顿时热闹起来,几个调皮鬼索性站起来跟着小鸟追,小鸟更加惊慌失措了。后来它歇在了日光灯管上。它那晶莹透亮的眼睛显出害怕而哀求的眼神,橄榄色的羽毛略微抖动着,又尖又长的小嘴里发出焦急的叽叽声,好像在说:"亲爱的朋友们,我求求你们放过我吧! 我好害怕。"

这时,王波拿起中队旗去引小鸟。小鸟展翅一飞,来了个俯冲,准备从窗口飞出去。无情的玻璃又挡住了它的去路。小鸟没能飞起来,却摔落在地上。王波扔下旗杆,一个箭步,抢先抓住小鸟,把小鸟放在了桌子上。不知小鸟是受伤了,还是吓呆了,它乖乖地、毫无反抗地站在桌子上,傻傻地盯着王波。几个淘气包一哄而上,有的摸小鸟的羽毛,有的摸小鸟的尖嘴,小鸟惊恐万分地躲闪着。忽然,走廊上传来"咚咚咚"的脚步声,教室里立刻安静下来,淘气包们一哄而散,只有小鸟一动不动。王波急中生智,一下子把它塞进衣袖里。

薛老师来了,一走进教室就开始检查同学们的作业。当他走到王波身旁时,"叽叽",小鸟的叫声传了出来,全班几十双眼睛转向了王波。薛老师停了下来,他叫王波站起来。王波只好缩手缩脚地站了起来。小鸟似乎懂得抓住这个大好机会,在王波的袖子里蹦跳着。薛老师从他袖中取出小鸟,轻轻地抚摸着它的头,又用脸紧贴着小鸟的脑袋,轻声对小鸟说:"对不起,我来晚了,让你受惊了。"然后,薛老师语重心长地对我们说:"同学们,我们的地球上平均每天有一种生物面临灭绝。地球上的动物、植物与人类的生存是息息相关的,我们是永不分离的朋友,珍爱它们也就是珍爱我们自己。"

话音刚落,王波从老师手中接过小鸟,来到窗前,将小鸟放回了大自然。直至见不到小鸟的影子,他才回到座位上。教室里顿时响起了热烈的掌声。

从这位同学的文章里,我们可以看出,薛老师抓住了时机向学生传播动植物与人类之间亲密的关系,号召学生要珍爱动物。这样的做法就起到了很好的教育作用,学生们为之感动。

(四) 口语传播的信息无法储存且容易失真

口语传播借助于语音符号,声音发出之后就消失了,信息无法像文字信息那样储存,也无法再利用。这就说明口语传播具有很强的时效性,所以传者不仅要高效地传播信息,更要注意听者的信息反馈,及时调整发言的内容和语调。比如,在家长会上,班主任应时刻注意家长的反应,及时调节自己的语调、语气,以让家长高效接收信息。

在日常生活中,我们也常常遇到这样的情况,一件事情经过不同的人会有不同的版本,甚至与原来的事实南辕北辙,这就是口语传播的失真。口语传播是否有效取决于接收者对信息的获取程度,如果口语传播的内容选择不能达到准确、精练,接收者就不能正确有效地获取信息。如要接收者获取正确的信息,除了保证内容本身的准确精练之外,传者也要控制好传达的信息量,因为口语传播的预留速度受限于听者的反应时间及信息初级加工形成短记忆需要的时间,口语传播中预留速度、节奏、停顿的控纵不仅是提高语言艺术的需要,也是实现有效、持续地传递信息的需要。当口语传播的主题信息量较大时,传播必须分成合适的几个阶段进行①。

二、口语传播的技巧

上面我们说到口语传播的特点与缺陷,为的就是要让大家正确认识口语传播,并能学习一定的传播技巧,使得口语传播正确有效。口语传播的整个过程中,涉及的主要因素有:传播者、传播内容、传播媒介和接收者。在班主任家校合作中,传播者就是班主任,接收者就是家长。下面我们就从这四个方面具体来谈口语传播的技巧。

(一)传播者——班主任

传播者在口语传播中扮演着非常重要的角色,口语传播的有效性在一定程度上也依赖于传播者的能力。总的说来,班主任作为传播者在口语传播中要注意以下几点:

1. 对言语进行设计

首先,班主任要明确自己的传播目标。只有明确了目标,才能采用适当的传播方法,才能找到恰当的"切入点"。比如家访,有一位班主任在家访之前根据学生的情况细致地确定了家访目标。她班上的这位同学习自习课不遵守纪律,好讲话,自控能力差,学习成绩差,但天资比较聪颖,是可塑之才。于是她确定的家访目标就是了解父母对他的教育方法,改进学习习惯,增强学习兴趣和信心。根据这样的目标,她确定了解决方案,最后收到了良好的效果:学生学习认真了,基本上做到了自己保证的内容,现在学习进步很大,已经名列班级 11 名。

第二,班主任作为传播者要找准自己的定位,明确自己的传播角色。人在社会中扮演着不同的角色,大部分时间是代表自己说话,但有时代表他人、代表集体。比如一个班主任,在与家人朋友相处的时候,代表的是最真实的自己。与学生相处,代表的就是教师的角色,言语谈吐要符合自己的身份。在与其他学校老师交流学习的时候,不仅仅代表自己,也代表所属的学校。总而言之,传播者要明确自己的传播角色,这样才能正确地进行信息的组织与传播。

第三,班主任在明确了自己的目标和传播角色之后,就要对传播的信息进行设计。这一环节重要的是要提取信息的核心内容并要以清晰、准确、美观的形式呈现出来。

---

① 糜艳庆.信息论视角下的口语传播控纵[J].长春大学学报,2009(5).

同时也要系统地整理和使用交流的载体,以帮助特定交谈和对话中的参与者增强理解能力(搜索、过滤、整理言者掌握的信息资源,选择传播目标需要的信息作为传播的内容、设计听者乐听、能听懂的语言和言语结构来表达)。[①]

[案例]

在我的班级里有一个调皮的男孩××,学习态度不够端正,在老师劝告教育时常带有敌对情绪。

有一次,我请他的家长到学校来商量如何帮助孩子改变这一现状。××的父亲很配合,及时赶到了学校。孩子的父亲到了以后,我先是感谢他对我工作的支持和配合,表明我今天请他过来是想和家长一块帮助孩子改掉身上不好的习惯,××父亲听了以后表示愿意配合老师的工作,说知道自己孩子身上存在很多的问题,和他们的家庭教育有一定的关系。我简单叙述了一下今天发生的事情经过,但同时表示并不是因为他对老师态度不好我才请家长过来,而是真的想要和家长好好沟通,让家长多方面了解××在校的情况,同时我也能更好地开展对××的教育工作。他父亲听了我的叙述以后,对他的行为很生气,说在家时他也经常发生类似的情况,就是自己犯了错还意识不到,并对家长的教育有明显的抵触情绪,从表情上看就不服气。我一听,心想:看来他不是针对老师,而是有这样的习惯。我马上接住他的话问道:"那当时您是如何教育他的呢?"孩子父亲当即表现出一种无奈。

我当即表示了理解,同时劝解道:"孩子身上还是有很多优点的,这个孩子心地善良,有时也知道老师对他的好,懂得感恩的。"我举了一个孩子曾经让我很感动的事情,并列举了他在校时的一些好的表现,表示我不会放弃他,我还是很喜欢这个学生的。××父亲听了以后面色有些缓和,表示对老师的感谢。我觉得有必要给××父亲提出关于家庭教育上的一些建议。

听了我的建议,孩子的父亲是若有所思,并答应尽力做到,我说把孩子叫过来吧,当着他的面再谈一些问题,不要让他以为老师在告他的状,和老师产生抵触情绪。我把孩子请到了办公室,把刚才我和他父亲的谈话简短的叙述了一下,并当着他父亲的面也肯定了他平时一些好的方面,同时刻意对他的父亲说回家一定不能大声呵斥和打

---

① 糜艳庆.信息论视角下的口语传播控纵[J].长春大学学报,2009(5).

他，一定要好好的沟通。①

在这个案例中，班主任和家长进行了良好的沟通。首先感谢家长对自己工作的支持，并且告诉家长让他来是为了共同帮助孩子进步，这样就拉近了与家长的心理距离，为沟通的顺利进展做好了铺垫。在沟通的过程中这位班主任说出学生最近的表现，并能够及时抓住时机深究原因。同时他也肯定了学生的优点，平息了家长的怒气，使家长接下来能够心平气和地听班主任给的家庭教育意见。最后也完满地完成了任务。

2. 传播过程中要身心投入，并克服不良的言语习惯

在口语传播中，语言的作用是很重要的。所以，班主任要具备良好的素质，要具有好的口才，好的遣词造句的能力，也要有很好的随机应变能力。除此之外，班主任要投入自己的感情，进入角色，能够"声情并茂"，并能恰当运用丰富的身体语言。以往，我们总能够见到一些口才很好，语词优美丰富的传播者，但是他们很难给我们留下美好的印象，原因就在于他们没有投入感情，让人产生情感上的共鸣，反而给人一种花言巧语的感觉。所以在传播过程中，语言和感情都是必不可少的。在生活中，我们也会遇到这样的情况：传播者的语言让人很难提起兴趣，甚至让人觉得反感。原因有很多，比如传播内容枯燥、传播者口才不良或者有不恰当的语气。尤其是不恰当的语气，在传播中应该尽量避免。比如，有的传播者总会用命令的语气，"你们一定要……"、"你们必须……"等，给人一种居高临下的感觉。所以传播者一定要注意自己的言语习惯，做到亲切自然才能让人易于接受。班主任作为一个传播者，为了家校合作良好地进行，尤其要注意自己的措辞和语言习惯。

[案例]

一天晚上，班上章禧容同学的妈妈打来电话，和我足足聊了半个小时。开始，我认真倾听了家长的诉说，了解了情况，听出了家长谈话的用意。这位家长向我反映说孩子在校老是受到一个女同学刘××的欺负，心里很难受。刘××是教师选的课间活动小组长，负责组织小组同学课间参加跳长绳、跳皮筋等活动。据章禧容妈妈说，刘××在活动时，总是让章禧容摇绳或者牵皮筋，使章禧容很少有机会去跳绳或跳皮筋。章禧容有时在课间想先去教室后面的饮水机取水喝再去活动，刘××就不同意，还对章

---

① http://mengqinghua007.blog.sohu.com/150827568.html.

禧容说:"你喝那么多水干什么?"而刘××对其他同学就不是这样。家长还说刘××和章禧容关系不是很好,所以觉得是刘××故意欺负自己的孩子,因此很生气,希望老师能帮助解决。

章禧容平时在校是一个性格内向、比较羞涩、言语较少的女孩。在学校遇到事情很少大胆向老师反映,所以回到家就直接和家长说了,老师却不知情。她的妈妈对此为自己的孩子感到不平,心里肯定很不高兴。

当时在电话里听完家长反映的情况后,我跟她说你难过的心情我非常理解,老师和家长一样,都希望孩子在校快乐生活。不过,由于章禧容没有向老师反映这件事,教师没能及时调查了解情况,作出处理,使孩子感到委屈,也希望家长能理解和体谅,如果教师及早知道这件事,一定会很快处理的。我告诉她以后要鼓励孩子遇到事情大胆向教师反映,便于老师及时解决问题,给予她帮助。我还跟她说,同学之间发生一些矛盾也是难免的,大家都是没有太大恶意的,不会有同学真的有意欺负别人的,请家长不要太放在心上。我说等学生上学后,我会很快找她们把具体情况了解清楚,到时会作出公正妥善的处理。教师对学生真心的关爱,对家长真诚和尊重的态度,使家长听后很认同和感谢。这次电话交流在愉快的氛围中结束了。[①]

在这个案例中,这位班主任在跟家长的沟通过程中非常注意措辞,并且态度很好。她首先对家长表示理解以平息家长的怒气,接着表态会妥善处理这件事情,用词很恰当,态度很温和,取得了家长的信任。

(二) 传播内容

在家校合作中,传播内容反映的不仅是班主任的才华和能力,而且也关系到传播的有效性。所以传播内容在口语传播中也至关重要。

1. 班主任要明确口语传播内容的主题

主题是根据班主任的目的来确定的。这样传播内容能够事先组织好,班主任可以做好充分的准备。像班会这样的活动比较容易确定主题。但在实际情况中,并不是所有的传播都能够事先准备好,这就需要班主任具有良好的随机应变能力。有经验的口语传播者会通过巧妙的试探了解对方的意图,这样就能确定方向,明确主题,抓住时机有的放矢。比如,班主任在面对家长的突然来访时,可以试探对方的来意,然后明确家

---

① http://www.baishizhou.com/pro/jspxyjl/ShowArticle.asp? ArticleID=4827.

长到来的目的,有的放矢地解决问题。

2. 交谈要围绕主题,抓住中心

这一点在口语传播过程中非常重要,抓住中心,有理有据,才能让听者明白,也能保证传播的有效性。当然,适当的阐发也是必要的,能增强谈话的趣味性,但要懂得有收有放,能够及时回归主题,丰富主题。班主任在与家长沟通的时候也要谨遵这一原则,一方面是为了保证家长了解学生的信息,与班主任共同解决学生的问题。另一方面也会给家长留下真诚用心的好印象,这就有利于家校合作的顺利进行。

3. 传播的语言要适当

这一点在口语传播中是很重要的,直接影响到传播的效果。面对不同的人群要说不同的话,这样才会得到认同。同时也要注意语言的通俗化,让人易于接受。有的人说话华而不实,会让接收者心生反感。而有的人则注重于言辞的修饰,这样就把听众的注意力引向到语词上去了。这些都不能实现口语传播的有效性。

班主任在家校合作中,面对的家长很多,他们的性格、背景都不尽相同,这就需要班主任去了解这些家长的情况,以便用合适的方式和家长沟通。对于有教养的家长,尽可能将学生的表现如实地向家长反映,主动请他们提出教育措施,认真倾听他们的意见,充分肯定和采纳他们的合理化建议,并适时提出自己的看法,和学生家长一起,同心协力,共同做好学生的教育工作。有些家长对学生的家庭教育的措施是很好的。

对于溺爱型的家长,交谈时,首先肯定学生的长处,对学生的良好的表现予以真挚的赞赏和表扬,然后再指出学生的不足。要充分尊重家长的感情,肯定家长热爱子女的正确性,使对方从心理上能接纳意见。同时恳切地指出溺爱对孩子的危害,耐心地热情地帮助和说服家长采取正确的方式教育子女,让家长如实地反映学生的情况,千万不能因溺爱而隐瞒孩子的过失。

对于放任不管型的家长,班主任要多报喜,少报忧,使家长意识到孩子的发展前途,激发家长对孩子的爱心与期望心理,改变放任不管的态度,吸引他们主动参与教育孩子的活动。同时要委婉的指出放任不管对孩子的影响,使家长明白,孩子生长在一个缺乏爱心的家庭中是很痛苦的,从而增强家长对孩子的关心程度,加强家长与子女之间的感情,为学生创造一个良好的家庭环境。

对于后进生的家长,我们要让家长对孩子充满信心。我们班主任最头痛的是面对"后进生"的家长。面对孩子可怜的分数,无话可说;面对家长的失望叹息,无言以对。对于后进生,我们不能用成绩这一个标准来否定学生,要尽量挖掘其闪光点,要让家长看到孩子的长处,看到孩子的进步,看到希望。对孩子的缺点,不能不说,但一次不能说得太多,不能言过其实,更不能用"孩子很笨"这样的话。再说到孩子的优点是要热情、有力度,而在说缺点是语气要委婉,这样就会让家长对孩子有信心。只要家长对自己的孩子有了信心,他才会更主动地与老师交流,配合老师的工作。对于气势汹汹的家长,我们要以理服人。遇到这种情况,要沉住气。最有效的做法就是面带微笑。在人际交往中,微笑的魅力是无穷的,微笑能让人轻易渡过尴尬、困难的场合,既能赢得别人的好感,还能体现自己的宽容大度,从而消除误解和矛盾。[1]

(三) 传播媒介

口语传播主要以口语为媒介,我们之前谈到语音信息无法储存,容易消失,而且容易失真。如果要使口语传播提高有效性,就要掌握一定的口语技巧。当然我们也可以加一些非言语的技巧进来以作为辅助手段。班主任作为传播者对于口语技巧的掌握也是非常必要的。

1. 用词要简明而准确

传播学中有一个著名的定律——"齐夫定律",即在口语传播中,传播者用一个词表达概念是最省力的,对于接收者来说,用一个词来理解一个概念也是最省力的。所以,在口传播中要遵循这个定律,语词尽量简洁有力,要表达准确,少用一些模糊的词语或者一些华丽堆砌的辞藻,当然那些容易引起误解的词语更要避免使用。这个原则在班会或家长会上尤其适用,为了使发言有力,并且能被家长高效地接收,班主任就需要用简洁有力、准确无误的话语。

2. 言语要流畅

在口语传播中,语言流畅而连贯的谈话者比那些说话重复、断断续续的谈话者更能吸引接收者的注意力。在家校合作中,班主任和家长的交流时间其实很有限,在这有限的时间里要解决好问题就需要班主任有比较好的语言驾驭能力,流畅的语言、简洁有力的词汇不仅使得家长能准确无误地掌握学生的信息,更能促进家校合作的进行。

3. 控制谈话节奏、音量

前面我们也提到对口语传播中的节奏、速度等进行控制是提高语言艺术的需要,也是实现有效传递信息的需要。口语传播中速度太慢,容易让人分散注意力。速度太

---

[1] http://www.yxedu.net/show.aspx? cid=124&id=59059.

快,接收者一时接受不了太多的信息,容易造成信息的遗失,甚至会失真。同时音量过小,接收者无法清晰地得到信息。声音过大,容易让接收者烦躁不安。这些都不能促使交谈高效地进行。班主任首先是一名老师,老师在讲课的时候要控制音量,声音不可太小也不宜过大。同时也要控制节奏,不能太快,这样学生跟不上教师的步伐,也不可太慢,否则容易让学生倦怠。这样的原则在家校合作中也同样适合,在与家长的沟通交流中,家长在大部分时间是听者、接收者,控制音量及节奏一条很重要的原则。

4. 适当加入身体语言

美国著名的心理学家阿尔培特曾经说,口语传播的要素主要包括7%的词语、38%的声音以及55%的体语。可见,身体语言在口语传播中起着重要的作用。在交谈中,一个人如果用词准确简洁、速度音量适中、饱含感情、并有丰富的身体语言,那么他就能吸引听者的注意力,大家会很注意他讲话的内容,并能引起情感上的共鸣。这就使得信息高效地传播。一个没有身体语言的人,容易给人留下呆板、拘谨的印象,会让听者局促不安,对于他的谈话内容就不能全面地掌握。事实上,之前已举过这样的例子,班主任在家校合作中运用适当的身体语言有时候可以胜却有声的语言。比如,班主任在对家长说到学生表现很好的时候竖起大拇指或是微笑点头以示肯定,都会起到加强情感表达的作用。

(四) 接收者

我们知道,口语传播实质上是信息在传播者和接收者之间的流通。接收者对信息的接受程度直接影响到整个口语传播的质量。在家校合作中,接收者就是家长,所以在这个环节,对于接收者也应该注意几点:

1. 对于家长事先要有了解

人们常说,见什么样的人就说什么样的话。只有事先了解了家长们的背景、性格、爱好、职业、现状等,才能有针对性地谈话。家长们对孩子的态度也是不同的,比如我们前面提到家长有溺爱型的、放任型的等,都需要班主任事先做足功课。

比如,一位班主任的班上有学生经常不认真完成作业,有时是完不成,有时虽然写完了,但错误很多,书写马虎。班主任事先了解到学生的家长工作比较忙,并且对学生的学习不太重视,有点放任自流。但是班主任继续通过电话或预约见面的方法与他交流学生的学习情况,争取家长的配合。每次交流时,班主任都很尊重家长,没有过多地说学生学习存在的问题,也没有直接说家长哪些地方做得不好,以免让家长觉得教师心有抱怨。这位班主任本着对孩子关心负责的态度,怀着一颗真诚的心与其进行交流。对于孩子在校的表现情况,做到"多报喜,巧报忧"。对家长说孩子性格活泼,关心集体,积极参加文体活动,反应也不慢,只是学习态度不好,所以影响了学习成绩的进步和提高。如果他踏实努力学习,家庭作业认真完成的话,成绩一定会很不错。由于班主任对学生有充分地了解,对其作了较为客观的评价,并且话语中饱含着对孩子的赏识和鼓励,使家长很信服,很感动。家长深切地感受到教师是真心实意地关心爱护他的孩子,老师所做的一切都是为了让孩子能够成为一个优秀的学生。班主任又对家长说虽然事情多,但孩子的学习也很重要,对孩子进行一些家庭作业的辅导也很必要。家长也渐渐认识到这一点,表示以后会多抽时间关注孩子的学习,做好家庭辅导,还告诉老师,必要时还会给孩子请一段时间的家教。班主任说除了学习,对孩子的纪律卫生习惯等方面也要进行教育,他欣然接受了。由于有了家长的配合,学生的学习态度端正了,家庭作业完成情况也变好了。①

在上述的案例中,这位班主任在对家长有了解的情况下,恰当地与家长沟通,最终使得家长的态度转变,可以说这是一个成功的家校沟通案例。

2. 尊重并聆听家长

班主任在口语传播过程中,只有对家长有尊重的态度,才会使家长愿意去听。所以在词语上要多用"请"、"谢谢"等礼貌用语。不要用居高临下的命令语气,比如,"你必须"、"你应该"等。同时要待人热情,动作要客气,避免冷漠、生硬。服饰要整洁,这也是对家长的尊重。同时注意聆听家长,不要急于说出自己的意见或是打断家长,这不仅是对家长的尊重,也能使自己了解对方以促进谈话质量。聆听包含着对家长谈话内容的注意、对对方表情动作的关注、对对方谈话内容表示肯定与兴趣等。

[案例]

一位班主任写道:多数班主任在约见家长时,说得多,听得少,只顾自己痛快,啪啪啪一通数落。情绪发泄完了,自己累了,家长的耳朵也塞满了。这样的谈话,其效果可想而知。班主任家访要讲究一个"诚"字。教师一旦来到学生的家里,应该立即转换角色,不要把自己在学校里学生面前的威严带到学生家里来。换个方式,班主任做个听众,结果又如何呢? 徐平平是六年级的一名男生。他成绩优秀,品质良好,一直在班级担任学习委员。一段时间以来,他变得郁郁寡欢,上课老走神。我首先找他本人谈话,

---

① http://www.baishizhou.com/pro/jspxyjl/ShowArticle.asp? ArticleID=4827.

了解到其父近来迷恋麻将，为此父母经常吵架。我得知此情，觉得有必要跟其家长谈谈。家访时我向平平爸爸简单介绍了徐平平近来的反常表现，然后以询问的眼光等他的回答。他是一个坦诚的人，承认自己赌博及夫妻不睦的情形，并表示今后决不染指麻将。后来平平上课专心了，并以优异的成绩考上初中。倾听不仅可以营造平等的谈话气氛，也便于我们从中捕捉信息。可见家访有时多说不如少说，甚至做个听众也不错。[1]

最后，班主任在口语传播中，也会由于和家长之间的价值观念、伦理观念以及文化背景的差异，两者健康状况、情绪状况和交流环境的影响，两者身份地位的差异，两者信息编码和解码的差异，以及由于语言不准确简洁的因素，导致信息传播出现障碍。这就需要双方培育公共的信息库，通过沟通达成一致，能够相互认同。在对对方有充分了解的基础上，肯定对方，并能注重移情换位以及互动交流，准确简洁地传达信息。

第二节 班主任在家校合作中口语传播的应用

在班主任家校合作中，口语传播运用得相当广泛。比如在家访、家长会、校访、个别家长见面会等活动中。

一、日常接待

在家校合作中，日常接待就是指家长来访时的接待工作。通过这种形式，家长可以有更多的机会接近教师，与教师商讨教育学生的措施，有针对性地配合学校的教育。[2] 这种日常接待可分为两种，一种是主动型的日常接待，另一种是被动型的日常接待。

主动型的日常接待。顾名思义就是班主任主动邀请家长会面的接待。通常情况

① http://www.lbx777.com/ztxl/bzrgz/lljz/jz28.htm.
② 黄河清.家校合作导论[M].上海：华东师范大学出版社，2008：152.

下就是学生在学习生活中存在一些问题,需要家长配合对孩子进行教育以促使学生的成长。这种谈话往往是比较有针对性的、不宜让第三者知道的。所以班主任在这类谈话中尤其要注意。

首先,班主任最好事先组织好语言,避免出现尖锐、不当的用词。既不能伤害家长的自尊心,也要让家长明确孩子的问题,以配合教师做好工作。家校合作是家长和教师的双方合作,需要双方共同努力。班主任在这样的情况下不仅要做到尊重家长,让家长能够心甘情愿地与自己配合。更要让家长明白孩子的问题,并能够与教师一致做好学生的教育工作。在对学生的教育中,如果教师与家长的教育方式或理念不一样,就会使学生产生矛盾心理,这样就起不到良好的教育作用。

[案例]

一位班主任在一年级新生入学不久,发现班上一名叫高云的学生上课不守纪律,作业经常不做。经过一段时间观察,发现这位同学头脑机敏,别人答不出的问题,他却能一语道破。而且,他动手能力强,绘画颇有才气,"孺子可教"。他的问题主要是没养成良好的学习习惯。为此,班主任安排了与家长的见面。在谈话时,这位班主任拿着学生的图画本。谈话一开始,就充分肯定了高云的优点,并拿出他的作品给家长看。家长虽然嘴上谦虚着,但看得出很开心,妈妈眼角眉梢都透着喜气。谈话的气氛融洽了,班主任顺势提出塑造孩子良好学习习惯的重要性,家长痛快地表示,一定配合教师,督促孩子完成每天的作业。后来,高云很快纠正了自己的缺点。期末考试时,他的成绩名列前茅。

在这个案例中,班主任面对的学生是一个"不守纪律的"同学,家长被安排与班主任见面总会有一些不自在,这位班主任采取了先夸学生的优点让家长开心。这样的谈话技巧事实上也是在照顾家长的尊严,对家长给予了高度的尊重,这样,谈话就自然而然地往下进行,接着我们看到班主任顺势提出了塑造孩子良好学习习惯的重要性,家长也很痛快地答应了,这就代表这位班主任很好地完成了与家长的沟通。

其次,对于不同的家长要采用不同的方法。有的家长悟性很强,自尊心也很强,这就需要教师点到为止。而对另一些家长则需要清楚明白地告知学生的问题所在。所以这就需要班主任事先对学生家长的性格、背景等有所了解。同时,在与家长进行交谈时也要注意聆听,这不仅是尊重家长的表现,也是在了解家长,这样有利于班主任提出针对性的问题或者是解决办法。这些我们在之前也提到过。

被动型的日常接待,是班主任在无准备的情况下对来访家长的接待,班主任对家长的来意不明了,所以需要注意以下问题:

班主任要在礼貌的前提下,探询家长的来意。明了问题才能化主动为被动,有的放矢。同时要注意营造良好的气氛,使得双方的交流更加流畅自然。

一是接待要热情。班主任在接待学生家长来访时,无论是优秀学生的家长,还是差生的家长,都要热情欢迎,认真接待,让家长有一见如故之感,哪怕学生已经发生比较严重的违纪问题,也应在宽松气氛中处理。因为家长如果感受到了教师的真诚和尊重,就会从感情上接近教师,乐于同班主任探讨学生的教育问题,协助班主任并同班主任一道交流学生的情况,商讨如何采取措施做好学生的思想工作。

二是选择谈话地点,创造宽松的谈话环境。良好的谈话环境不仅有利于消除谈话双方的顾虑,而且有助于双方推心置腹地交流学生的情况,尽快地达成教育学生的共识。谈话不适合在大庭广众或有噪音的地方进行,或当着局外人的面大谈学生情况,这就人为地筑起访谈双方交心的障碍。而且与家长谈话的地点在操场边、走廊以及过道旁的绿荫树下较为合适。

三是注意谈话技巧。调动家长谈话的积极性。首先,班主任的谈话要做到宽严有度。严,是指反映学生违纪情况或其他不良行为时不仅严肃,而且要谨慎。对学校已形成定论的处理意见既要坚决执行,又要做好对学生家长的解释工作;宽,是指在反映学生违纪情况的同时,实事求是地指出该生的闪光点,进行客观地评价。这一宽一严的目的在于既给家长以压力,又让家长有信心。其次,倾听家长说话,认真记录。最后,班主任提出近期转变学生思想的初步计划,请家长谈谈看法。

四是谈话时间要适度,切忌冗长拖沓。在弄清目前问题,找出解决问题的办法和途径之后,班主任应该果断地结束谈话内容。这时,班主任应注意做到:(1)对本次谈话进行小结,态度要庄重;(2)再次征求家长意见,对家长提出的问题要不厌其烦地解释,让家长弄懂满意为止;(3)对一些尚待解决的问题,也要同家长讲明白。访谈结束后,班主任还应严肃认真地考虑谈话过程中的不足之处,认真总结本次谈话的经验教训,克服缺点,以便今后作进一步的研究。①

---

① 宋文庆. 班主任接待学生家长来访应注意的几个问题[J]. 卫生职业教育,2001(11).

二、家访

　　家访是家校合作中比较普遍的一种方式,主要是由班主任或任课老师主动进行。是班主任主动到学生家中向家长宣传党和国家的教育方针、政策、法律;传达教育部门、学校、社会对儿童、青少年的要求;传授、介绍教育子女的科学知识和新经验、新思想;传递家长应该了解的信息,介绍儿童、青少年在学校、社会上的表现,以便使家庭教育更有针对性,主动配合学校、社会加强教育①。通过家访,教师可以了解学生的家庭情况:家庭氛围、人员构成、家长对孩子的期望、家长的教育观念或方式对孩子性格形成的作用等,也可以给家长提一些家庭教育的建议。

　　家访中主要运用口语传播的形式,而且信息量很大。家访实际上也分为好多种:(1)了解式家访。主要是了解学生的家庭背景、父母的性格、职业以及对学生的教育方法等等。(2)鼓励式家访。由于大部分家长在教育子女时,都是以居高临下的态度来对待孩子的,而很少以平等的态度与孩子交流。同时,在看待孩子时,较多地注重学业,学业不好,就加以训斥,而不能从孩子的其他方面着手施以教育。由此,班主任在工作中,可以鼓励家长从另一个角度,换一种思考来开展教育工作,从开掘家庭教育资源着手,对孩子进行教育。(3)商定式家访。主要是和家长商量对学生的教育方法,确定一个方案来促进学生进步。(4)预约式家访。就是教师在到访前与家长联系、商定家访时间,这项措施不仅有效解决了教师遭"闭门羹"的尴尬境况,还让家长对教师造访有心理准备,在跟教师交谈中能更充分介绍学生在家庭里的状况,有利于家校全面商定对学生的管理、教育策略,提高了家访的效果。② (5)开导式家访。主要是扭转家长对孩子的态度以及纠正家长错误的教育方法。(6)及时式家访。是针对孩子的问题及时与家长沟通以尽快解决问题的家访。比如,一位班主任的班上有一个男孩偷偷地把家长的一百元整票拿去买高级玩具枪,班主任觉得尽管是偷家长的钱,也属于不良行为。于是随即向家长打了电话,家长很快赶到学校,进行了配合教育。这样及时的家访,不仅受到家长的欢迎和感谢,而且对孩子进行了有效的教育并取得了良好的效果。(7)指导式家访。(8)随道式家访。顾名思义就是路过学生家的时候顺便进行的

---

① 赵忠心.家庭教育学[M].人民教育出版社,2001:403.
② http://jyj.lhk.gov.cn/Article/ShowArticle.asp? ArticleID=3143.

家访。(9)沟通式家访。事实上大部分的家访都可以看做是沟通式的家访。(10)纠正式家访。[①] 所以班主任在家访时要首先明确自己的家访目的,事先做好准备,在与家长交流的时候,要用准确得当的语言,清晰地向家长表述出来。在这里关键是组织语言,语言组织得当会让对方明白自己的意思,能够及时反馈有用的信息。同时班主任在家访时尽量要用积极的语言描述学生,要用发展的眼光来看待学生,多称赞学生,事实上,学生一点点小的进步都会让家长开心。这样,不仅拉近与家长的距离,也使得学生与自己的关系更近,更能促进学生以后的进步。

以下是一位老师的家访手记:

[案例]

家访手记:学生××

1. 学生信息:沉默寡语,有时还忘掉当天的作业。数学成绩较好,对英语一点兴趣也没有。

2. 家访目的:了解父母对他的教育方法,改进学习习惯,增强学习兴趣和信心。让学生尽快地融入初三学习生活,发挥自己的潜力,取得好的成绩。

3. 家访时间:2010 年 11 月 10 日。

4. 家访情况:这个学生,家访之前我已经有过一次面对面的交流。三年级刚开学时,因为孩子上课总坐不住,也坐不正。我每次上课几乎都要提醒好几次,而且每次都是慢慢走到他身边,或敲一敲他的背,或敲一敲他的桌子。这样做效果还不错,可是没过几天,这居然不顶用了。我知道如果孩子意识不到坐不住的危害的话,光有老师的督促是远远不够的,于是我选择了一个合适的机会找到他,与他谈了关于坐姿的问题以及他需要改正的一些缺点,谈话时间不长,但他当时的态度却出乎我的意料:他认真听了我的谈话后,他说:"老师我会改的,请您相信我。"说完将头深深的埋下了,当时的我几乎是呆住了。几秒钟后,我说:"我相信你,我一直都相信你。"我们的谈话在一分钟的沉默后结束了。他回了教室。

之后的几天里,我上课几乎再没有提醒过他,我就在心里琢磨了,这孩子难道真的改过了? 能不能就着这个机会鼓励鼓励他,调动一下他的学习积极性呢? 带着期待我走进了他的家门。那天是周日,我去的有些早,他妈妈正在做早饭。一听说我的来意,立刻将我拉进屋,让我坐下,然后有连忙叫起还在睡觉的孩子。孩子见了我,又是惊喜

---

① 周显. 家校合作模式的实践与思考[J]. 广西教育,2004(7—8).

又是紧张。我一见这情形，就说："××，你放心，老师不是来告状的。"这时的他，脸上露出了一丝微笑。他妈妈听我这么一说，倒有些急了说："老师，这么早不知您有什么重要的事情没有？该不是他犯错了吧？"我让他们都坐下。我说："孩子这段时间进步可大了。"接着我一五一十地将孩子在校的好表现说了一遍。可以想象他妈妈心里一定美滋滋，因为整个谈话过程她就给我斟了五杯茶。

谈话终于告一段落，问了问孩子的想法和感受，孩子说，这段时间他挺高兴的，因为他真的感受到了进步的滋味。

看着孩子快乐的笑容，妈妈说："老师，今天孩子能说出这番话，还真要感谢您了。"我说："怎么就感谢我了。"他妈妈说："不知您还记不记得开学那会在班上说的那番话。"我想了想没有做声。他妈妈接着说："这孩子，开学第一个星期回来就有变化，我没敢问。可是到了晚上，他倒耐不住了，主动找我说，妈妈，我们这个班主任可好了。她不像从前的老师，一进班就给我们定规则，提要求，讲道理，而是给我们讲了很多生动的故事，有的是真实的，有的是传说，有的是她的亲身经历，那节课虽然讲的都是故事，可是我们却比平常的收获都要大，因为每一个故事我们都听得特别认真。特别是讲到您第一次带三年级的时候居然一下子瘦了十几斤，还说您相信您的学生都是听话懂事的，不管成绩好的还是成绩差的都会心疼自己的老师，这让那些平常不太尊敬老师的学生一下子都紧张起来了，明白了，做学生就是应该尊敬老师，尊敬父母。她常常会不动声色地提醒我，让我坐端正了听课……"

之后的谈话，大都是对我的感激了。其实我这次去家访的目的主要是想通过汇报孩子近期的进步来激励他一下，就在妈妈高兴的时候，我想开口给孩子提提要求，可还没有等我开口，孩子倒先说了："老师，我知道您今天来的目的，您是想让我加强英语课的学习，争取让成绩有较大进步。"我一听，就问他："你怎么知道的呀？"他说："在班上您不常常鼓励我们要有信心将薄弱科目赶上来吗？"听孩子这么一说，我还说什么呢，什么也不必说了。只有不住地点头了……

当天，他和家长硬是留我吃饭，不过我没有，登上自行车回了学校。

孩子后来的学习状态可想而知，更可贵的是他学会了学习，学会了自信。

通过一段时间的走访，我收效很大，至少孩子们知道了，老师和家长对他们都是有期望的，都会给他们机会，让他们去努力，去发挥。[1]

---

[1] http://www.xtedu.com/xxdt/zbxx/maozxx/201105/10225.html.

从这位老师的家访手记可以看出她在家访前有了明确的目标，并有充足的准备。在整个交谈的过程中多采用正向、鼓励、肯定的词语，收到了良好的效果。

班主任在家访时首先应该向家长电话或短信预约，和家长确定家访的时间，这样可以让家长做好准备。其次，班主任应有明确的家访目标，是与家长一起纠正孩子的问题还是引导家长运用正确的家教方法等等。在家访时最好先报喜后报忧，先报喜的作用是为了打消家长的顾虑，同时也能有积极的情绪去面对学生的问题。报忧时班主任要用适当的言辞去描述学生的问题，一方面要让家长意识到孩子的问题，另一方面不能让家长对孩子动怒，否则就会使得家访适得其反。在和家长沟通时，要先了解家长对孩子的教育方法及类型，是严格型还是纵容型还是其他，弄清了孩子的家庭教育环境就能针对性地解决问题。

三、家长会

家长会在家校合作中被普遍地采用，家长会的具体形式多样，我们常见的是以班级为单位进行的。一般可以分为交流式家长会，汇报式家长会，专题研讨式家长会以及问题反馈式家长会。家长会一般情况下是由班主任组织召开，依据学生们的具体情况，通过一定的形式来交流情况、沟通感情，达到学校家长合作促进学生成长的目的。

家长会上，教师跟家长交流的内容可涉及各个方面，比如，学生的基本情况、成长经历、身体状况、学习状况、个性特点等等。从口语传播的要求看，有一些是特别需要注意的：

首先，开家长会前要诚恳地邀请家长，确保家长有时间来参加家长会。这就需要班主任事先和家长联系确认家长有没有时间，也可以发短信，写上这次家长会的重要性，并真诚地邀请。

其次，开家长会时，教师应该弄清楚每一个学生的家长是谁，让家长们感到自己是被尊重的。针对不同的学生群体可以召开相应的家长会，也就是分类召开。同时，要鼓励家长发言，并能认真倾听，关注对方的一言一行，让家长有被重视的感觉，必要时要对谈话内容进行记录。

再次，要保持镇静、温和、礼貌的态度。对于家长的谈话也要及时回应，要用开放性的语言以使家长积极地谈下去。避免封闭性的反应，这样会中断家长的交流兴趣。

最后,教师的用词选择非常重要,对于学生的评价既要客观中肯,又不要伤害到学生以及家长。尽量能够使用正面、积极向上的语言,不公开批评学生。

四、主题讲座

主题讲座,是围绕某一话题进行的讲座。这里的主题讲座可以是班主任开设,也可以邀请校外专家或者是家长来进行。不管开讲座的是谁,都奔着促进家校合作以及促使学生健康发展的目的而去。

如果是校外专家、家长等来做讲座,就需要班主任做好策划准备工作。班主任首先要确定一个主题,明确开设讲座的目的。向校外专家或是家长发出邀请,阐明目的以使对方做好准备。同时也要向各位家长发出通知,阐明讲座的意义与目的,吸引家长积极参加。在讲座进行时,班主任和家长可进行互动,提出或讨论有关问题,在进行的过程中对某些问题能达成一致,促进双方共同成长、紧密合作。最后,在主题讲座进行之后,班主任可做一个总结,进一步明确座谈会中有意义的内容。

关于请校外专家做讲座,有一个很成功的案例。

望牛墩新联小学举行了全校家庭教育讲座,为了帮助和引导家长们树立正确的家庭教育观念,提高家长科学教育子女的能力。讲座邀请了市教育进修学校教育学高级讲师张润林为家长们作了"父母是孩子成长的第一任老师"专题报告。张老师结合大量生动的事例,以自己多年教育实践的探索和思考,阐述了现代家庭教育中存在的误区,帮助和引导家长在平时如何做好"模范"带动作用,并针对这些问题与家长们进行互动,力求让家长们在互动中学习到科学、有效的家庭教育方法。目的就是让家长们清晰地指导自己的一言一行不断影响自己的儿女,所以家长们平时要注意自己的言行举止,给儿女们一个良好的示范作用。[①]

家长们表示,本次专题讲座让自己受益匪浅,对今后怎么教育孩子有很大的启发,对在孩子面前做"模范父母"及培育孩子成才等方面具有积极意义。有的家长还说,听了这位老师的课学到很多东西,回去后一定会好好地教孩子,做孩子的第一任老师。

---

① http://wnd. sun0769. com/newsc. asp? id=45064.

如果是班主任自己开设主题讲座，除了明确目的、邀请家长、做好发言的准备工作之外，班主任还需要在做讲座的过程中尽量运用质朴的语言，表达真挚的感情，做到表达准确得体，始终围绕主题，言之有物，有理有据。还要身心投入，语言流畅，控制自己的声音和语调。并能够与家长进行互动，碰撞出有价值的话题。在发言过程中还要注意听者的反应，及时调整语调或话题，使听者集中注意力，努力创造出一种轻松愉快的氛围，能够使主题讲座具有知识性和启迪性。

五、家长开放日

家长开放日就是学校有目的、有准备地在预定的时间请家长来学校参观或参加活动。家长可参观和参与活动的内容有：①学校概况介绍（如管理规章制度等资料；学校集体获奖名次；奖旗、奖杯、证书、活动剪影等）、重大决策和重要活动（如校庆、迁移校址或改扩建校园等）。②学校活动（如艺术节、纪念日、运动会、公开课等）。③学生成果展览（如学生作品、作业、试卷、手工艺品、科技制作小发明、书画等）。④教师作品展览（科研成果、获奖纪录和证书等）。⑤开放学校的图书馆、实验室、电教室、多功能厅等。⑥家长来校听课、参加主题班会等。[①]

家长开放日的过程是按照四个了解、三个安排、二点希望、一个目的进行的。四个了解就是了解党和政府为教育所办的实事，家长通过对教学设施设备的参观考察，从中体会党和政府对教育的重视、支持和关心，以及对办好教育的决心和信心；了解学校的办学方向、办学思路；了解教师课堂教学的思路、方法，以及现代教育手段；了解孩子在课堂上是怎样学习的，又是怎样得到品德教育、致力培养的，使家长明确实施素质教育主要是通过课堂这个主渠道进行的，家长又应该怎样去配合学校，配合教师进行教育，真正达到家、校一致的教育格局。三个安排即安排家长听课；安排家长参观教学楼和现代教育技术的运用；安排家长写好开放日的信息反馈卡，提出意见建议，达到相互了解、相互沟通的目的。二个要求即要求每位家长认真听课，做到身教重于言教；要求每位家长认真填写出意见和建议，为办好教育、培养好学生献计献策。一个目的即通过开放日活动征得家长对学校工作的大力支持，友好合作紧密配合。[②]

① 黄河清. 家校合作导论[M]. 上海：华东师范大学出版社，2008：156.
② 张亚兰. 让家长参与学校教学活动[J]. 青海教育，2001(1—2).

家长开放日是家长了解学校教育教学的重要途径,所以班主任在家长开放日中主要应做到:

第一,要向学生讲清楚家长开放日的意义、目的和具体要求。安排学生提前做好准备,确保每个学生明白自己该做的事情。

第二,要向每一位家长发出邀请书,邀请家长们参与学校的教育教学活动。确保家长能够来参加。同时邀请书上的语言要流畅自然,并能表现出诚意。比如,可以写这样的邀请函:

尊敬的家长:

您好!

为了使您更好地了解孩子在集体中的学习、生活情况,促进家园沟通,我班将开展温馨快乐的家长开放日活动,盛情邀请您的参与。届时,请家长暂且放下手头的工作,以愉快的心情接受我们真诚地邀请,我们期待着与您分享孩子的快乐。

开放时间:×年×月×日　上午×时

开放地点:多功能厅

第三,家长开放日时,班主任向家长介绍学校的办学思路与办学方向,介绍活动的安排以及程序,同时也要重点介绍学校教育教学改革的情况等。然后安排家长旁听教师授课,观察学生学习的情况之后,填写课堂教学情况评估表。如果有必要,也可召开家长与学生或者是家长与教师的座谈会。这些需要班主任提前组织好语言,确保信息无误,表达无歧义。例如某班班主任在家长开放日安排了家长听课,第一、第二节课上语文、数学,第三节课座谈。他这样写道:

[案例]

讲完课后,我和数学顾老师向来校的每一位家长介绍了现在的教法,并对课堂上的问题进行了探讨。还向家长们介绍了家庭教育经验,家长们个个心领神会,点头称道。家长们对学校的教育教学工作给予了充分的肯定,一致认为学校办学理念先进,教师素质高,学生得到了全面发展。同时,为自己的孩子能在这样的学校就读而感欣慰,对自己孩子在学校取得的点滴进步感到非常满意,尤其对学科老师的辛勤劳动表示了由衷的感谢。家长开放日活动不仅让家长觉得受益匪浅,感触良多,同时也给了我不少启示。从家长的反馈中我也看到了今后需要改进的地方。家长留下了宝贵的意见,提出了中肯的建议:希望今后多举办类似的活动,有更多的机会走进学校,了解学校,以便更好地支持和配合学校开展工作;不仅希望孩子学好课本知识,更重要的是学校要加强德育工作,让孩子学会做人,注重对高年级学生的身心健康教育问题。①

家长开放日是个平台,有利于家校之间直接的双向交流与沟通。家长深入课堂一线,真切地感受孩子课堂表现,感性地聆听孩子的心声和任课教师的因材施教,多维度地交流学习教子育女的经验。这能够拉近家长与教师的距离,开阔家长的视野,增进彼此的了解。

最后,要向家长大力宣传素质教育的重要性和科学性。使家长了解教育,这样他们才能关注、支持教育。只有校内外教育合一,学校的教育才真正有效。只有使他们随时了解学校教育教学工作,才能谈得上使他们配合学校,在家庭中做好子女的培养工作。

六、电话沟通

在如今的信息化时代,电话沟通似乎越来越成为沟通的主要方式。在学校中,电话沟通正在取代家访的地位。教师或家长定期或不定期互相通电话,通报或了解学生的情况,发现问题随时交换意见、商议对策。② 同时,当学生出现的紧急和突发事件,电话沟通便起着非常重要的作用。不得不说电话沟通是一种省时、省力、高效的沟通形式。电话沟通和面谈的主要区别就是班主任和家长不在同一个空间内,不能面对面的交流,看不到彼此的表情神态以及肢体语言,电话沟通唯一的媒介就是语言。那么,班主任如何与家长进行有效的沟通呢?

首先,班主任需要建立一个家长联系簿。

在学生入学当天,让学生留下父母的联系方式,为以后与家长联系做好准备。最好也能让学生如实填写自己的家庭情况,方便了解学生的家庭背景,为以后的工作打好基础。同时也要及时把自己的联系方式以名片的形式发给家长,嘱托家长与自己经常联系沟通。

其次,与家长有效地沟通。

如果要和家长有效地沟通,就需要班主任对学生家长的文化背景、职业情况以及

---

① http://www.diyifanwen.com.
② 黄河清. 家校合作导论[M]. 上海:华东师范大学出版社,2008:152.

对子女的教育理念和期望水平有所了解。不同的家长要有不同的应对方式,班主任在沟通中要讲究语言艺术。

电话沟通事实上也分主动沟通与被动沟通。主动沟通就是班主任主动打电话找家长进行沟通。在主动沟通中,班主任首先要说明自己是××学生的班主任,然后确认家长是否在忙,有没有时间进行沟通,如果有则继续进行,如果在忙就约具体时间再沟通。在能够和家长进行沟通的情况下,要简明扼要地说明自己打电话的意图,语气也要平和,表达婉转,同时注意一定要肯定学生的优点,这样容易让家长接受,而且在接下来谈论学生最近问题的时候,家长就会有一个比较平和的态度,有利于电话沟通的顺利进行。在沟通时,班主任可根据对家长的了解采用适当的方法来谈论。由于在电话沟通时,看不到表情,班主任一定要注意自己的用词要准确,不能让家长产生误解,同时声音要清晰。被动沟通就是家长给班主任打电话进行的沟通,在这样的情况下,班主任首先要问清家长的意图,有的家长可能是给班主任谈论学生最近的情况,这样的家长一般情况下比较关心学生的教育,相对比较开明。班主任应客观地评价学生,让家长对学生有一个全面的了解。而有时候家长也会因为学生在学校遇到了麻烦或是受了委屈而找班主任理论,这个时候家长的情绪比较激动。班主任首先态度要温和,以缓和家长的怒气,然后再针对性地解决问题。

案例分析

问题学生①

我是××小学四(2)班班主任,刘某是我班男生中最令人头痛的学生。他虽然头脑灵活,但自控能力差,上课随便插嘴、讲废话,作业经常少做或不做,还有说谎的坏习惯。通过细心的观察我发现,刘某极不自信,不敢主动与伙伴、老师、家长交往,又不敢说出内心的渴求与希望,总是躲避着别人的指责,小心地维护着自己的那点自尊。

[思考]

假设您是这位班主任,您想与刘某的妈妈预约一次家访,请写一份预约电话的草稿,再写一份家访的流程。

---

① http://wenwen.soso.com/z/q170417756.htm? sp=5001.

拓展阅读

[1] 董天策.传播学导论[M].成都:四川大学出版社,1995.

[2] 索绪尔.普通语言学教程[M].北京:商务印书馆,1982.

第七章　家校合作中的文字传播

班主任的家校合作工作是建立在交流沟通的基础之上的,而交流沟通除了口语外,使用文字的概率也很高。家校通过各种形式的文字交流,互通信息,沟通观念,传递价值,从而达成共识,形成教育合力。

本章从文字传播的内涵与特性的角度,阐释班主任家校合作中文字传播的技巧、原则与注意事项。

第一节　文字传播概述

一、文字传播的内涵

传播是人们通过符号、信号,传递、接收与反馈信息的活动;是人们彼此交换意见、思想、情感,以达到相互了解和影响的过程。世界处处充满了传播现象,生命每时每刻都在进行传播活动,生命不息,传播不止,而文字传播现象是人类传播发展到文字时代后才出现的。大约 5000 年前,世界若干地方开始出现文字,传播进入文字时代。文字的发明与使用是人类进步历程中最具意义的成就之一,它弥补了口头语言时空障碍的缺陷,具有规范、便携、能够长期保存等优点,所承载的信息也变得复杂、繁多。同时,文字的发明过程也伴随着人们对文字载体的寻找过程。所以,文字传播即以文字为载体的传播。作为人们用来记载和传递信息的书写符号,文字的出现是人类进入文明社会重要标志,也是人类信息传播史上的一个里程碑。①

---

① http://zh.wikipedia.org/zh/%E4%BC%A0%E6%92%AD.

二、文字传播的特点

马克思和恩格斯说,语言是思想的直接呈现。而言语与文字则是语言的两种具体表现形式,作为人类社会重要的传播媒介,这两者有不同的物质属性,因此运用这两种不同的媒介的传播活动也有各自的不同特点。相比之下,文字及其传播有如下一些不同于言语传播的特点。

(一)文字传播对传播者和接受者的文化要求较高

言语是人际交谈的最基本手段,也是正常人日常生活所不可或缺的,因此即使没有文化知识的文盲,也很容易借助言语进行信息传播活动。然而文字作为一种语言,具有抽象性、符号性。因此,文字的传播要求传播者和接受者必须具有相应的文化水准。一方面,文字功夫的高低会直接影响文字传播的效果,因此文字传播者必须具有相当的文化知识,尤其是要熟悉文字、词汇、语法和修辞方面的专门知识。另一方面从接受者的角度看,理解文字一般比理解语言困难,首先得识字,而要更准确地理解文字传播的信息,则需要更高的文化修养。

(二)文字传播的扩散性

言语传播有即时即地的特点,所以受到了时间和空间的限制。而文字则不同,它可以记录下来,保存起来,甚至可以书面材料散发出去,"通之于万里,推之于百年"。因此文字传播可以突破时间限制和空间障碍,在较长的时间内和较广的范围内发挥影响,拓展了人类的交流和社会活动的空间。

(三)文字传播的正规性

由于文字传播的书面材料可以长期保存,所以具有正式认可的价值,与言语传播相比,文字更具有正规性。人们在谈判时较易接受事先起草好的条款;在口头承诺与书面保证之间,人们更容易相信白纸黑字的书面材料。政府或其他社会组织有重大决策要形成和下达书面文件,就是这个道理。所谓"口说无凭",正是说明文字传播在这个方面的重要性和特殊功能。

(四)文字传播的准确性

日常生活中的语言传播是人与人之间的口耳相传、心记脑存,不能保证信息在传播过程中不被歪曲、变形、重组和丢失。而文字却不同于此,每一个文字的内容都有其确切的含义,能够保证人们准确地表达感情、传递信息。文字传播使人类文化的传承不再依赖容易变形的神话或传说,而有了确切可靠的资料和文献依据。

(五)文字传播的统一性

文字是一种统一的表达标准,它比语言有更为广泛的适用范围。语言一般具有地方性和区域性。不同地域的人群,通常有不同的语言,有不同的语言表达方式。这种差异会给交流带来一定的困难。但是凡是使用同一文字的人群,即使各自有不同的地方语言,都可以利用共同的文字充分、准确地交流思想,表达感情,传递信息。此外,由于文字有统一的表达标准,使用不同文字的人群,也可以利用各自文字的规范标准,实现文字之间的翻译,同样能充分、准确地交流思想、表达感情、传递信息。①

(六)文字传播的记载性

文字克服了音声语言的转瞬即逝性,它能够把信息长久保存下来,使人类的知识、经验的积累、储存不再单纯地依赖人类的有限记忆力。

由于文字有以上诸多特点,文字资料又能够反复阅读,因而文字的发明及其应用于文献记录,可谓是人类传播史上的一大创举,是人类文明的重要标志。它一方面引导人类由"野蛮时代"迈步进入"文明时代",另一方面从时间的久远和空间的广阔上实现了对语言传播的真正超越。②

三、文字传播的技巧

文字传播作为人类社会信息交流最主要的工具和手段,是一种特定的信息交流形式,其技巧问题实际上也就是运用信息刺激受众以期待引起受众注意并取得效果的问题。从某种意义上说,文字传播的技巧是文字及其传播的特点的运用,一般来讲文字传播技巧至少包括以下几点:

(一)注意文字内容的刺激度

一般而言,文字表达越新鲜和越浓缩,便越易引起读者的注意。例如,新闻的标题举足轻重,它起着概括事实、揭示中心内容、吸引读者的作用。一篇好的新闻稿件有一个好的标题就像一个人长了一双漂亮的眼睛,新闻工作者常常在新闻标题的制作上花

---

① 戴维斯等主编. 新编公共关系学[M]. 北京:中央民族大学出版社,1994:170.
② http://www. hudong. com/wiki/%E6%96%87%E5%AD%97%E4%BC%A0%E6%92%AD.

费很大的工夫,这种工夫历来被称为新闻写作的"点睛"之笔,其对传播效果的作用实在不可小觑。

(二) 注意文字形式的对比度

文字总是通过一定的排列形式出现的,这种排列形式对受者的注意也是至关重要的。如在报纸上的通栏标题,虚实结合的版面处理,字号字体不同的印刷符号,以及红头文件等等,都是要加强文字形式的对比度。有些报刊经常使用一些加框加边的方法,这不仅是为了版面的美观,更主要是增强版面的对比度,以引起读者的注意,事实证明,这种方法确实能起到理想的传播效果。

(三) 注意文字出现的重复度

当同一内容无论以同一形式或不同形式重复出现时,它往往会在受众中间引起注意,如文字"口号"的反复出现会在公众中引起巨大的心里反响。同一句广告的不断再现,也是对这种文字传播技巧的积极运用。谎言重复一千次当然不会变成真理,但谎言不断重复,有时却能使更多的人相信确有其事,尽管它早晚会被揭穿。"三人成市虎"即说明了这个道理。从传播效果看,谎言重复次数越多,就越能带来负面效果,因为上当受骗的人越多,谎言一旦被揭穿,制造谎言的社会组织或个人就得不到人们的信任。此外,重复应当有限度,这种限度应视宣传是否已引起广大公众的注意为准,这个可以通过社会调查来核实。无休止的重复,有时会使公众感到厌烦,从而产生负面影响。

(四) 注意文字结构的变换性

有时同一内容可以用不同的文字结构来表达,但不同的文字结构会产生不同的文字传播效果,所以有时要变换文字结构才能取得好的传播效果。如在修辞学中句式的"把"字句式变为"被"字句式、肯定句式变为否定句式,以及倒装句式的运用等都能达到最佳表达效果,原因就是这些特殊句式更突出、更形象地表达了原来的意思,加强了强调语气且避免句式单一。

(五) 注意文字读音的声调度

文字书写出来,固然是给人看的,也是让人读的。一篇自然流利、音调铿锵的文稿,常会令人回味无穷,产生深刻的印象。相反,不注意文字读音的声调度,让人读起来别别扭扭,自然不便于受传者接受,因而传播效果会大打折扣。《三字经》曾是中国人的启蒙读物,它之所以成为妇孺皆知的信条,其中一条很重要的原因是文字的声调度把握得好,读起来琅琅上口,像是在吟唱一首歌。所以,把握好文字的声调度也是文字传播中的一个技巧。①

以上所述只是文字传播的一般技巧的要点，此外，这种一般技巧还应包括文字的简练度、精确度、版面安排的美观度、实用度等等。

第二节　班主任在家校合作中文字传播的运用

一、家校合作中的文字传播

家校合作，顾名思义，即指对学生最具影响的两个社会机构—家庭和学校形成合力，对学生进行教育，使学校在教育学生时能得到更多的来自家庭方面的支持，而家长在教育子女时也能得到更多地来自学校方面的指导。②

家校合作包括以下几点内涵：第一，家校合作是一种双向活动，家庭和学校是合作中的双主体，家庭教育与学校教育应相互配合。家长要对学校教育给予支持，学校要对家庭教育做出指导，其中学校应起主导作用。第二，家校合作是社会参与学校教育的一个重要的组成部分。家长的参与离不开社会这一大背景，是广泛的社会背景意义上的参与。第三，家校合作过程本身体现着一种态度，包括家长对学生、对学校以至对整个教育的态度，以及学校对家长、对家长参与学校教育以及学校自身改革的态度。第四，在家校合作参与过程中，学生、家长、教师之间的情感交流非常重要。③

家校合作的实现形式即指学校和教师应利用各种渠道，向家长说明学校的办学理念和努力目标，倾听家长及学生对学校理念和努力目标的意见，充分考虑学生和家长的需求和建议，加强沟通，达成学校、家庭、学生的相互理解，如家长会、教师家访、电访以及校讯通等等，这些沟通包括言语传播和文字传播等多种。而从文字传播的意义上来讲，家校合作是一种文字传播过程，文字传播理论对提高家校合作的效用具有重要的借鉴意义。目前我国存在的家校合作的文字传播方式中已有方式如书信、各种形式的家校交流期刊等，也有近几年新出现的校讯通、博客、QQ以及飞

---

① 居延安.公共关系学[M].上海：复旦大学出版社，2008：258.
② 马忠虎.基础教育新概念：家校合作[M].北京：教育科学出版社，1999：156.
③ 岳瑛.我国家校合作的现状及影响因素[J].天津市教科院学报，2002(6).

信等。

二、家校合作中的文字传播类型

(一)传统的文字传播方式

1. 书信

书信作为一种典型的文字传播方式,在教师和家长的交流中是非常普遍的。学校通常在举办集体活动的时候才会书信告知时间、地点、注意事项等。另外,个别家长想向老师提出建议或批评但又不好面对面说或者打电话的时候,为了避免尴尬,也会采取书信沟通的方式。

书信这种传播方式虽然古老,但却是能引起情感共鸣的有效途径。笔者身边就有这样的鲜活例子。一位区级优秀班主任在与班上的"顽劣"学生的正常谈话沟通出现困难时,利用书信与学生沟通,通过民主的口吻和循循善诱的疏导方法,在亲笔信中流露出对学生的关怀,含蓄地谈自己的看法,并提出较为合理的建议,让学生在读信时心中有一股暖流冲击着良知,从而深刻地意识到自己的错误,勇敢地改正;当学生出现心理剧烈波动甚至情绪激动时,他用一位"朋友"的口吻在信笺上富有诚意地写下自己的观点,充分发挥书信的特殊"感化"作用;表扬信、喜报等,他都通过信件的方式发放给家长。有时甚至故意增强它的神秘感,激发学生的兴趣,起到强化积极暗示的作用。[1]

(1)通知

通知通常为告知事项的文字或口信。通知可以根据适用范围,分为不同的类型,例如会议通知、任免通知。应用于家校合作中的通知主要为告知形式的通知。比如上文提到的社会实践通知,放假通知,家长会通知。通知的书写在格式上有以下要求及注意事项。通知的格式,包括标题、称呼、正文、落款。

① 标题:写在第一行正中。可只写"通知"二字,如果事情重要或紧急,也可写"重要通知"或"紧急通知",以引起注意。有的在"通知"前面写上发通知的单位名称,还有的写上通知的主要内容。

② 称呼:写被通知者的姓名或职称或单位名称。在第二行顶格写。(有时,因通知事项简短,内容单一,书写时略去称呼,直起正文。)

---

[1] 何彦娟. 家校合作的现状思考与形式革新[M]. 武汉:华中师范大学出版社,2011.

③ 正文：另起一行，空两格写正文。正文因内容而异。开会的通知要写清开会的时间、地点、参加会议的对象以及开什么会，还要写清要求。布置工作的通知，要写清所通知事件的目的、意义以及具体要求和做法。

④ 落款：分两行写在正文右下方，一行署名，一行写日期。

写通知一般采用条款式行文，可以简明扼要，使被通知者能一目了然，便于遵照执行。

[案例]①

家长会通知

尊敬的学生家长：

您好！

时光荏苒，转眼间本学期已经过去近三个月了。首先感谢您多年来对学校工作的信任、理解和大力支持，为了使您的孩子在学校得到更好的发展，我们迫切需要各位家长的支持配合。同时，为了使您能全面了解您的孩子在校的学习情况及行为表现，以便配合学校做好教育工作，我校定于 11 月 27 日（周六）上午八点半召开全校学生家长会。家长会主要分四部分内容：1. 学校向家长介绍本学期工作情况。2. 班主任和任课老师与家长沟通交流。3. 学校工作调查问卷、心语彩虹桥。4. 成立班级家长委员会。

为了不影响大家正常工作，所以将家长会时间定于周六，如果给您带来不便敬请谅解，如果您因故不能参加会议，可会后单独找老师进行交流。最后再次诚挚感谢您对学校工作的大力支持！

顺祝

身体健康，万事如意！

德州市实验小学

2010 年 11 月 24 日

温馨提示：

1. 请您参加家长会时带好纸、笔，以便记录孩子的情况和填写调查问卷。

2. 实验小学处于繁华路段的十字路口，全体参会人员较多，为了减轻交通压力，

---

① http://www.dzsyxx.com/Item/22387.aspx.

学校建议您采用简便、快捷的交通工具。自行车集中停放在学校后操场、汽车停放在校外。

[案例]①

泊里镇中心小学关于组织开展

2012 年小学生寒假社会实践活动的通知

各年级：

寒假生活是学校教育的拓展和延伸，为进一步发挥社会实践活动在育人工作中的重要作用，促进学校教育与社会教育的有机结合，促进学生全面发展，实现社会、学校、家庭三位一体的和谐统一，让学生过一个文明、有益、健康、充实的寒假，抓住除夕、春节、元宵节等传统节日契机，在全校小学生中广泛开展形式多样的参观实践、节日民俗、体育健身等活动，教育引导广大学生在实践中弘扬传统、学会感恩、陶冶情操、强健体魄，争当品德高尚、富有理想、充满活力和创造力的新一代。现将 2012 年我校小学生寒假社会实践系列活动有关事项通知如下：

一、活动时间

2012 年 1 月 10 日——2 月 6 日

二、活动对象

全校学生

三、活动形式

集中组织与分散活动相结合的形式。

四、活动内容

1. 参观实践，增长才干。要充分利用周边各级各类社会教育资源，让学生进行参观学习、科普创新、工学教育、养殖教育、历史传统自然文化教育等实践活动，使学生在实践中学习知识，增长才干。该项活动各年级均要参加，下学期初业务检查时全校统一检查，并纳入班主任业务考核和班级大型活动考核当中。检查结束后由年级主任收取活动相关材料，交宋桂梅存档。

2. 品味春节，体验民俗。要积极组织三至六年级学生在春节期间通过书写春联、剪纸绘画、文艺表演、美术摄影等方式把祝福喜庆带给邻里乡亲，为春节增添喜庆。该

---

① http://www.jnplxx.com/jxhd/ShowArticle.asp? ArticleID=539.

项活动由年级主任宣传发动,开学后由宋桂梅主任牵头组织评选,并纳入班级大型活动考核当中。活动资料注意留存。

3. 学会感恩,奉献社会。要围绕辞旧迎新、团圆平安、孝老爱亲的节日主题,引导学生积极参与到志愿者服务活动中来,传递爱心和亲情,共享和谐美满的幸福生活。教育学生尊敬长辈、关爱孤寡、资助贫困、奉献爱心,争当爱心小天使、道德小模范、文明小标兵。该项活动由宋桂梅负责制定专题活动方案,并在学生中开展,活动结果纳入班级大型活动考核当中。

4. 阳光运动,快乐健身。引导学生在假期中走进运动场馆,亲近大自然,体验健康快乐,掀起中小学生体育健身的热潮。充分展示我校小学生健康阳光、积极向上的良好形象。

五、活动要求

1. 统一思想,提高认识。学生社会实践活动,是提高广大青少年学生思想道德素质,服务和引导学生健康成长的重要举措,是培养和提高学生创新能力、实践能力和热爱家乡的重要途径,各年级、各部门务必高度重视,制定切实可行的活动方案,认真做好组织指导工作。

2. 广泛动员,精心组织。要及时将本通知精神传达给每一位同学,并按照活动的有关要求,结合各学生的实际情况,做出精心组织和安排,确保活动能够顺利开展。

3. 保障安全,严防意外。要切实加强寒假期间的安全知识教育,严防意外事故发生,做好对寒假社会实践活动的指导工作,确保寒假社会实践活动安全进行,使学生度过一个健康、安全、愉快的寒假。

4. 认真总结,力求实效。学校在寒假结束后,将及时对寒假实践活动进行总结,并对学生的活动情况要以各种形式进行交流并进行适当奖励。学校为每名学生印发寒假社会实活动总结卡(此卡由宋桂梅在假前负责印发至各年级),班主任要认真指导学生填写此卡,开学后于业务检查时一并进行检查。2012 年 2 月 13 日前各年级和少先队将活动开展情况以书面总结和社会实践活动电子版信息提报的形式上报至学校宋桂梅收。

泊里镇中心小学

2012.01.06

附件：

泊里镇中心小学学生寒假社会实践活动总结卡

班级_____

姓名		性别		班级	
家庭住址					
活动内容	活动情况				
参观实践					
体验民俗					
感恩社会					
快乐健身					
其他活动					
家长评语	年　月　日				
班主任鉴定意见	年　月　日				

（2）告家长书

告家长书通常是由学校或班集体发给家长的一份书信形式的通知，是通知形式的一种。通常主要包括安全，报考等学校的相关事宜通知，内容涉及广泛，且事情通常是公开面向全体家长。在格式的要求上类似于书信，首先题名为"告家长书"，正文开始首先是对家长的称呼。正文内容为通知的主要事项。在书的结尾处单位及时间根据实际需要可书写也可不注明。

[案例]①

告家长书

尊敬的初 2010 级各位家长：

　　请认真阅读 2010 高中阶段教育学校统一招生报名工作相关事项及要求，按照相关要求在家完成中考报名网上演练及正式报名工作。

　　一、报名范围

　　凡学籍在我校的学生必须参加中考报名。

　　二、关于借考生报名：户口不在成都市五城区（含高新区）

　　户口不在我市、但在我校就读的学生原则上应回原籍报名参加中考。如果因特殊困难无法回原籍参加中考的，可向我校提出申请，经批准后，在我校借考，考试成绩可供考生户口所在地教育部门参考（借考生在成都市升入高中只能参加调招）。借考生由考生本人提出书面申请（须有家长签字、学校签注意见），随我校参加报名（借考申请表在教导处领取）。

　　二、报名办法

　　所有考生均采取网上报名和信息确认的方式进行报名。报名结束后，学校应通过电子摄像或数码相机照相等方式采集考生相片。

　　考生凭本人"用户名"和"密码"登录网上报名系统进行报名，录入报名信息。考生的基础信息必须以本人有效身份证（或户口簿）为准。报名信息是建立考生个人档案、参加考试、录取的基础信息，考生必须认真填写，确保各项信息准确无误，并最终在打印的《考生报名信息表》签字确认。经签字确认后的信息不能再修改。

　　报名前，考生应向学校交验下列证件，由学校进行审查：

　　（1）居民身份证或户口簿；

　　（2）借考生的申请材料；

　　四、关于民航基地班及空军基地班的报名

　　有意向报民航或空军基地班的学生家长请直接到校教导处咨询。

　　附：2010 年中考网上报名相关事项

---

① http://www.cdsdsy.net/uploadfile/20103514299301.doc.

1. 报名网址、用户

（1）考生报名登录

方法一：访问 ZKBM。CDZK。NET（HTTP：//ZKBM。CDZK。NET）。

方法二：访问 WWW。CDZK。COM（HTTP：//WWW。CDZK。COM），点击"中考报名"相关链接。

（2）考生用户

用户名：身份证号（18 位），初始密码：身份证号末 6 位；登陆用的身份证号是在学校（报名点）登记注册时的身份证号。

2. 考生报名流程

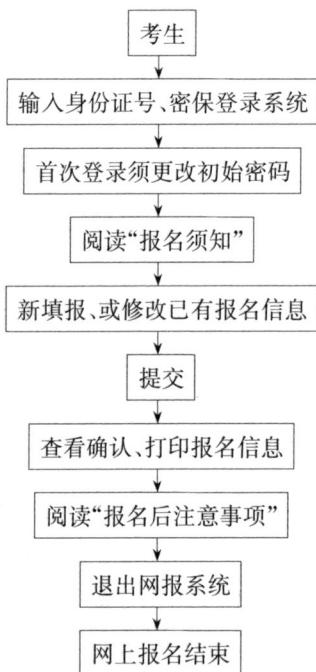

```
              考生
               ↓
     输入身份证号、密保登录系统
               ↓
      首次登录须更改初始密码
               ↓
        阅读"报名须知"
               ↓
    新填报、或修改已有报名信息
               ↓
           提交
               ↓
     查看确认、打印报名信息
               ↓
     阅读"报名后注意事项"
               ↓
        退出网报系统
               ↓
        网上报名结束
```

3. 网上报名工作日程

时间	工作内容
3 月 4 日—3 月 8 日 18：00	考生在家上网演练
3 月 8 日 18：00	市招办清除演练数据
3 月 10 日 8：30—18 日 12：00	网上报名

4. 考生报名须知及报名后注意事项

（1）报名须知

① 网上报名前请按照报名点的要求，出示相关材料进行报名资格认定。

② 牢记自己的网报"用户名"和"密码"，不可泄露给他人，以免对自己的报名信息造成影响。

③ 请认真填写个人报名信息。所有报名信息均关系到考生是否能正常参加考试、录取等工作，请务必高度重视。

④ 考生姓名、身份证号、性别、出生日期必须与本人身份证上的信息保持一致。若需对身份证号进行核实，请及时与当地公安机关户籍部门联系。

⑤ 联系电话是为了在必要时，确保学校能在第一时间联系到你，请填写准确。

⑥ 考生若发现身份证号、姓名、班级信息有误，请向学校教导处提出修改申请。

⑦ 在网上报名截止前，考生可反复检查、修改自己的报名信息。网报截止时间：2010 年 3 月 20 日，12：00。

⑧ 对在网报过程中发现的问题，请及时与学校教导处联系。

（2）考生报名后注意事项

① 网报截止前，可以再次登录报名系统，检查、修改自己的报名信息，确保信息准确无误。

② 网报结束后，学校统一下发《考生报名信息校对表》，需要你再次进行报名信息核对，并签字确认。

5. 上网环境

（1）浏览器

IE v6.0 以上、或者 Firefox v1.5（可访问 www.mozilla.org/download.html 下载）以上；建议 Windows 98 下采用 Firefox 浏览器。

（2）最好用中国电信通信网

备注：英语选择统考，固定电话或小灵通要加区号，中间横线在英文半角状态下输入。

[案例]①

告家长书

尊敬的家长：

您好！

本学期已临结束，为了使您更好地安排孩子的学习和生活，特将我校近期的工作安排告知。

1. 期末考试日程。

午别	场次	时间	1月23日	1月24日
上午	一	8：00—9：00	三、四年级数学	五、六年级数学
	二	10：00—11：30	三、四年级语文	五、六年级语文
下午	一	1：30—2：30	三、四年级英语	一、二年级数学
	二	3：00—4：00	五、六年级英语	一、二年级语文

2. 放假时间安排：1月27日上午8：30到校领取素质汇报书及假期作业；1月28日开始放寒假。

3. 开学时间安排：2月17日上午8：00到校报到注册，领取书本，下午上临时课；2月18日正常上课。

请各位家长在假期里督促孩子完成《假期作业本》及《洪泽县实验小学学生成长追求》的个性化假期作业。安排好学生丰富多彩的假期生活，同时教育孩子注意交通、水、电等方面的安全。

顺祝春节愉快，阖家幸福！

洪泽县实验小学

2008.1.22

（3）给家长的信

家长和班主任之间也可以通过信件的交流，通过对学生学习生活情况的观察，进一步全面了解学生，促进孩子的健康成长。

---

① http://www.jshzsx.com/content.asp? id＝661.

[案例]①

永正爸妈：

　　你们好，之所以以书信的形式写给你们，是因为你们平时做生意太忙，没有时间和你们具体地交流永正的学习情况。每次打电话你们都说忙得不可开交，我作为永正的老师，有责任有义务向你们具体汇报这几个月永正在这边的学习情况。永正每周只回来一次，又加上你们忙，几乎没有时间和他深入的沟通，或许在他进入初中之后，你们对他的了解越来越少，关心也没小学时多了，他与你们之间的隔阂也增加了。通过这么长时间以来的接触，我对永正的学习及思想了解得也比较清楚。平时给你们打电话说他的学习情况时，你们都在忙，有些问题在电话里说不清楚，所以我只能写下来，你们平时有空的时候多看看，多想想怎么做才能让永正更好地成长。下面是我总结的几个方面：

　　一、在学习上，永正还是没有从小学时的学习模式中完全走出来。做题时粗心、马虎，这是在小学就存在的问题吧。数学是一门比较严密、很有逻辑的学科，必须通过多做题，多思考，多总结才能学好，只有做得多了，见的类型多了，才能总结出一些方法应付各种题型，而恰恰永正又不喜欢做题，讲再多的方法技巧他也不一定能听明白，即使听得明白也不一定会做，会做也不一定能全做对。永正平时在学校里学习任务重，老师安排的作业又很多，周末过来这里上课我不能像他学校老师那样逼着他去做，这样他只会产生逆反心理。我始终认为教学是一门艺术，教学生学会学习才是最终目的，我经常和永正沟通交流，希望从思想上打开他的心扉，让他明白学习到底是为了什么，为什么要学习，给他讲大学的美好生活，让他对大学充满向往。另外，教他怎样学好数学，不能停留在小学一味地模仿老师的思路，在模仿之余要自己独立思考，在理解的基础上才能更长久地记忆，对知识的运用才能更灵活。学生最重要的是要给自己确定一个目标，有目标才有方向有动力，永正在这方面最欠缺，因为他不知道天天这样无聊的学习有什么用，前段时间永正思想很消极，看到作业多就无奈地叹气，像被压迫着去完成任务，这样下去不是办法，必须让他对学习产生兴趣，有了兴趣，学习就轻松了，所以我让他给自己定的目标是班级前 15 名，并和班里一个成绩比他稍好的同学 PK，并和那个同学协商，如果期末能超过他并进入班级前 15，同学就送他一套漫画书，否则他送别人，因为漫画书是他的业余爱好，我们就可以通过成绩进步来奖励他最感兴趣的礼物，这个方法对他有用，希望你们支持。

---

① http://wenku.baidu.com/view/7b01cf2fbd64783e09122bac.html.

二、在思想上，上面也说了一部分，想改变永正这种学习态度，必须从思想上改变他，让他深切地认识到学习的重要性。他现在任务是什么，就是学习，父母那么辛苦，拼命地挣钱最终还是为了他，父母的期望就是他能够好好学习，健康地成长，所以平时就算你们再忙，也要抽个时间跟他用心交谈，了解他近阶段的情况，学习上遇到什么困惑。不要看到考得不好就一味地批评，看到他看电视，玩游戏就训他，他现在还是个孩子，玩就是孩子的天性，当我们是孩子的时候也喜欢玩。但要告诉他玩要有个"度"，给他约定好，什么时候学，什么时候玩，到了这个时间必须执行这个规定，要相互理解。你们可以告诉他，你们会理解他，换位思考一下，让他站在你们的位置上如何教育自己，让他细细思考，这应该也是一个办法，这样会缩小你们之间的距离。不然，他不会和你们说内心真实的感受，因为他会认为说了也没用。

三、在生活上，永正每周才回来一次，你们要多关系他生活中的点点滴滴，不要一回来就问他学习上的事，因为在学校一周除了学习还是学习，好不容易周末回趟家父母又频繁地问，这样他会很烦。有时你们不用说太多，在生活上及其他方面的关心，就会让他有种无形的压力知道自己要好好学习，要对得起父母。永正来这里他会给我讲有关他在学校里发生的事情，有时来这里心情高兴，有时郁闷，看到他心情不好，我就会开导他，因为我认为教育不只是教他书本上的知识，更重要的是教他做人的道理，因为他将来是要离开你们独立走入社会的，不是教他学会，而是教他会学，就算以后离开龙文，离开老师，他也知道自己该怎样去学习，所以你们在家时多鼓励他，提高他的自信心。

以上是我的个人见解，结合永正在家的表现，希望你们多提意见和建议，我们相互配合，共同努力，让永正更好更快的成长起来！

刘茹老师

2012.6.15

书信的优势在于容易引起共鸣，容易达到教育效果，但是这样的沟通方式比较费时费力，如果要经常给班上50多个孩子书信沟通基本上不可能。当然，随着网络时代的到来，有少部分教师和家长采用了校讯通，QQ飞信等新兴的文字传播方式，一定程度上预示了未来家校合作方式的发展趋势。但总的来看，目前家校合作中这种传统的文字传播方式仍为数不少。

2. 家校交流期刊

校报、校刊作为一种传统的文字传播方式在家校合作中也发挥着重要的作用。要家长更好地和学校合作,关键还是要让他们更好地了解学校各方面的情况。编辑家校期刊可以对内促进教育教学工作,丰富师生校园文化生活,向家长传播教育孩子的方法,对外展示学校师生风采,加强学校与家庭之间的交流。

家校期刊应面对全体师生和家长,分专栏进行报道。其内容主要分为以下几个模块:

第一,资讯模块:介绍报道学校的重大事件,包括老师和学生的活动。

[案例]

我校召开毕业班家长会

6月1日晚上,学校召开了毕业班家长会。会议由徐校长主持,全校240多位家长参加了会议,海虞中学教导主任刘敏佳首先简要地介绍了海虞中学近年来学校管理、教学质量及今年的小升初招生情况。海虞小学温校长简要通报了学校近三年的办学成果,着重介绍了毕业班的教学工作和当前复习迎考工作,宣传了上级考试及招生政策,并对家长在孩子期末复习迎考阶段,如何进一步配合学校做好家庭教育指导工作提出了5个方面的建议。

会议结束后,家长和班主任及任课老师分班级进行了面对面的交流,进一步增进了解,协调配合,共同做好学生的思想教育和复习迎考工作,让每个孩子都能发挥出最好水平,取得优异的成绩,顺利完成小学阶段的学业。

第二,分享模块。在这个模块,学生们可以分享和交流学习经验,教师和家长们可以分享介绍教育经验。比如,如何指导孩子完成家庭作业;如何识别考试焦虑症状和减轻焦虑;如何增强记忆力;如何帮助孩子克服不良习惯等。

[案例]

我的育子经验

和所有的父母一样,我希望女儿能够身心健康地成长,为此我看了不少关于教育的书籍。虽然这些书籍在理论上起了一定的指导作用,但实际运用却不一定适合自己的孩子,所以在教育女儿的过程中我仍然在摸索中和女儿一起成长着。在这里谈几条"教育经验"算是抛砖引玉:

一、给孩子应有的爱,但绝不能溺爱。孩子幼小的心灵需要爱的滋润和呵护,爱孩子可以使孩子有充分的安全感,孩子在有安全感的环境里成长会更自信。这一点我很有体会,从女儿出生到现在,我从言行上都让女儿能感受到我对她的爱,所以每次面对我的批评女儿都能坦然接受,因为她知道妈妈是爱她的。

二、给孩子适当的赞美和鼓励。每一个孩子都喜欢"戴高帽",我的女儿也不例外。小时候学做某一件事情比如自己洗碗、扫地什么的,如果夸她几句她会干的更起劲。其实给她"戴高帽"在她学得过程中会取得事半功倍的效果。现在我把这种方法用到她的学习中,效果也不错,最明显的是她学习不被动。

三、要善于倾听孩子,及时跟孩子沟通,在沟通的过程中要充分信任孩子,这样孩子才会和你说心里话。我和女儿在这点上做得特别好。女儿在学校不论发生什么事,是好是坏回到家统统倒给我。是好事我及时表扬,是坏事我会静下心忍住火耐心地和她讲道理。这样一来孩子的所做所想就能得到及时的反馈,从而能够对她有针对性地教育和鼓励。

四、培养孩子良好的习惯,包括生活习惯和学习习惯。我自己是个很重视小节的人,孩子小的时候我就特别注意一些细节的培养,比如诚实,尊老爱幼,团结友爱等等,从目前来看女儿这些方面做得还不错。至于学习方面,从她上一年级开始我就一直督促她要养成好的学习习惯,现在女儿都是独立完成作业,我从不帮她检查,但我会留心女儿做作业的情况以及作业的质量,因为做作业的快慢以及作业的好坏能及时反映孩子在学校的听课情况。

赵一菲家长:赵中国

第三,作品模块:对学生的作品进行交流和展示。

[案例]

可爱的小猫

我家养了一只聪明可爱的小猫,小猫可漂亮了!它全身的毛洁白无瑕,像一朵白云似的。一双眼睛圆溜溜的。晚上,它的眼睛会发亮,像两颗闪亮的绿宝石。它的耳朵一只是黑色的,一只是白色的,我们称它为"阴阳耳"。

小猫可聪明了。我每次放学回来,它都会围着我"喵喵"地叫,好像在说:"欢迎你回来,我的小主人。"有一次,我拿了一些米饭给它吃,可它一点儿也不吃,直瞅着我叫。我知道它的意思,就拿了一条小鱼放在米饭上,它立即抢了过来,用脚爪撕着,津津有味地吃。

小猫在呼呼大睡,进入了甜蜜的梦乡。出于好奇心,我就仔细地观察起来,我发现猫睡觉的姿势不但显得优美,而且与我们睡觉的姿势太不一样。小猫睡觉的时候,是把身子盘得像蜗牛壳似的,肚子一起一伏,几根长长的胡须一抖一抖,还发出"呜——呜"的声音。我觉得特好玩,就用手去摸它,逗它。机灵的小猫耳朵一竖,头马上抬起来,一看是我才松了一口气,然后张张嘴,伸了伸爪子,打了一个长长的哈欠,再一次进入了梦乡。我想,猫白天大睡的原因一定是给晚上捉鼠的大战养足精力吧!

小猫是我家的开心果,我们越来越喜欢它了。

全体师生和家长都可以向期刊投稿。学生和家长广泛参与,积极投稿,期刊可以成为他们的又一份精神食粮。为了写出一篇好作文,孩子们肯定会认真观察身边的一事一物,如到校园、公园去观察花草树木的生长和变化。孩子们还会多读书、好读书,进而逐渐养成勤写作的良好习惯。每一位学生通过努力都能够"学有所成"、"学有所获"。家长通过校报、校刊可以更加了解学校的各种情况。校报、校刊向学生家长传递学校的各种信息,全面反映师生学校生活情况,拓宽家校交流的渠道。家长的支持、配合,提高家长对学校的信任程度,增强合作热情。

家校期刊是学校宣传自己的窗口,是学校对外开放沟通交流的桥梁,家校期刊是校园文化的载体,体现着一所学校的精神风貌,校报是校园文化的一道风景线,不但可以提高学校的知名度还能够丰富校园文化内容,活跃师生生活,促进师生的发展,进一步提高全校师生的精神风貌。同时很好地提高师生的文学素养,增进师生的文学功底,丰富师生的校园生活,激发学生的读书热情,推动书香校园活动的开展。一校一刊,立足校园,服务师生,面向校友,面向社会。丰富广大学生的课余生活,提高广大家长的文化素养,以达到三赢的效果。

3. 作业登记手册

现在基本上所有学校都订有一本《作业登记手册》,我们也可以把它当做《家校联系手册》,是学校设计的每天专门记录学生当天各科作业等事项的册子。这个册子功能比较强大,可以有几个栏目:语文作业、数学作业、英语作业、完成情况、家长的话、老师的话、孩子的话。家长每天检查完学生的作业完成情况后签上姓名,班主任每天早上把《手册》收起来后必须检查家长反馈情况,并在检查后签署班主任姓名。这样,既方便家长了解老师布置的各科作业,又可以将孩子在家的表现情况写到《手册》的"留言栏"里,反馈给老师;而老师当天也可以将学生在校的表现情况写到《手册》里反馈给家长。这种常规性的家校联系方式能切实有效地了解学生在学校和家里每天的表现情况。

下为某学校作业登记手册样本。

_____ 年 _____ 月 _____ 日　星期 _____

语文 家庭 作业	1. .... 2. .... 3.	
数学 家庭 作业	1. .... 2. .... 3.	
英语 家庭 作业	1. .... 2. .... 3.	
科学 家庭 作业	1. .... 2. .... 3.	
教师家长 留言栏		作业完成情况 （家长签字）

这样老师和家长不仅每天都沟通孩子的情况,"懒"的老师还可以叫学生"帮忙",班内孩子每一组同桌就是一对互助合作学习伙伴,学习伙伴互相帮助、互相监督、共同提高。学习小伙伴每天在家校联系册上给父母留言,反馈对方在校听课与作业的情况。通过这一小小的举动,让家长清楚地知道孩子在校的一些情况,及时与老师进行联系,进行跟进。孩子也觉得有了学习的竞争对手,自己有了评价权利。孩子学会留意自己在别人心目中的形象。第一次留言,有的孩子怕今天的表现会让父母生气,于是与学习小伙伴闹脾气等。孩子是很重视父母的态度的,那么就请我们的家长,也拿起笔,细心观察孩子的点滴变化,如今天的作业速度是否改进,今天是否静静地阅读,今天是否帮父母做事,今天是否跟父母讲起自己的快乐等等。那么我们的家长,也可以通过这么一个小小的窗口,了解自己的孩子,帮助我们的孩子更好地成长。

总之《作业登记手册》可以用来记录学生的作业、阅读、心情、家长留言……班主任老师便充分利用家长留言栏,建议家长将孩子在家的表现或对学校工作,对班级管理有什么意见和建议,都留在家长留言栏,老师及时予以回复,或及时做出处理。《手册》仿佛一条感情的纽带,在老师—学生—家长三者之间,架起了一座家校共同关心孩子成长的桥梁。

从文字传播的角度看,一直以来,教师和家长的交流仅限于书信、校报、作业登记手册等传统方式,这在以前是有效的。但是,在生活节奏很快的现代社会中,家长普遍工作繁忙,教师的业务负担也日益加重。所以,诸如书信、校报等传统的传播方式就表显得耗时、死板、被动、滞后。家长和教师受一些时间、空间等因素的限制,主动参与的积极性不高,学校工作缺乏针对性和实效性。另一方面,随着时代的进步,越来越多的年轻家长希望改变以往的传播方式,采用新型的、实用的、便捷的文字传播方式。因此,改变传统的家校合作中的文字传播方式,建立一种高效、便捷的方式是大势所趋。目前,我们国家在一些新型的文字传播方式中尝试收到了较好的效果。

(二) 新兴的文字传播方式

近年来,随着计算机和网络通讯技术的发展和成熟,随着网络技术的迅速普及,在家校合作方式上出现了飞信、QQ等新兴文字传播工具,这种新型的传播方式突破了传统的文字传播方式单一化的状态,实现了同步传播和交流,并在家校合作中得到了广泛的应用,这对于文字传播方式来讲无异于一场革命。

在传播学视角下,传播的文字传播方式(如信函、家校期刊等)是单向传播,教师和家长之间建立联系的渠道——反馈受到诸多因素的干扰,往往不及时。而飞信、QQ以及专为家校合作开发的校讯通等新兴的文字传播媒介则克服了这样的缺点,它秉承了网络的特点,不但实现了双向意义上的传播,大大提高了文字传播的时效性,还做到了教师与家长之间进行真正意义上的对话和交流。在网络传授双方在场的情况下可以进行即时的对话,如果一方不在场,另一方也可以通过留言的方式将自己想要传达的信息传递给对方,传播模式有单向变为多向,实现了由传播到交流的转变。

1. 校讯通

作为家校合作的文字传播中的一个独特的方式,"校讯通"是利用互联网、移动通信、语音合成、计算机电话集成、数据库技术,将公共交换电话网、互联网、移动通信网紧密结合,为学校、家庭及社会提供一种不受时间与空间限制的有效、便捷、及时的现代化的沟通工具。作为一种新的家校沟通方式,自2002年产生以来,"校讯通"已经从无到有,由点及面地发展起来,已经逐渐走进千家万户,掀起家校合作的一场革命,成为学校和家庭联系的主要形式。

"校讯通"之所以能成为家校合作中文字传播的最主要方式,原因就在于它在使用过程中所拥有的其他传播方式所无法比拟的特点和优势。

第一,针对性。很多家长不是不想帮助孩子学习,而是不知道具体怎么帮助孩子学习,也不知道每天学习的重点是在哪里,应该注意什么。教师要善于利用校讯通,把资源用足、用好,如双剑合璧使家、校力量合一,通过使用校讯通,教师每天可以及时向家长汇报学习进度、重点难点、注意事项,对家长进行方法上的指导、理论上的指引,使家校教育形成合力,更有利于对孩子的教育。这样的指导针对孩子实际,急家长所急,教育孩子时才能发挥出最大的作用。

[案例]

学校老师用校讯通给特定学生家长发送的针对性较强的信息

"吴××爸爸:你好,昨天小吴同学有没有做家庭作业?今天他没有带来,也没有签字。"

"郭××爸爸:你好,小郭的语文作业开学几天看来很不错,希望她继续努力哦!"

"家长你好:我已经在同学那里证实李××上次的数学作业确实是被他无意带走,李××没有撒谎,特告知家长!"

"刘××的家长:你好,我是×老师,早就想和你说说刘××同学的学习情况,××同学学习成绩虽然不错,态度也很好,但是有时上课不是很专心,老走神,有时甚至想得入神的时候还面带微笑,我上周找她谈过,相信会有好转,但是我希望你在家多观察,出现这种现象的原因是什么,我是担心她上网聊天'走火入魔'啦,呵呵。"

"肖慧的家长:您好!孩子的作业,是老师对他每天学习情况的考评,总体来说,孩子最近的作业情况还是可以的,只是做题时偶尔会粗心。另外,我看到他的字还是很工整的,只是,偶尔会潦草书写,大概是赶作业的原因,希望您可以多督促他有计划的完成作业。张老师。"

第二,便捷性。教师和家长的联系通过校讯通和手机短信的方式实现,既方便又节省话费,节省了教师的工作时间,提高了工作效率。无论任何一件教师需要沟通的事,三两分钟就可以搞定。这样可以更好地加强学校、教师、家长的及时沟通。沟通的内容也是多种多样的,绝不限于成绩的交流。比如节日到了,给家长送上一句温馨的问候;最近班里学生学习的进度,考试的内容,考后学生的成绩情况,学校开学放假,作息时间的调整,开展的各项活动,期末前的周末应怎样帮孩子安排时间,有哪些好方法鼓励孩子最后一拼;长假开学前提醒家长开学时间,注意事项,需带的作业内容等等。有了校讯通,教师感觉和家长沟通方便了,及时了。家长感觉自己的孩子随时在自己的掌控中,也能更好地和老师站在同一战线为培养优秀的孩子而共同谋划。总之,"校讯通"可以让教师和家长们从繁重的工作任务中解脱出来,让教师的工作更便捷。

[案例]

某学校老师用校讯通给家长的信息

"各位家长:因老师要参加三八节节目演出,今明两天走读生不上晚自习,请家长监管好自己的子女。"

"各位家长:你们好,明天学生开始报名注册,开学所有的费用加起来在 1450 元左右,开学后我会将每一项费用给学生们说清楚。谢谢你们的支持!"

学生作业信息:

"家长你好:今天回家复习'熟悉的人的一件事',让他们修改,再读给家长听。语文书 31 页有要求,对照要求修改。1.这篇作文是写人的文章,重点不是写事,而是通过一件事(要求只能是一件事)来写这个人的某个特点。2.最好用上'总分总'式。第一段要有人物的介绍,外貌描写,特点。中间通过一件事表现这个特点。事件要有序,描写生动、具体,最好用上优美词句和修辞手法(比喻、拟人、夸张等)。最后一段突出中心,表达自己对这个人的喜爱等情感。"

"今天的数学作业是:1.请家长组织,与孩子一起聊聊本周在校的数学学习情况。2.备好 20 根小棒,放在文具盒里(只要 20 根)。3.检查孩子的数学书和练习册,用心指导孩子纠正,也请及时用美好的语言赞美孩子。4.买一本适合孩子阅读的数学读本(注音或绘画的)。5.训练孩子的读题习惯和书写习惯。6.可以指导孩子阅读数学教材,就是不能提前做。×老师"

学生安全提示信息:

"尊敬的家长,近段时间有新闻报道小孩子手足口病开始有蔓延的趋势,恳请您在家密切关注孩子的身体情况。一旦发现孩子手部、足部、臀部有长疱疹的现象,请尽快带小孩去医院诊治。也请在第一时间向班主任老师告知情况,谢谢! 手足口病是由肠道病毒引起的传染病,多发生在儿童阶段,请引起重视。"

　　"家长您好!目前,全国已进入冬季,气温骤降,恶劣天气增多,是火灾、交通、煤气中毒、房屋倒塌事故高发期。同时,又值甲型 H1N1 流感持续蔓延,学校存在聚集性疫情增加的可能性。家长要提示上学、放学的孩子遵守交通规则,主动避让行驶车辆。加强对孩子的安全教育,如:防火、防燃气中毒、防甲流及交通安全教育等。××学校"

　　节日祝福信息:

　　"母亲是船,日夜操劳只为送儿女到岸;母亲是树,寒冬酷暑都帮儿女避风挡寒;母亲是灯,不论多晚都有等待的温暖。今天是母亲节,我校全体师生祝母亲节日快乐!××学校张校长"

　　"亲爱的家长朋友们好!每年11月份的最后一个星期四是感恩节。'精彩完美的人生,是感恩的人生!'让我们和孩子一起学会感恩,快乐生活!"

　　第三,即时性。以往,教师们习惯将学生在校内的表现情况一并在家长会的时候一股脑地告诉家长,而家长们也会利用家长会这样难得的机会告诉老师孩子在家的具体表现。这样的"告知"缺少了时效性,往往会失去教育的最佳时机。而"校讯通"的载体——手机,因为可以随身携带,随时随地地接收发送,以最快的速度相互交流学生的心理、思想以及行为上的动态,便于家长或教师把握最佳教育时机。

[案例]
某学校老师用校讯通给家长的即时信息

　　"家长:你好!刘××今天没按时交物理作业,请检查他每天的作业是否按时完成,并将错题订正";"最近杨××同学在学校有进步,表现较好!特此表扬!"

　　"××的家长:您好!今天的数学课,××不太认真,同学们都在做烙饼的模拟试验,他在那不知道干什么,等老师走过去时,督促几次,他才知道怎样做,结果还是跟不上同学们的节奏,请让孩子在家再操作给您看。×老师"

　　"申××的家长:你好!申××最近在校表现一般,主要表现在上课不大专心,有点讲小话,但是通过我的观察,他们基础应该还不是很差,头脑也聪明,希望家长多督促,多关心他的学习,帮他找到读书的重要性,和养成良好的读书习惯。"

　　"××的家长:孩子很聪明,但很浮躁,字词掌握不是很好,今天晚上要抓一抓1—8单元的词语盘点过关,希望家长配合。×老师"

综上所述,正是由于"校讯通"在实际应用中的一系列优势,"校讯通"已经成为教师、家长的助手和秘书,在家校合作中颇受青睐。目前"校讯通"是家校合作的文字传播中最重要的方式。

2. 班级博客

在通常情况下教师和家长通常都是靠手机短信或电话来沟通学生情况,但过程繁琐且麻烦。比如,家长想从老师这里了解学生的情况时顾虑重重,既怕影响老师工作,又怕打扰老师休息。另一方面,部分文化层次比较高的家长,比较喜欢运用网络与他人进行沟通联系。博客的兴起和应用,适时地解决了这些问题。

博客是"Blog"的中文译名,意指网络日志,它通过简单的张贴将个性化的知识、思想、见闻在互联网上发布共享的综合性平台。而班级博客作为博客的一种,以其简单易用、即时发布、即时更新、管理方便的特点,已成为家校合作的一种重要途径,正逐渐普及。

班级博客可以发挥什么作用呢?

(1) 传递班级信息

一个没有博客的班级其基本上是封闭的,班级动态外人基本是不知道的,学生在班级里的情况不能及时有效地传达给学生家长。即使是孩子在班级里取得的一些成绩和进步也仅仅停留在班级层面。

但有了班级博客,就改变了这种局面。教师可以班级博客中设立"班级动态"一栏,主要发表班级最近开展的活动,或者班级内部的重要信息。这一栏目就成了班级对外宣传的窗口。家长可以随时随地地看到班内的最新情况,了解到孩子近期的表现。因此,借助班级博客我们可以把更多的班级信息传递给急切渴望了解孩子表现的家长,让他们能看到孩子在学校的优点和不足,从而有的放矢地全面教育孩子。

[案例]

保定市凌云小学一年级一班老师发的博客

开学啦!

作者:杨爱燕(老师)

同学们,快乐的假期就要结束了,同样快乐的新学期就要开始了,你们想老师了吗?

假期里你们一定学会了新本领,如果你听了很多故事,请你讲给老师和同学们听,如果你会背了很多新的古诗,请你教会别的同学。新学期,老师会在每天早上课前五分钟请一个同学讲一个故事,或者背一首古诗,Are you ready?

（2）开辟讨论专区

在这个专区里,将跟班级有关的活动照片、文字、学生作品、家长育子心得、教师教育心得等上传发表,让家长和师生都成为博客的管理者与创作者。也就是说在班级博客中,主体并不是教师,而是学生、家长和教师三位一体,也就是创作者由这三方面组成。我们可上传一些较有针对性的信息,对一些有价值的材料也可转载上传,提供给大家阅读。在班级博客里,家长和学生可以畅所欲言,可以通过留言等方面了解家长、学生的心理动态,倾听学生和家长的建议。

[案例]

某学校二年级四班高澳伟同学的作品

我为妈妈做大餐

今天是三八妇女节,是妈妈的节日。妈妈每天起早贪黑辛辛苦苦地把我养大,为我洗衣、做饭、打扫家里的卫生,我们也要报答妈妈对我们的养育之恩。今天正好是三八妇女节,我要送妈妈一份节日礼物,送什么呢?我想了想,第一个是用我们每次优异的考成绩报答妈妈;第二个是今天晚上我和爸爸给妈妈做一顿美味、丰盛的晚餐。爸爸说:"只能选一个。"我说:"不,我都选。"爸爸说:"好吧!"于是我说:"这才是我的好爸爸。"说完,我和爸爸一起给妈妈做了她最喜欢吃的红烧鱼、西红柿炒鸡蛋、大排骨等。妈妈不一会就回来了,一进门妈妈就闻到了香喷喷的气味,妈妈说:"你们做的饭真香啊,馋得我都流口水了,你们真是一对好厨师啊!"说完我们一家都笑了。

高澳伟妈妈的回复:

我是最幸福的女人!当我下班回家,看到一桌丰盛的晚餐,我高兴得都快流泪了,心想:"我太幸福了,有两个男人为我欢庆三·八节……"

（3）征求意见建议

博客不同于一般网页,它有极强互动性,人性化,被喻之为网上家园。正因为如此,班级博客可以有效与学生及家长交流互动,家长可以随时进博客看看,给学生、班主任及任课老师提意见。如一些博客上就有关于家长会如何开展的征求意见的博文。这样的方式一方面促进了家长对学校的关注,另一方面得到了来自最本位的声音。这样的交流互动必然带来了家长对学校工作的支持和关心,有利于学校工作的开展,更有利于学生的发展。

[案例]

树兰小学三年级一班博客征求中意见的博文
关于家长会内容与形式征求意见的通知

各位家长:

按学校安排,近期将举行家长会。关于家长会的内容与形式,我做了以下考虑,不知家长们的意见如何,现将预设内容公布如下:

(一)针对班级学生的行为与学习表现情况,班主任总结并针对学生在行为与学习中存在的共性问题,做家教专题讲座。

(二)班主任简要总结班级情况,然后家长们针对班级管理、学科学习与成绩、学生行为习惯培养、学习品质养成训练等各方面所关心的问题,对班主任及任课教师进行质询,类似于记者会的提问。

(三)家长会常规程序:(1)逐一介绍孩子的情况。(2)任课教师发言。(3)家长代表发言。(4)班主任总结。

家长们,请认真斟酌以上三方面内容与形式,您倾向哪一种内容与形式,请将您的意见传递给我,传递的方式:1.可以在班级博客留言。2.可以给我发短信。3.可以通过书信的方式。由于是集体活动,只能遵照大多数家长的意见来确定内容与形式,家长会上可能照顾不到每一个家长的诉求,敬请谅解(不过,个别家长、个别诉求可以与班主任、任课教师单独交流)。

树兰小学 401 班班主任　张老师

2011 年 11 月 10 日

总之,班级博客是信息时代家校互联的新形式,是信息技术与文字传播结合的优秀成果。随着信息技术的不断进步,班级博客将会以它独特的姿态跃然于世人面前。

3. 即时通讯工具QQ

班级博客虽然能通过留言的方式与家长架起沟通的桥梁,但这种沟通往往不是直接的面对面的沟通。而QQ和飞信作为一种即时通讯软件,正好弥补了这一缺陷。

QQ是1999年2月由腾讯自主开发了基于Internet的即时通信网络工具。QQ的核心功能主要是文字聊天,由于其合理的设计、良好的易用性、强大的功能,稳定高效的系统运行,赢得了用户的青睐,现在已经发展到上亿用户了,在线人数超过一亿,是目前使用最广泛的聊天软件之一。

作为一种新兴的文字传播方式,QQ的广泛使用是与它所固有的特点分不开的:

(1)即时性与延时性相结合

QQ传播的即时性指双方都在线时,一方发送信息另一方在线即时接受信息并及时给予反馈。QQ传播还具有延时性的特点,如果对方不在线,可以为对方留下信息,直到另一方登录QQ时接收到,再反馈信息给信息发送者。利用QQ即时性和延时性相结合的特点可以不受时间的限制。[①]

(2)互动性强,参与程度高,价格低廉

QQ是集人内传播、人际传播、大众传播、组织传播和网络传播为一体的传播过程。受众能够从聊天中获得娱乐,精神慰藉,参与程度高,互动性强,从受众理论来看,属于"受众参与论"。另外,QQ传播价格低廉,基本服务免费。QQ除了增值的会员功能需要每月缴纳少量的费用外,其他全程免费。QQ上的软件免费使用,通话、聊天都基于网络,不用再交纳其他额外的费用。尤其是在联系业务的过程中,要发送大量电子文件。这些在QQ上,只需按一下鼠标,就可以轻松完成。省电话费、轻松简便,而如果改成打印再传真,则是一笔不小的开销。[②]

(3)简单,方便

QQ的一大优势在于,一个小小的界面可以隐形,有信息时会自动提示,这样,用户在上QQ时,还可以进行其他界面的浏览,QQ一点也不占空间,简单,方便。[③]

正是由于上述特点,QQ能够帮助家长和教师突破学校相对封闭、狭窄的空间范围,满足超越时空、主动交流的人际交往需要。班主任与家长QQ群的互动交往平台有利于建立民主融洽的亲师关系。建立班主任与家长的QQ群,则能够充分运用网络

---

① 马晓玲. QQ传播模式及特性探析[J]. 东南传播,2008(4).

② 蔡立妞,周场. 网络QQ的传播模式探究[J]. 新闻界,2005(5).

③ 同上。

时代人际交往特点与QQ的种种特性，有效拓展思想教育的空间，把QQ这一广为人们所热衷的生活交往方式转变为切实高效的家校合作方式。

在班主任QQ群里，任何一个人可以随时加入到正在进行的任何一个话题之中。既可以在群聊窗口中，也可以在单独的对话框里进行，还可以在BBS上发帖、评论，形成一对一、一对多、多对多、多对一等多种交流阵形，就某一个问题呈现多种思想与感受。与传统的家校互动形式相比较，班级QQ群更能吸引家长的自主交流，而借助技术手段，使各抒己见、相互间不受干扰成为现实，这无疑会大大增加思想交流的次数与频率，使得这种利用QQ群召开的网上家长会不再成为班主任的"一言堂"。

在交流过程中，家长如果对孩子的学习、生活情况有了疑问，可以立即向班主任或者其他家长发送文字信息进行咨询，也可以利用群功能发送群消息给全体在线的教师和家长进行广播咨询。对于家长提出的问题，班主任和其他家长可以使用统一的方法进行回复，实现一对一或一对多的交互。QQ软件中的"即时通讯"是一种一对一的交互，这种交互带有很强的隐蔽性，也就是人们俗称的"私聊"，比较适用于班主任针对某一个家长的特殊问题的解答和一些非公开性问题的探讨。而"群消息"或者"群聊"是一种一对多的交互，只要属于本群的用户都能看到，用以对一些普遍性问题进行集体探讨或解答。

教师可以在QQ群里面与众多家长一起同时讨论一个问题，相当于零距离地面对面交谈。这样教师可以同时直接获得多种意见，与家长的交流更为直接有效。资料证明，班主任利用QQ在网上开家长会，一方面可以节省家长的时间和精力，班主任只需要在群公告里发一个消息，告知定于什么时间召开网上家长会，基本上各位家长都会参加。没有参加的家长也可以通过查看群里的聊天记录，来了解当天家长会的主要内容；如果再有不清楚的地方，则可以选择时间与班主任私聊。另一方面，网上家长会独特的交流方式可以保证每个家长都发言，真正做到畅所欲言。用QQ交流，家长和教师双方都非常轻松、愉快，形成班主任与家长平等的双向交流。同时，老师可以利用QQ共享向家长发布信息，上传有关资料，家长可以随时下载，做到资源共享。比如把"给家长的公开信"，放在QQ共享中，每封"公开信"都有不同的主题，如"一年级学生读书的用眼卫生"、"适合一年级学生读的书"、"亲子共读的方法"等。从中，家长可以学到一些正确的阅读理念和方法，提升了家庭教育的质量。

但是，家长也不是每时每刻都能在网上，当有些情况下无法用电访或博客或QQ

聊天与家长取得联系,而又有比较紧急的事情集体通知家长时,利用"飞信"功能,可以同时向家长手机群发同一信息告知家长。有时遇到天气突变,教师可以利用"飞信"群发,通知家长要提醒孩子注意多穿衣服来上学;五一长假,也可以发信息通知家长教育孩子注意在家的安全教育工作;学期末,可以群发短信,提醒家长学校开散学礼的时间等。这些情况不可能一一电话通知,而QQ群和博客家长又不一定能马上在线看到,这种情况通过电脑或手机"飞信"群发信息到每位家长的手机,这样既方便又快捷,能使绝大部分家长及时有效地了解到班主任工作的进行情况。如果在节日或一些特别的日子里也能给家长发去一些温馨的提醒或问候,体现出教师的人文关怀,更加有利于老师与家长之间建立和朋友般和谐融洽的关系,更有利于家校合作工作的开展。①

家校合作中,无论是传统的书信、家校交流期刊文字传播方式还是新兴的QQ群、博客和"飞信"等,这些多元化文字传播方式密切了家校合作,使家长更加了解学校各方面情况,更乐意与学校配合,从而促进了学校和教师各项工作的顺利开展。家长对孩子的在校情况更了解,对教师的工作也十分清楚,从而减少了家长与教师间的误会,促进了学生的健康成长。

总之,家校合作中文字传播的形式是多样的,但目的只有一个,通过家校携手,充分发挥家庭教育的作用,促进学生全面发展。在传播方式选择上,学校和家长应根据不同的情况,不同的问题因地制宜,综合考虑,选择一项或多项有针对性和实效性的方式。

案例分析

班级网站,大多数家长都很赞同这一互动交流平台,因为通过学生的网络互动交流,家长不仅能随时了解孩子和同班同学成长中的变化,更可和校方进行网际交流。二年级学生家长任先生曾有这样的经历:一年级时,老师有一次布置的作业是要孩子做一份手抄报,这对刚学会拼音的孩子来说实属难度太大。他禁不住在家长论坛上"放炮":"这样的作业让孩子怎么完成? 这不明显就是让家长代劳吗?"其他家长也纷纷跟贴,一时"群情激愤"。

---

① 陈秋花.探索多元化家校联系方式,家校合作新探究[M].国家教师科研基金十一五阶段性成果集(广东卷).北京:清华大学出版社,2010.

[思考]

作为班主任，当你碰到这种情况时，会怎么处理。

拓展阅读

[1] 逢凌晖主编.家校沟通那些事[M].天津:天津教育出版社,2011.

[2] 傅敏编.傅雷家书[M].天津:天津社会科学院出版社,2012.

[3] (意)亚米契斯著,夏丏尊译.爱的教育[M].南京:译林出版社,2010.

[4] (日)汐见稔幸著,萧云菁译.这样跟孩子说话最有效:与8—15岁孩子沟通必读[M].北京:中信出版社,2010.

第八章　家校合作中的实像传播

　　家校合作的形式是多种多样的,在合作的过程中,我们不仅需要运用言语和文字向家长传播信息,也需要通过一些图片资料、视听材料和家长进行信息的互动和交流,因此实像传播由于其直观性、形象性、生动性而在家校合作中发挥着越来越重要的作用。

第一节　实像传播概述

一、实像传播的内涵

　　社会组织的传播方式是多种多样的,它既需要运用言语和文字向公众传播信息,也需要通过自身产品形象向公众传播信息。在古代,就出现了以产品实样作为传播手段,主要也就是通过集市,以产品实样形式进行信息传播,形成买卖活动的。在现代社会,由于生产力和科学技术的迅速发展,社会组织在通过自身产品形象向公众进行信息传播时,已不再仅仅局限于具体的物品以及集市场所,它采取了依托在现代生产力和科学技术基础之上的许多新样式,利用了现代生产力和科学技术所开辟的新的传播场合。所谓"实像",在这里是特指一个社会织组生产的产品实样或形象性的图片资料、视听材料,以及能反映组织立体全貌的各种信息。[①] 实像不仅仅是特指企业生产的产品实样,或者是图片资料、视听材料,还包括商业服务单位向公众推出的各种示范性服务、操作表演等诸如此类的内容,如时装模特儿的表演活动、产品展销等。与言语传播和文字传播相对应,一个社会组织或者团体在传播过程中若是采用产品实样或形

---

① 居延安.公共关系学[M].上海:复旦大学出版社,2008:279.

象性的图片资料、视听资料，我们就可以把这种传播活动称为"实像传播"。

我们首先来看一个有关"实像传播在公共关系实务中的运用"的例子，这个例子主要是从"推销活动"的视角来给我们解说什么是"实像传播"。

[案例]

实像传播在公共关系实务中的运用①

实像传播正因为其有着其他传播形式所不具备的特点与不可替代的作用，因而在公共关系实务中得到了广泛运用。从实像传播在公共关系实务领域的操作内容及形式来看，主要运用于推销活动、样品展览和示范表演、橱窗陈列、作业场所布置实用饰品设计配套等，我首先为大家介绍的是第一部分——推销活动。

首先介绍一下它的定义，推销是指一个生产物品或提供服务的社会组织向社会各界各潜在的消费公众进行消费行为的促成或催化工作。

对于任何一个以上述内容为运行目标的社会组织来说，物品的销售以及服务的完成是它们运行的最后一道环节，这样也就加速了与其他各组织运行的其他环节的衔接，便形成了"推销活动"这样一个公共关系实务操作专题。有必要指出的是，推销活动是在市场经济十分发达的基础上形成规模的。

在西方发达国家，推销活动方式、方法名目繁多，如上门兜售、邮寄货单、邮购代办、分期付款、电话预定、有奖销售、售后服务等等，而这一切共同的特点就是主动性强。而我今天主要想介绍的就是我们国家的推销活动。

在我国，无论从性质还是规模来看，推销活动都还处于初级发展阶段。它大致可以分为两类：第一类为原地推销，第二类为上门推销。

原地推销是指商店利用自己的橱窗，立足自己的店堂，向每一位驻足商店的潜在顾客尽可能的销售出商品。比如说，女性所用的化妆品是气氛的、心理的、情感的产品，女性有时在使用化妆品的时并不乞求它真的能让自己漂亮迷人，而在于使用化妆品的一刹间所产生的愉快与对人生的一种美丽的憧憬。女性在不如意时，常会借化妆品以打起精神，消除烦恼。化妆品所带给女性的满足感有时就是建立在这种感性的层面上，这就是富于所谓气氛与幻想的心理状态。推销化妆品，实际上就包括原地推销，商场内的产品广告、商品陈列的视觉感受，购买场所气氛、服务手段以及广告模特和美

---

① http://blog.sina.com.cn/s/blog_4af28164010009bt.html.

容师的现场示范、顾客的免费试用等等，这些都可以说是针对女性的购买心理而进行的，通过上述活动，引起她们心理上的情绪变化，使她们产生对"美"的潜在需求，从而把化妆品与这些需求连在一起，对产品产生认同，并促成她们感情上的冲动和购买行为。

上门推销又称"面对面"推销，它是由社会组织为了开展推销活动而专门组织人员进行的，带有很强的主动性。由于在外地上学，坐火车的机会很多，对列车上的推销行为也有了新的认识，这种主要侧重于上门推销。列车员推着小推车，在各节车厢中叫卖着各种商品，有盒饭、饮料、熟食、干果、水果、玩具，还有其他工艺品，名目繁多，琳琅满目。确确实实的营销行为，其中必定有我们没有发现的"财富"。列车上进行推销，所以列车上的目标消费群体非常明确，就是列车上的所有乘客。商品定位同样准确，一是商品面积不大，多是小物品，不占地方；二是价值不高，每件商品的单价不会超过50元，适合大众消费；三是主要针对乘客的"吃"和"玩"。总体来说，在列车上推销的商品主要包括：食物类：盒饭、牛奶、面包……饮料类：啤酒、茶(红茶、绿茶)、矿泉水、纯净水……熟食干果类：牛肉干、豆腐干、话梅、葡萄干、荔枝……水果类：苹果、梨、栗子、李子、香蕉……玩用类：各类玩具、扑克牌、DVD/VCD带子、手工艺品……其他类：杂志、旅游地图、袜子、钥匙串……

从上述商品名录，我们很清晰地看到，列车上推销的所有产品都是非常适合列车上乘客需要的。准确的商品定位，事实上已经确保列车推销成功一大半。

无论是原地推销还是上门推销，都是建立在商品和劳务的质量、造型、功能、价格等多种条件的基础之上，因此不可喧宾夺主，切记不可把推销技巧全部寄托在推销人员的游说策动的工夫上，只有当人和物的各自优势结合起来，推销才能在本来意义上产生良好效果。

显而易见，上述的案例主要是从推销活动的角度来说明实像传播在公共关系乃至日常生活中的运用。文中从原地推销和上门推销两个方面来解说，我们可以发现实像传播要注重实物的美观布置、消费者的心理以及要适时适地地考虑现实中的需求。不论是推销活动还是日常生活中的其他实像传播的手段，它们都是受到各种各样因素的影响，我们在进行传播时要从实物本身和实物消费的对象两个方面来进行综合地考虑才能达到事半功倍的效果。

二、实像传播的特点

（一）实像传播的优点

与言语传播和文字传播相比，实像传播是以具体形象的实在内容来向公众传播信息的，因此实像传播更为客观、形象、生动，更能反映社会组织的真实面貌。它具有一系列的优点，比如信息直观可靠、作用直接迅速、手段多样综合、传播范围广泛等等。

首先，实像提供的信息和内容比言语和文字更直观更可靠，因此实像传播比言语传播和文字传播更能打动公众。也就是说实像传播更具深刻性。言语和文字是用来描述客观事物的，生动的言语和文字能够活灵活现地表现客观事物的各种特征，但是言语传播和文字传播要求要有说话和表达的艺术。而且即使能使用绘声绘色的语言和文字也不如实像给人们的影响真实可靠，总之实像传播能给人们实物的刺激。比如我们在教学过程中，经常会运用到通过实物展示和演示来达到实物传播的效果。实物教学是一种直观形象的传统的教学手段，学生通过实物的感官，认识自然事物之间的来龙去脉，从而激发学生探索科学的真谛。某教师在教"消化器官"、"呼吸器官"、"血液循环器官"时充分利用人体解剖模型这一实物，通过拆装分析，让学生充分认识人体器官在身体的部位后，再分析研究这些器官的作用。学生很轻松地获取知识，课堂气氛浓，讨论热烈，课后仍争论不休，还向老师提出了一些古怪的问题。如有学生问老师：小肠有6—7米长，如果剪去1—2米行不行？人的心脏换上狗的心脏人能不能活等等。因此实像所呈现的实物会给人更直观更形象的印象。

其次，实像为公众提供了看得见摸得着的直接的实物信息，因此实像传播对公众的作用比语言和文字传播更为迅速和直接。这主要表现为两个方面：一是实像传播的反馈快，二是它反馈的信息更加真实可靠。言语传播虽然也有反馈快的特点，但是这种反馈更多的只是口头上或态度上而不是行动上的。实像传播则不然，实像传播常常能当场就能获得即时的真实可靠的反馈。比如在实物展示的展销会上，如果能够把握好机会成功的展示产品，那么这种影响是直接的，会带来成功。比如在生物课上，教师可以使用实物引起学生的注意。在学习"生物的特征"时，当教师出示了盆栽的含羞草和缸养的小金鱼时，学生便会立刻活跃起来。在对学生作了"栽花要施肥，养小金鱼要给它喂饲料"的引导，及用手触碰含羞草它的叶子会合拢、给小金鱼喂食它们立即聚集过来等现象的演示后，学生很容易就理解了"生物的生活需要营养、生物能对外界刺激作出反应"等特征。由于学生非常注意观察含羞草在遇到刺激时会合拢叶子、小金鱼在有人扔下饲料时立刻聚集过来的过程，很快就推导出"生物能对外界刺激作出反应"这一特征。整节课学生的思维都很活跃，注意力较集中，取得了良好的"头炮"效果。因此实物传播不仅在教学中能够起到活跃课堂、深化知识的效果，在其它众多领域中也会产生意想不到的效果。另一方面实像传播可以用来作为检验产品成功与否的直接手段，这也是言语传播和文字传播所不能替代的。

最后，实像展现在公众面前的是多种手段综合组成的生动丰富的真实形象，因此，实像传播比言语和文字传播更能吸引公众。这说明实像传播的过程并不只是简单的产品陈列或图片阅览，而是利用多种辅助手段共赢的效果。通常实像传播都要营造和烘托气氛、操作展示的现场布置等。言语传播虽然也可借助多种手段而使内容变得丰富多彩，但其给人的印象总不如实像传播来得生动具体。总之，多种手段的综合运用，能使实像传播生动活泼，具有较强的吸引力和较广的接触面，并能使社会组织或者其实像以最佳的形象呈现在公众面前，从而能够产生意想不到的影响和效果。

（二）实像传播的不足

任何事物都有两面性，与言语传播和文字传播相比，实像传播也有自己的相对弱点。

首先，实像传播的技术复杂，制作成本较高。实像传播的过程需要制作图片、多媒体、环境的装饰、人员的参与等，所以总体需要较高的技术设计和制作成本。比如说虽然多媒体辅助技术在各个领域中已经发展起来，但是依然有许多人不会使用多媒体或者多媒体制作的没有技术含量。比如说课堂教学中如果使用的课件过于花哨、繁杂，就会变课堂教学为影视观赏，分散学生的注意力，降低课堂学习效果。因此，在运用多媒体进行教学和其它活动时，我们要注意课件制作的简明扼要，主题鲜明，画面清晰，音响适度。这样既减少课件制作时间，又能使教学重点突出。繁杂而花哨的课件，不利于教学活动的正常开展，只能是画蛇添足。

其次，场地有要求。实像传播的过程中会需要一定的场地，这就需要负责者选好相应的场地并进行设计。对于那些经常进行实物演示的活动，还需要有固定的专门的作业场所。

最后，组织难度大。组织一次活动，需要制定相应的活动计划、准备，要处理各种具体事宜，而且要求有相应的人员参与与配合，考虑好会场的落实和布置以及产品的陈列方位等等，这都需要周全的计划和设置。

总之，相比之下，由于它一般需要花费较大的人力和物力，言语和文字传播就要简单得多，故在传播实践中，人们总是结合言语和文字传播来开展实像传播的。实践中，单纯的实像传播也是不存在的，实像传播在某种意义更具有综合性的特点。因此，实像传播技巧在具体运用中也应结合言语和文字传播技巧来进行方能达到良好的效果。

三、实像传播的要求

首先，实像传播是靠实像本身的吸引力来争取公众的，因此，在信息传播中，必须对其内在的质量有所要求。我们如果用一项质量低劣的物品来进行实像传播，必定会影响组织的品牌，只能使生产单位名誉扫地。因此，实像传播要求拿出货真价实、质量有相当保证的物品，这是实像传播技巧运用应当首先注意的问题。

其次，实像的外观形象和技术设备，往往会给人们以深刻的形象，因此实像传播要采用综合的手段。实像传播由于采用广泛的传播手段，使得各类现代传播技术便可介入其间，充分发挥作用，如彩色摄影、电视录制、液晶显示、主体模型制作、光盘制作、激光全息图片制作等等。总之，实像传播要求人们掌握并会熟练操作这些现代传播技术和设备方面，并且强调整体的美观。

第三，尽可能地使产品、图片等各种实像"活"起来。"活"起来，就是说，对只有二维形象的信息，如图片资料等，应尽量地让它展现三维的形象。例如对同一产品，应制作不同方位、不同层次、不同部分的一组图片，并配有文字说明和尽可能的言语讲解，以使公众对其有立体化的感受。已具有三维形象的实像，则力图使之"四维化"，即尽可能地让它实际运转，以求多方面充分地展示给受众。

第四，充分调动和考虑受众的审美感。除了专供人们进行美的欣赏或享受的产品外，一般产品都需要讲究实用，产品的质量越好，越易得到人们的青睐。但在产品质量基本相同的情况下，人们的选择会受其他因素的制约，而美感就在其中扮演着重要角色。人的审美活动既是一种情感的反应，又是一种高级的理智活动，并渗透着人的意志，所以当人们的美感被唤起时，他们不仅会在情感上引起共鸣，就是说，人们会心悦城服地自觉地主动与审美对象融为一体，审美往往影响和制约着人们的倾向性和最终选择。

第五，注意环境气氛的烘托。实像传播一般都需要凭借特定的环境场合，而环境场合气氛的烘托是调动人们美感作用的一种重要手段,它对实像的传播效果起着强化或弱化甚至破坏的作用。符合主题活动的美妙环境,总会让人心情开阔、思维扩散,甚至达到心灵的升华。班级是学校的重要单位,教室的环境布置是班级的一扇明亮的窗口,也是校园文化建设的一条风景线,它可以反映一个班级的班风、学风,是开展教育教学的主要阵地,班级文化包括班级硬文化(教室环境布置就是其中一部分)与班级软文化,更核心的是班级软文化(班风、学风便是其中一部分)。虽然如此,班级硬文化却在班级文化建设中担当着服务、体现班级软文化的作用。因此,我们在班级文化建设过程中确实应花费些精力和时间在这一块的构思和操作上。因为只有学生生活的班级环境布置妥当了,实像才能起到更好的效果和收获。比如有的班级设计这样的几个板块:(1)向我看齐之荣誉空间。孩子是需要表扬与鼓励的! 我们可以将孩子们的奖状一一整理出来,参与到教室的文化布置中去,让死的奖状活起来,一来持续彰显它作为激励的力量,二来将班集体的实力也进行了很好的展示。(2)向我看齐之众星风采。定时不定时地进行"大王"、"明星"、"专家"、"杰出贡献奖"等人物评选。将当选孩子的照片、简介、资料进行公示表彰。(3)教室后墙标语"我们因您的存在而幸福快乐"。这样的布置既能激励班级里每一位孩子时刻关注自身的行为、动机,又表达了我们作为整体对他人的感恩之心。同时,这也大大减轻了文化建设过程中面临的诸如"假高尚嫌疑"等问题和压力。(4)教室侧墙(八张反映班集体生活的照片)我们考虑我们的班级此处布置一要贴近学生生活,二要体现此主旋律。(5)班级公约。我们对这些制度、纪律、要求进行商讨,然后以公约的形式进行公示,一来展示班级人文底蕴下的理性,二来警示怀有各种不良动机的同学。

第六,要注意展示传播实像的细节,凸显实像的功能。在传播中,实像的外观固然能吸引人,但外观并不能解决所有的问题。产品的美化、环境气氛的烘托,虽然都能引起人们心理上的共鸣,但人们更关心的应该还是产品的功能和实际效用。因此,实像传播要吸引更多的公众,就应当向公众展示实像的细节,解剖实像的具体实用功能。我们知道实像的设计不仅要美观,更要注重实物设计的理念和意义。南京市浦口区行知小学有许多自己的特色教学实物,其中行知小学的吉祥物的设计就十分地注重从细节出发。行知小学吉祥物名为"陶娃",陶娃有两个,分别取名为乐乐和淘淘。乐乐看上去咧着嘴,淘淘撅着嘴,他们的设计理念来自于伟大的人民教育家陶行知先生的"知行合一、手脑并用"的思想。因此,从外形上开来,乐乐和淘淘的脑袋长得跟一般人不一样,它既是个脑袋,也是个手掌,即寓意知行合一、手脑并用。长期以来,行知小学师生学习实践陶行知思想,把生活教育思想融汇到教育教学工作中。同学们则通过背陶行知诗歌,了解陶行知的生平事迹等形式也从小播下了"行知"的种子。因此乐乐和淘淘的出现,立即受到全校师生的热烈欢迎。因此实像传播尤其是实像选择和设计时要注重从细节、从功能出发。

以上六点,只是从实像传播的理论层次出发阐释在具体实践中我们应该注意的技巧和要求。在具体的实践中,我们要充分发挥实像传播本身的优势,更要注意随机应变、灵活建构。

第二节　班主任在家校合作中实像传播的应用

一、家校合作中的实像传播

随着教育改革的不断深入,学校以更加开放的姿态展现在家长面前,为家长与班主任的沟通与合作提供了更多的机会。学校和家庭角色地位完全对立的陈旧观点逐步被淘汰和摒弃,在学校教育改革逐步走向科学化和管理化的进程中,家庭这个私人化的领域逐步走进校园,走进课堂,走进学校的管理领域,家庭与学校的关系发展不再是两道不可逾越的沟壑,而是携手合作,共同在学生的成长和发展中发挥不可忽视的重要作用。因此,把实像传播的原理应用到家校合作中,区别于传统的家校联系,代表着一种观念的转变,是一种全新的关系理念,也是一种崭新的行为模式。正因为实像传播有着其他传播形式所不具备的特点与不可替代的作用,因而在家校合作实务中它得到了广泛的应用。因此,探索家校合作中的实像传播具有其独特的价值,已成为基础教育改革与发展的需要。

家校合作中的实像传播,简而言之,就是指班主任在和家长的联系和传播信息过程中,主要是采用产品实样或形象性的图片资料、视听资料,不再仅仅是语言、文字等传统意义上的传播。家长在孩子的一生中具有不可替代的价值和作用。作为一种如此重要的教育资源,家长可以通过家长会、家长协会、联谊会、学校开放日等多种形式,实现家庭和学校的双向沟通,以主动的姿态参与到学校的课程改革和日常教学中。班主任更应该发挥实像传播的优势,通过家访活动、主题活动、校园橱窗陈列、创办家校合作会议室、完善标志饰品等一系列具体的类型和操作实务来实现。家庭和学校作为学生最为重要的两个社会化场所,只有充分发挥家长和教师的作用,形成教育合力才能够为青少年的全面、和谐发展创造一个良好的学习环境和成长环境。

二、家校合作中的实像传播的具体类型和操作实务

传播,即信息交流、沟通的过程。传播有诸要素,包括传播主体、传播内容、传播对象、传播媒介。学校公关中的传播媒介有语言媒介、图文媒介、技术媒介、实物媒介、人体媒介等。在学校公关中,言语传播有日常接待,新闻发布,沟通性会议,游说策动;文字传播有新闻稿撰写,广告文的设计,宣传材料(如简介、校史、标语)的制作,校报校刊的编辑,以及常用文书(如请示、请柬、公函、海报、标语、贺信)的写作;实像传播有学校教学展览和活动观摩(如公开课、课外活动观摩,大型文体与庆典活动),橱窗陈列(如校史陈列,教学成果展览),放映录像(如学校宣传片、专题片、电视新闻、电视片),环境布置(如绿化美化,清洁卫生,物品摆放)。这里我们重点从校园橱窗、PPT展示和班歌、班徽、手册的设计三个方面来看看家校合作中的实像传播的操作实务。

(一)校园橱窗陈列

橱窗,是一种传播设施,其功能为立体地、透明化地向公众显示传播内容或信息;橱窗是一个社会组织的门面,在商业服务单位,它直接用于产品陈列和销售宣传。校园橱窗是学校文化的缩影,将校园文化完整地融入到橱窗中是校园橱窗设计的重点。在校园橱窗的设计中包括版面设计和色彩设计,橱窗的整体构图布局,既要强调内容的思想性,又不能忽视形式的艺术性,而色彩作为版面表现的主要元素,可以表达不同的情感,加速引导读者对于版面内容的理解。

1. 了解橱窗陈列的特性。校园橱窗陈列比较典型地显示了实像传播的特征:形象、直观、吸引力强。由于橱窗是一种长期性的、固定性的传播设施,因此,橱窗陈列的传播效果要注重整体的美感。

2. 橱窗陈列要表现突出主题。陈列商品时要确定主题,使人一目了然地看到所宣传介绍的知识和内容。不同的学习内容和知识宣传要系统地分类,依主题陈列。要及时地根据学校活动来展示相应的主题,通过板块排列的顺序、层次、形状、色彩等来表现特定的主题。

3. 要突出瞬时印象。瞬时印象是指人们在不经意或偶尔接触到某个客体对象时,在刹那间所感受到的心理刺激。从技术角度上看,瞬时印象既包含了心理因素,又

是一个美学概念,它的调动手段很多,如色彩的对比、造型的艺术性、空间的排列、格调和意境的层次等等。

4. 要保持内容的新鲜感。橱窗是校园内传播信息的途径之一,它在给同学们带来知识的同时,也给家长认识学校带来了方便。但是一些学校内的橱窗内容长期不变,因此校园内的橱窗几乎成了一种可有可无的摆设。橱窗陈列的内容和形式能否始终对家长保持它的"新面孔",这是它是否有吸引力并发挥作用的又一个关键。不断在内容与形式上对橱窗陈列更新是一项必须要做的工作,它应该有时间上的保证,如随着季节更迭的变换,如因元旦、春节、中秋、国庆等节日的更新,或跟着工作重点转移而重新布置等等。

5. 关于校园橱窗具体内容的布置。以下是一些通用的校园橱窗的内容类别,主要分为两大类。首先正式类。它主要包括学校简介(包括创建历史等);校规校纪;三方会谈(通过家长、老师、学生之间的事反映某方面的问题);学法介绍;校内活动(近期组织的活动等);学海书涯(介绍好书、赏析等);时事要闻(介绍国内、国外大事);素质教育(一学生素质为主);法制社会(介绍法律相关知识、故事);爱心世界(介绍感人事迹)。其次是休闲类。它主要包括校园杂记(记叙校内发生的趣事);生活常识(饮食、作息时间……);绿色地球(主要介绍环保知识等);和谐社会(介绍好人好事);"名家"名篇(同学的优秀文章);多彩世界(写一些有意思的实验、现象……);绘画展(同学们的画……);旅游胜地(介绍优美的风景……);谜语专栏(一堆的谜语,不写答案,让同学们慢慢猜吧……答案可在下一期公布,顺便带点笑话);奥运记忆或者青奥会的迎接(介绍奥运事迹……)。

[案例]①

如何更好地利用校园橱窗

衢州高级中学高一(22)班的王宇杰曾就"如何更好地利用校园橱窗"这个问题为课题进行了相关的调查活动。他们通过访谈调查、问卷调查和实地考察等方法收集了大量的校园橱窗资料。在回收的 170 份问卷调查表的整理过程中,他们发现约有85.9%的同学认为学校都需要校园橱窗,约 2.4%的同学认为不需要,其余的则表示无所谓;约有71.2%的同学认为橱窗上的内容对他们的生活、学习和其他方面都有帮

---

① http://wenku.baidu.com/view/e4a0703431126edb6f1a10ab.html.

助,11.8%的同学认为没有帮助,还有17%的同学认为不知道;约有91.8%的同学认为校园橱窗上的内容需要经常更换,2.4%的同学表示不需要,剩余的5.8%的同学则认为无所谓;22.4%的同学会经常去关注橱窗上的内容,73.5%的同学则偶尔去关注橱窗上的内容,只有4.3%的同学从不去关注上面的内容;约47.1%的同学认为校园橱窗上刊登卫生健康只是有些老套,剩余的52.9%的同学则认为不会;如果学校组织让班级轮流管理和设计橱窗,约有91.8%的同学表示愿意参加,2.9%的同学表示可能会参加,其余部分的同学则认为没有这个兴趣,而且有38.8%的同学认为校橱窗运用合理,29.4%同学认为不合理,还有31.8%的同学则认为不清楚。

通过上述调查活动及对调查问卷的数据分析,他们了解到大部分同学认为学校需要充分利用校园橱窗,认为校园橱窗是学校必不可少的一部分,校园橱窗上的内容应该经常地更换。他们认为校园橱窗上的内容对他们的生活、学习和其他各个方面都有帮助。很多同学还明确表示,如果学校采用班级轮流管理和设计校园橱窗的方法,他们都会积极参加。经过讨论、分析和对比,他们向学校提出了一套如何更好地利用校园橱窗的设计方案,得到学校领导的赞赏和学校相关部门的重视。以下是他们的建议:

(1) 对现有橱窗的形式要进行革新,版面要进行统一地排版和编辑,使其外观更整洁规范,色彩更鲜艳美观。

(2) 要丰富橱窗的内容。橱窗内容要加强与教师、学生的学习和生活的联系,要突出学校管理的透明度与新闻性。为保持橱窗内容的时效性,还应定期对橱窗的板块,如校务公开和家长学校等板块,进行及时的更新。另外,应对学校的一些活动设置专题橱窗,使其内容更加具有针对性和亲切感,所采取的表现形式也应多样化。橱窗内容要力求图文并茂,丰富多彩,以突出橱窗新闻可视性的特点。

(3) 我们建议可在学校门口附近增加校园导图和通知栏,还可以在橱窗内粘贴一些关于学校即将举行的活动或比较大型考试的相关信息或其他等内容。这个橱窗不仅能方便老师和同学及时了解学校近况,还能方便来校看望子女的家长。同时,我们还建议学校能经常更换橱窗上的内容,且内容要有创新,有新意且多方面的,不能千篇一律,枯燥无味。例如,可增加一些时事、政策、新课程改革理论学习等栏目,塑造积极向上的校园文化氛围。使校园橱窗更加有利于校园文化建设,充分展示学校个性魅力和办学特色,给人耳目一新的感觉。我们认为,校园橱窗是学校精神文明建设宣传教育的阵地,是人文环境教育的重要场所,也是全校各部门展示精神风貌、交流思想文化的一扇窗口。我们要充分地、合理地利用校园橱窗,让小小的橱窗折射出校园文化生活丰富多彩的大世界,为我们的校园增添一抹亮丽的色彩。

从以上的案例来看,我们首先要有重视校园橱窗设计的意识,相关部门要积极行动起来;其次,橱窗内容一定要做好定期更换的工作;最后,可以为橱窗设计增加一些有特色的内容。

(二) PPT 展示

运用多媒体组合课件,更好地营造活动现场氛围。多媒体可以让字跳动,加上那些有趣的图,还有 flash,以及音乐背景的渲染等,更能激发参与者的内心情感。PPT 的本质在于可视化,就是要把原来看不见、摸不着、晦涩难懂的抽象文字转化为由图表、图片、动画及声音所构成的生动场景,以求通俗易懂、栩栩如生。

1. 要利用相关资源积极学习 PPT 的操作方式

制作 PPT 已经成为当代教师的一个基本功,不仅要会最简单的操作方式,还要积极学习如何制作精美的展示资料。班主任可以通过网络资源或者培训班来学习,如何选用恰当的背景图片,如何设计丰富多彩的动画效果,如何能够把家校合作的主题更好地使用 PPT 展示出来是一个需要学习的过程。成功的 PPT 制作不是件容易的事情,如果设计的 PPT 杂乱无章、文本过多、不美观,那么就不能组成一个吸引人的演示来传递信息。

2. 展示的形式要多样化、生动化

班主任在设计 PPT 时要采用多种媒体手段综合的效果,利用文字、图片、动画、视频等把关于学生、班级、学校的动态展示出来。使用 Powerpoint 能让教学中的信息形式不再仅仅是语言和文字,图片,表格,动画,音乐,影视这些多媒体形式可以方便的组合呈现,这使得教学信息形式丰富多彩,有利于学生的理解和提高学习兴趣,也有利于班主任形象地传达信息。

3. 展示的内容要充实完整,并且系列化,科学化

小学低年级阶段我们可以开展:情感教育——"感谢父母养育恩"、"师恩永不忘";安全教育——"安全意识牢记我心"等。中年级我们可以开展:集体教育——"我是大家庭的一分子";理想教育——"我要加入少先队"。高年级阶段:挫折教育——"做生活的强者";成功教育——"走向成功,迈向辉煌";情感教育(暨毕业典礼)——"我们毕业了",等等。

[案例]

一个优秀的 PPT 设计师的十大秘诀(节选)①

绝招二:20 分钟是快乐的极限。

传统上,我们总是认为,讲得越多,时间越长,越体现出演示者的重视。这是计划经济时代的标准。现在,无论我们的领导、客户还是普通的受众,时间都极为宝贵,没有人愿意阅读动辄数百页的研究报告,也没有人去听你的长篇大论。浓缩的才是精品! 演示的核心内容是什么? 观点! 在此基础上把观众容易困惑的地方、你认为重要的地方作一些说明。

永远不要担心你的演示过短,如果花费 20 分钟就能够把一天才能了解的内容讲清楚,你实际上为观众节省了 7 小时 40 分,在时间就是金钱的年代,观众当然求之不得。简短的另一个好处是意犹未尽。如果你的演示足够精彩,会给观众留下更多的期待和回味,甚至会有人要求把你的 PPT 拷回去好好研究几遍呢。简短,也对 PPT 提高了要求。你需要了解哪些内容是观众最关心的,哪些内容是非讲不可的,哪些内容是能带来震撼的,据此,该合并的合并,该删减的删减。也许,这是一个反复的过程,但标准只有一个:不要让观众有打哈欠的时间。

绝招三:清晰比什么都重要。

PPT 有一个致命的弱点——观众容易迷失思路。为什么?

一、PPT 毕竟不是电影,其逻辑结构是抽象的,难以把握;

二、PPT 是一页页翻下去的,一次只能看一页内容,前面看过的只能依靠记忆。解决的办法有两个:一是事先给每位观众发一份演说纲要;二是给你的 PPT 建立清晰的导航系统。

导航系统主要包括:一、从片头动画、封面、前言、目录,到切换页、正文页、结尾页等一套完整的 PPT 架构;二、每页都有标题栏(除了标明整个 PPT 的标题,更重要的是标明本章节的标题、本页的主题);三、页码,如果方便的话也尽可能加上。

绝招五:炫不是动画的根本。

片头动画让你的 PPT 一把抓住观众眼球。电影有片头、游戏有片头、网站有片头,PPT 演示也需要片头。演示开始时,观众往往会需要一个适应期,也许还在想着刚才没有处理完的工作,也许还在跟邻座侃侃而谈,也许还在抱怨着观看演示的辛苦,这

---

① http://bbs.pinggu.org/forum.php? mod=viewthread&tid=795962&page=1.

时候,你需要立即把观众的视线聚焦到你的演示中来,精美和创意的片头能立即给观众带来震撼,让观众目不转睛。

逻辑结构图是一幅静止的画面,观众会自上而下全面浏览,缺乏逻辑的引导,观众难以把握重点,看完之后还要思考其中的逻辑关系,实际上浪费了精力和注意力;如果给这幅画面加上清晰的逻辑动画,就把观众自己找线索变成了帮观众理线索。演示者可以控制对象出现的先后顺序、主次顺序、位置改变、出现和退出等,引导观众按照自己的思路理解 PPT 内容。片头动画让对外宣传的 PPT 尽显企业的专业与实力。一束光闪过,该公司的 logo 由轮廓逐渐变得靓丽十足,让人记忆深刻;紧跟的 4 张动画页面从不同角度展现了上海及该公司的风貌,同时配以连续抽象的文字和动画效果,消除了页面之间的分割感。

绝招六:图表是 PPT 的筋脉。

商业演示的基本内容就是数据,于是图表变得必不可少。最早出现的是柱图、饼图、线图、雷达图等;咨询公司把数据图表转移到对逻辑关系的表达上,于是出现了并列、包含、扩散、综合、层进等各类关系图表,从此,文字也可以不再抽象、乏味了;以 ThemeGallery 为代表的韩国公司、以 PresentationLoad 为代表的欧美公司以及以锐普 PPT 为代表的中国公司等设计公司,则进一步把这一趋势发挥到极致——加入了设计的概念,从此,文字可以变得像图画一样精美、形象、栩栩如生。同样,PowerPoint 软件就像天生为图表而生的,强大的像 Illustrator 一样的绘图功能,加上清晰的操作界面、简单的操作模式,让人人都能轻而易举地掌握。很快,PPT 图表就风靡全球,与图片配合使用,让演示如虎添翼。如果你的 PPT 还在受大段文字的困扰,还在为逻辑混乱而发愁,那就赶快学习 PPT 图表吧。

绝招八:PPT 可以当主角

西方有一种观点开始在中国流行:演讲者永远是主角,PPT 不过是陪衬。其实这完全是站在西方立场上的一种观点,未必适应中国国情。

西方人大多喜欢张扬,擅长演说,甚至在很多人看来演说已经是一种享受,当然不愿意被 PPT 抢了风头;但中国文化更强调内秀,不愿意抛头露面,擅长演说者更是寥寥,甚至连一些领导在众人面前也不愿张扬,何况一般人? 所以,我们常常把自己作为的一员,是我们代表演说,我们不过是一种符号,低调再低调,宁可把 PPT 作为众人瞩目的焦点。

从另一个角度讲:我们是为了演示而演示吗? 是为了表现自我吗? 当然不是! 每

次我们都是抱着一定的目的进行演示的,或者为了让观众了解我们的工作,或者为了让观众选择我们的产品,或者为了沟通一些信息,或者纯粹为了博得大伙一乐……能找到必须让我们成为主角的理由吗? 没有! 效果为王,只要能达到目的,不要在乎谁是主角、谁是配角。

如果你是一位表现欲极强的演说大师,如果这是一个需要你展示自我的舞台,那你就勇敢地站出来,做主角吧! 如果你是一位稍微内敛的工作者,为了工作才进行这次演示,或者这是一个需要低调的场合,那就不必拘泥于大师们的说教,即使你是配角,也能得到最热烈的喝彩。

(三) 班歌、班徽、手册等的设计

一个健全的社会组织犹如一个完整的自然人,他不仅有自己的身躯,并且还有自己的仪表服饰、外貌风格。构成一个社会组织的仪表服饰、外貌风格的是它的各类外形标志,如:厂旗、厂徽、厂歌、厂标、厂服、标准色、工作人员工作用品等等,这些可都列为实用饰品。在家校合作中,我们也可以设计一些能象征和代表这个团体的标志物品和饰品,这样可以标志我们的身份,也可以提高我们组织的归属感。我们知道一个组织的实用饰品具有两大功能,首先是它的识别性,即通过它可以迅速地识别出它的所属组织,这就有利于在公众中保持形象,并使之外显化、固定化;其次便是它的美感性,即从心理上调动各种对象的积极情绪,给人以美的体验,发挥在组织中的积极作用。因此一个组织的标志饰品,从设计思路来看可以考虑从以下几个方面着手:首先是实用性,其次是多用性,最后是美感。

一套精美的配套饰品总是给人视觉的冲击和享受。在视觉识别系统中,标志是应用得最广泛、出现频率最多的要素,具有发动所有视觉设计要素的主导力量,是统和所有视觉设计要素的核心。① 要设计出成功而具备良好推动力的家校合作标志,我们可以参考张鹏学者给予的程序来开展,一般经过以下六个阶段:第一,情况了解。主要是在进行设计之前,必须对学校、班级、家长作深入了解以获得设计的客观依据和启发设计构思的理念;第二,行业调查。对学校原有的标志进行检讨,对其成功与不足之处作出客观的评价同时对同行学校班级的标志进行收集和整理以便比较;第三,意念开发。设计的准备工作完成后,从这个阶段开始正式进入设计作业;第四,

---

① 张鹏.校园视觉文化中隐性价值的研究[M].北京:人民教育出版社,2008:79.

设计绘制。确定标志设计的造型要素和选择最佳的构成形态,反复推敲;第五,精致化作业。当标志造型正式确定以后,即应该进行标志设计的精致化作业;第六,展开应用。当标志设计完成后,应该送至学校主管部门领导处做最后的认定并应用。结合实像传播在家校合作中的特殊属性,我们可以从如下角度来设计属于家校合作的饰品。

（1）家校合作指导手册

可在孩子入学前寄送给家长,这对那些孩子初次上学的家长帮助很大,家长和孩子将会有较充分的入学准备。手册可包括以下一些内容:新生入学注册注意事项、给家长的访校邀请信、学生成绩报告单、对学生的测试和评价、学校设施情况、学校师资情况、教师的简介及联系电话,也可包括有关家庭教育方面的内容,对家长教育孩子进行简单的技术指导等等。花园小学根据自己学校流动生源多的独特性,流动家长与家校联系缺乏,沟通不便的现状制定了《家校合作与交流手册》,手册总共有九个栏目,包括"今天的事"、"心情日记"、"家长留言"、"老师的话"等。每天,学生在上面记录作业、心情等,瞧学生的心情日记"今天数学考试,叶老师说再过五分钟就收卷,我的心突然揪到嗓子眼,还有两题没做呢……"一家长留言"今天的作业都完成了,但是考试好像不理想,不知道我们应该如何督促他学习,请老师支招,不胜感谢!",班主任更是充分利用《手册》,将学生的在校表现,奖惩及时告知家长,并不断为家长支招如何教育孩子。《手册》最下面还有日常英语口语,每天一句,能帮助学生累计英语词汇。封底是烂漫的花园和"乐学存真"的校训。正可谓一册在手,交流不用愁。家校合作与交流手册,建起了家校互联的灿烂星空。①

（2）独特的班级精美图册集

班主任可以花些心思去制作一个属于自己班级的精美图册,在图册里可以放置每个学生的图片、班级的活动留念、家长参与的主题活动,等等。这个精美图册记载着班级每个人一起走过的岁月,凝聚着每个学生的快乐、困惑和那些令人感动的瞬间。首先,在制作图册前,班主任需要做好一系列的准备工作。号召大家参与班级图册的制定,邀请家长和同学们积极提意见并提供素材,发挥家长的协助作用,如家长团队中的摄影家、创意家、后期制作家、宣传家、文艺家等等一起打造属于集体的成果。其次,图册的发送工作。可以作为一次主题活动或者在家长会议室来发放,并谈谈大家的感

---

① http://www.kcjy.cn/ReadNews.asp? NewsID=20481.

想。最后,图册的更新工作。由于图册制作过程中比较复杂,班主任可以根据自己的情况选择一学期制作一册,做好相应的计划和更新。班级图册也可以设计不同的主题,比如某小学为了开展德育活动,根据学校"诵读古诗文"的教学办学特色入手,在学校的"亲情教育活动月向全体同学发出"知父母苦、感父母恩、报父母情"的号召。为了有"孝道"相关的经典诗文作为积累来引领学生在诵读中感悟,学校布置早读课语文老师引导,班会或晨会课班主任引导学生背诵、领会和赏析《弟子规》中的"孝"的章节"父母呼——须顺承"部分、《三字经》中的"香九龄——识某文"、木兰替父从军的"孝"片段以及唐诗中的反映"亲情题材"的《九月九日忆山东兄弟》、《清明》、《游子吟》等诗篇。我们在设计班级图册时也可以根据不同的主题把一些已有的文化资源利用起来。

(3) 简单的《家校通讯》期刊

登载学校大事、班级大事、班级好人好事,还可登载近期教育重点及家长注意事项,也可对家长为班级所做的贡献或某个学生的出色表现进行表扬,也可展示学生个人才艺作品等。《家校通讯》具有两种功能:首先,它向家长通报班级和学校的情况;其次,家长也可通过通讯表达自己的建议、要求。最后,我们要尽量做到期刊设计的人性化和平等化。比如在家校合作中某校对《家长通知书》进行了改革,他们尝试着把这种用了很多年的白纸印刷公文式的"通知"改为红纸印刷,内容热情洋溢配有精美插图的"邀请书",在语言的组织上更是充分体现对家长的尊重"……如果您能来参加,我们感到十分荣幸,如果您抽不出时间,可以和班主任老师另约时间……"这些看似细小的改变,其实体现出学校一种观念的改变。许多老师曾担心,这样做是否会导致很多家长找各种理由不来参加,事实证明,这种担心是多余的,还有很多家长对学校的这一做法持肯定态度,感到自己受到了尊重。这种思路在《家校通讯》中,我们可以引用。

(4) 精美的勋章或证件

根据一定的维度,比如按班级学生的序号、家长的特征等,班主任可以为每个家长制作一个独特的勋章颁发给每个家长,这样家长会有切身的感受和体验。或者可以给每个家长颁发一个证件,可以写上创意的话,如:"经于××的表现,我××班全体家长委员会决定,把"最佳娱乐家"("最佳慷慨家"、"最佳缺勤奖",等等)颁发于您,以资鼓励,再接再厉!"这样既能调动家长参与的积极性,又能调动活跃的氛围和兴致。

（5）综合多种手段

比如建议学校开通家校热线电话，建立一个专门的家校合作热线。热线可以回答家长提出的有关学校课程、特殊事件、学生活动、家庭作业等方面的问题，或向家长提出有关要求、建议、希望，主动告知家长有关学校、班级、学生的情况。热线电话还可以在放学后为学生提供服务，解答学生提出的学习、心理等问题。

案例分析

走进"卓越"①

这个班级叫"卓越"

高一(32)班的52名孩子给自己的班起了个班名叫"卓越"。他们不仅有班名，还有班歌、班徽、班旗、班规和班级目标……甚至还有自己的班花悬挂在教室门口的墙壁上——一盆装在精致的小篮子里的青翠的吊兰。

卓越班的教室很别致。环顾四周，你会发现，教室的每面墙上都没有空白，展示的是这个班的墙壁文化——班歌、班徽、班训、班规、班誓、班报、卓越每日名言等，简直是琳琅满目。后墙上，一面巨大的红色班旗十分醒目，两个黄色的"卓越"大字，张扬着十足的青春活力，旗帜的左上角绣着他们的班标。假如你仔细查看，班旗上全是孩子们的签名。

"……嗨！嗨！嗨嗨！我们是冲天的雄鹰，冲天的雄鹰！用翅膀分割蓝天是我们的理想！我们是逐日的夸父，逐日的夸父！用双脚丈量大地是我们的方向！没有比人更高的山，没有比脚更长的路，团结拼搏，顽强进取，我们高唱凯歌奔向明天……"

这首《胜利，是我们的语言》就是卓越班的班歌。说起这班歌的由来，同学们充满了自豪，因为那是他们集体作词、集体谱曲而完成的完全属于自己的作品。

他们还通过了另一项集体决议：用实际行动让班歌永远嘹亮。此决议一出，孩子们的积极性更是空前高涨，无论是学习还是学校组织的其他各项活动，这个班都始终走在全校的最前面。用他们"狂妄"的话说，那就是："卓越班牛，卓越班棒，卓越班就是不一样！"

"我们是昌乐二中最优秀的学生；我们肩上担负着家长的嘱托、老师的期待、民族

---

① 来自《中国教师报》的片段，文中的班级指昌乐二中的"现代班级"。

的希望、祖国的明天。我们用奋斗捍卫尊严,用汗水浇灌成功,我要,我就要,我一定要!没有比人更高的山,没有比脚更长的路,我行,我能行,我一定行!"

有人说,即使是一个第一次听到这慷慨激昂、乐观向上的誓言的人也会热血沸腾,情不自禁地被激发起拼搏进取、大干一场的壮志豪情!这就是卓越班的班誓。

为了让这些班誓、班歌成为现实,为了这些孩子确实能够走向卓越,卓越班制定了自己的8条班规:

1. 日行一善。

2. 坚持写日记,搞好道德长跑,每日三省吾身。

3. 每日三千米长跑,野蛮体魄。

4. 落实班务承包制,"班级的事就是我的事",人人有事干、事事有人干。

5. 落实值日班长制、值日组长制,人人都是管理者。

6. 享受生命,享受学习,享受成功。"白天、黑天、星期天,天天快乐;家人、他人、世间人,人人可爱。国家兴亡,我的责任。"爱家、爱班、爱校、爱国,胸怀天下,志存高远!

7. "四比四不比":比品德、比胸怀、比志向、比学习;不比吃,不比穿,不比用,不比玩。

8. "卓越八美德":节制;勤勉;秩序;惜时;宽容;谦虚;少言;节俭(借鉴富兰克林的美德计划)。

卓越的足迹

为了记录"卓越"成长的历程,卓越有了自己的班级日志——《卓越的足迹》。

值日班长在一天的工作结束时,总结一天的工作,并在《卓越的足迹》上留下自己的脚印。《卓越的足迹》是"卓越"的班史,记录着卓越班走过的风风雨雨和点点滴滴,浏览厚厚的四大本《卓越的足迹》,班里的每件大事都有案可查。

不过,日志中更多的是琐碎的小事。外人大概不会对此有什么兴趣,但也正是这些点点滴滴的事情汇成了卓越班每一天的主要历程。

有同学回忆道:"想起我们的班旗第一次挂起,当晚我在《卓越的足迹》上将这一振奋人心的事记录下来时的心情,那是多么地自豪!"

还有同学说:"忘了第一次拿到这个本子是什么感觉,也忘了那天的值日班长我干了些什么,甚至忘了我曾经在那上面写过些什么,但是可以确定的是,它带给我的激动和责任感,是从未体味过的。那之后,《卓越足迹》已经用到了第四本,他们自然是被我们珍藏着的,那上面有我们每一个人的字迹,也有我们每个人的心血。"

正如班级日志的名字一样,《卓越的足迹》上面有卓越班的孩子们走向卓越的每一个脚印,失败、迷惘、探索或是成功。也许并非每一步都是完美的,但可以看得出他们在争取。中间的每一次挫折,每一次痛苦,他们都忠实地记录下来。不管是经验也好,教训也罢,他们始终没有放弃努力的拼搏。

对卓越班的孩子们而言,对于书写日志的每一个人而言,《卓越的足迹》是一份珍贵的回忆。试想,多年以后,当他们再次翻看这些日志,看到一个个熟悉的名字,看到一堆鸡毛蒜皮的小事,心中自会有一阵阵温暖。

卓越生日榜和爱心基金

走进"卓越"的教室,你会在黑板左边的墙上发现一张"卓越生日榜",上面记录着全班同学的生日。

为了加强班级凝聚力,为了使同学体会到班级的温暖,让大家像一家人一样地生活和学习,班主任徐老师把班中所有同学的生日记了下来。每当到了某一个同学的生日,就把他请到讲台上,接受大家的祝福——生日快乐。就这一首普通的歌,让过生日的同学心中无比温暖。在这一天放学前,过生日的同学还会收到一张由全班同学签名的贺卡。

有些糊涂鬼,自己的生日都不记得,当同学们为他唱生日歌时,才傻乎乎地站在讲台上不好意思起来。

2007 年 6 月的那段时间是学习最紧张的时刻,因为大家即将面临一次重要的考试,每位同学都在全力以赴地学习。李双双的生日就在考试的那几天。她心里想:学习这么紧张,还会有谁记得我的生日? 可到了 6 月 30 日她生日那天,从她起床的那一刻起,就不断有人对她说:"生日快乐!"吃完早饭后,卫生委员崔振在黑板中央写下"祝李双双生日快乐"八个漂亮的大字。李双双心里一阵热乎,眼泪在眼眶里打转,她责怪自己多心了。一阵热烈的掌声后,一首最动听、最温暖的歌在耳边响起。李双双说:"当时我感到我是世界上最幸福的人。"

现在,许多同学已经与大家在一起过了生日,这 52 个人似乎真的成了亲人一样。

他们还把这份温暖和爱心洒向更多的人。

在班主任徐老师的倡导下,卓越班建立了自己的"爱心基金"。在湖南遭受水灾那段时期,他号召全班同学捐款。虽然,卓越班的多数同学来自农村,经济上并不宽裕,但大家仍尽其所有助人。有些同学比较贪嘴,自从有了爱心基金,大家开始把买零食的钱投入爱心基金。

开始,他们准备将捐款捐献给受灾地区或支持黄河中上游植树造林。但是不久他们发现,灾区有很多来自四面八方的人支援。后来,他们把钱捐给了一个患有白血病却无钱治病且导致失学的小女孩。现在,说起自己资助的孩子,每个同学脸上都是自豪的表情。

卓越班的孩子们知道,他们现在的力量太小了。但是他们一定会把爱心基金坚持下去,等到他们有钱了,就会帮助更多的人。

"卓越日报"

卓越班的墙壁文化,最出众的恐怕是贴在墙上的几张手抄报——卓越日报。

作为卓越班的班报,卓越日报每天一期,每人出一期,所有的版式策划、内容选择以及最后的抄写工作都由一名同学来完成。班里52名同学轮流出版,每个人有51天的准备时间,为了提高同学们的办报积极性,每周都会评选出最优秀的班报。

第一次办班报的同学可以摘抄所有的内容,但是第二次就必须要有自己的原创作品。除了几个固定的栏目,其他内容完全根据个人爱好,没有一定之规。

翻阅往期的100多张卓越日报,没有两张是完全相同的,内容也是五花八门,都可以组成一个小百科全书了。虽然每篇文章都不长,但都很有"嚼头"。

张云鹏喜欢美术。他谦虚地说,自己的美术天分仅仅限于画那一点点抽象的东西,但出一份手抄报对于他来说绝对不是一件难事。为了让每一份手抄报都符合自己对美的要求,他不惜花费自己有限的课外自习时间去绘制花边和背景图案,去写艺术字和内容文本。"我不是为了让别人满意,只是在不断地达到自己的要求。如果我的作品连我自己都不满意,那就没有任何价值了。"对于报纸的内容,他是很随意的。他会用最少的时间去完成老师布置的作业,然后把剩余的版面变成一个歌词王国。他把他喜欢的歌词写在了报纸上,像周杰伦的《菊花台》、蔡依林的《舞娘》、孙楠和韩红的《美丽的神话》。也许这些不是班主任希望的,但是他自己喜欢。班主任也并没有阻止他,因为这本来就是给同学们的一个展示自己的平台。

开始的时候,卓越日报只是在教室内的墙上张贴。后来,他们又把它贴在教室外的墙上——昌乐二中每个教室外面的墙壁都是本班同学的自留地,可以张贴任何有益于学习和生活的文章等印刷品——引来全校的同学都前来驻足观看。看到自己的作品被别人欣赏,卓越班的同学别提多高兴了。

学校里有许许多多个班级,每个班级其实每天都在演绎着自己的精彩,关键是要有伯乐去发掘、去引导,这个"卓越"用实实在在的事情来向人们传递着自己的标志,他们通过创建自己的班歌、班规、班级日报等多种多样有趣的形式来形成自己的标志。在家校合作中,能不能利用自身的特点和资源来打造属于你独一无二的班级和家校合作团队,需要努力。

著名的特级教师丁有宽说过:没有爱就没有教育!这是深入教育精髓的至理名言。教师是人类灵魂的工程师,肩负着为祖国培养未来接班人的神圣职责。因此我们必须有百倍的爱心,强烈的责任感和良好的职业道德,积极投入到教学、家访、家校合作主题活动等工作中去,以取得社会的支持、家长的信任和学生的爱戴,进而为搞好教育工作打下良好的基础。反之,一个缺乏爱心、缺乏责任感和良好职业道德的教育工作者,是不会去全面了解学生,也就无法教育好学生的。家校联系就像一根纽带,家校联系就像一颗催化剂,潜移默化中,将孩子、家长、老师的心相连,让孩子、家长、老师的情感融合。可以说:学校教育是离不开家校联系和沟通的,只有家校联系顺利进行,那么学校教育也才能有序开展,他们之间的关系是相辅相成的。

由此可见,搞好家校合作也是对我们热爱教育工作,具备良好的职业道德的一种促进。因此,班主任应该结合学校和自身的资源充分挖掘实像传播的优势,运用到家校合作中,开拓一种全方位、多层次、有新意的交流和沟通方式。

[思考]

根据"卓越班级"的发展,请你思考采用何种实像传播的方式向家长传递班级的管理特色。

拓展阅读

[1] 居延安.公共关系学[M].上海:复旦大学出版社,2008.
[2] 张鹏.校园视觉文化中隐性价值的研究[M].北京:人民教育出版社,2008.

第九章 家校合作中的网络传播

信息技术的突飞猛进不仅延伸了人与人之间的传播和交流空间,它还给家校合作带来了许多变化。研究这些变化,能够有效地改进家校之间的进一步合作。本文阐述了家校合作中网络传播的内涵、特点,以及一些有效的手段。

第一节 网络传播概述

一、网络传播的内涵

20世纪末,人类在传播领域发生了一场深刻的革命。继报纸、广播、电视等三大媒体之后,第四媒体——互联网横空出世,网络传播这种新兴的交互式交流、即时传播的模式极大地改变了人类的传播面貌。中国互联网已经形成规模,互联网应用走向多元化。人们在工作、学习和生活中越来越多地使用互联网,整个社会的运行都搭上了互联网的快车,并打上了互联网的烙印,互联网已经从单一的行业互联网发展成为深入我国各行各业的社会大众的互联网。

我们这里讲的网络传播,实际上就是指因特网上的传播。因特网,简而言之,是连接着一些规模较小的计算机网络的大网络。每个单独的计算机网络以及这些小规模网络上的计算机都可以从其他网络和它们所连接的计算机上提取信息。也就是说,你在因特网上时,你可使用的信息远远超出你主机的内存和你所属的局域网能提供的信息。[1] 网络传播独立于三大传统传播媒体即报纸、广播、电视,被称为"第四媒体"。以多媒体、网络化、数字化技术为核心的传播环境,是利用计算机网络传递或交流信息的

---

[1] 居延安. 公共关系学[M]. 上海:复旦大学出版社,2008:332.

行为和过程,它汇聚了多种传播手段的优势,是更加个性化、更加平等交流的新的传播方式。网络传播是高科技手段在传播中的应用,是继报纸、电台及电视在传媒中应用以来传播史上的又一次飞跃,在人类大众传播发展史上有着里程碑的意义。

二、网络传播的特点

(一) 时空的无限性

这里的时空无限性包含两层意思,其一是时间上的开放,其二是地域上的开放。任何人可以在任何时间和任何地方,只要能够进入系统平台就能够实现跨越物理距离畅通无阻的交流。今天因特网的触角几乎已经延伸到了世界的每一个角落,信息在网上的流通已经不再受到时间和空间的限制。世界上任何地方发生的任何事情,任何国家的任何用户的观点,只要上了网,就可以在瞬间传遍全球,所以我们生活的时空被称做"地球村"。

(二) 信息的海量性

因特网将全世界的计算机和计算机网络连接起来,从而形成一个巨大无比的数据库。网上的信息可以说是无所不包,与传统媒体有限的信息量相比,网络媒体的优势是显而易见的。与传统媒体相比,由于它得天独厚的技术优势,它可以逃脱报纸版面、广播电视固定时段、节目容量等诸多限制。技术创造的电脑网络时空,几乎可以将全世界的新闻信息全部包揽;此外,由于传播主体的多元化,"人人皆可成为信息源"——使得网络信息源源不断;其次,由于数据库的存在,得以纵向保存历史新闻信息,正是信息集纳的广度与深度形成了网络传播的海量特点。

(三) 多种媒体同时起作用

印刷媒体通过文字和图片传播信息,广播通过声音传递信息,电视则通过画面和声音的有机结合面成为最受欢迎的传统媒体。应当说,这些传播方式各有各的长处和短处。计算机信息技术的发展,提供了综合性处理文字、图形、声音和图像的新技术——多媒体技术,这样给我们带来前所未有的视听效果。

(四) 互动交流的多样性

网络和信息技术已经打破了时间和空间的阻隔,以超大容量、超宽领域、高度自选择性突破了传统文化传播方式的局限性,以全面、综合的社会服务功能给人们提供了一个自由的、互动的交往空间和生活空间,给人们带来了极大的便利,并且展现出前所未有的广阔前景。现在,网络媒体的受众除了可以在极大的范围内选择自己需要的信息外,还可以参与信息的传播。

(五)网络传播是一把"双刃刀"

网络传播在具有时效性、无限性、多样性等优势的同时,也存在着一系列的隐患。比如大量的信息导致信息的复杂化,使得信息的搜寻变得非常困难,对人们有用的少量信息往往淹没在信息的汪洋大海之中,使得人们面对大量信息反而更加困惑,信息的复杂化使得信息的解读也变得扑朔迷离,当人们面对同样的信息时,由于信息本身的复杂,导致对于信息的理解千差万别,甚至是误读误判。现在有些网络为虚假信息所充斥,而且更为严重的是,现在网络上面充斥着许多色情、暴力的东西,而在许多地方,网络对未成年人是全开放的,没有丝毫保护意识,这样也就形成了许多家长反对小孩上网的局面,极端的不利于网络传播的健康发展,在很大程度上恶化了网络传播的人们心目中的形象。

三、网络传播的原则和技巧

当今世界是一个开放的、发达的信息社会,随着科技的进步、经济的发展,以计算机及其网络化为代表的信息技术的发展,正逐步将人类带入一个数字化、网络化、信息化的崭新时代。价值取向、政治态度、心理发展、道德法制观念等都将受到网络社会的影响。虽然说网络社会存在着众多的优势,但我们也要在这个多样性和虚拟性的社会中来构建一个健康、绿色、和谐的网络社会。因此我们可参考以下准则来改善我们的网络传播。

(一)严格遵守网络道德和网络礼仪。由于网络具有符号化、虚拟化等特点,网络道德应该形成一些新的规范来约束人们的网络行为。在网络诞生之初,人们片面强调网络自由,而忽视了网络道德与责任,但随着网络的扩张和自由的滥用,人们又认识到道德责任意识的重要性并转而呼吁有节制的自由。美国最新出版的《术语词典》中将网络礼仪定义为"在因特网用户网上使用的表示礼貌的习惯行为,例如避免侵犯不相关的讨论组,以及不在商业讨论组外的讨论组里传播大量的商业信息"。同样是美国出版的《网络百科全书》则是这样阐释的:这(网络礼仪)是针对在因特网上发布信息的礼节规范,尤其是在新闻组里。网络礼仪不仅要求在讨论中行为要文明,而且还特别根据网络论坛电子信息的特点订立一些指导原则。因此网络社会也必然要受到人类社会道德规范和网络礼仪的约束,随着因特网社区的扩大,我们更加需要呼吁广大的网民严格遵守网络道德和网络礼仪。

(二)网站信息获取手段的多样性。因特网不单是信息浏览,要同时利用因特网的多种用途。当人们想找资料,要用"拉取"信息的办法时使用万维网提供信息效果最好。不过,我们还可能要使用"推送"信息的手法。要记住用电子邮件和新闻组的讨论与公众传播交流。具体的我们还可以利用聊天工具、论坛、邮件等形式。

(三)网络使用的专业性。例如我们可以建立一个属于自己部门和组织的专门的网站。如果有一个很重要的问题,可以为配合处理该问题专门建一个网站(或者在公司网站上划分出一个栏目来)。

(四)网络使用的合理性。在网络传播的过程中,以信息全球化为载体,各种不同的文化和生活方式的交汇在加速,人们所面临的是文化和生活方式的多样性、网络信息、时代前沿等铺天盖地地袭来,这里面也包括一些不法信息、色情暴力,所以人们尤其是青少年在使用网络时要在家长和老师的指导下辨别是非,合理地利用网络传播的优势,避免网络传播的糟粕。

网络传播不仅推动了全球化的进程,更改变了人们的生活方式。乔治·梅森大学公关政策教授弗朗西斯·福山说,"当今的全球化与100年前是迥然不同的。它是由技术,特别是廉价的通信技术所推动的。这种技术使国界除了无法阻挡金融资本的流动之外,也无力阻挡思想、文化和图像的渗透。虽然金融全球化可能仅仅影响到为数有限的国家里的少数精英,但是思想和信息的全球化却触及了世界上最偏远地方的村庄和靠狩猎采集为生的部落"。

第二节　班主任在家校合作中网络传播的运用

一、家校合作中的网络传播

多媒体技术和计算机网络技术的飞速发展,为我们的生活环境带来了很大的变化。网络时代发展的新技术,正逐渐广泛应用于众多行业中,也逐渐渗透到教育领域,改变了传统的家校合作的方式,为家校合作带来了新的希望。家校合作中的网络传播也有自己独特的优势和缺点。

（一）家校合作网络平台的优势

1. 资源的时效性

家校合作网络平台中的学习资源既可以是实时的，也可以是非实时的。所谓实时指的是系统和用户之间、用户与用户之间信息交流的即时性。非实时指的是资源或者信息交流具有一定的延迟性，平台中的学习资源只要不被删除，用户就可以随时浏览和学习，非常有利于重复学习。实时与非实时相结合的方式，不仅有利于信息的及时交流，而且能更好地支持用户的重复学习，因此带有很强的时效性。

2. 沟通的及时性

报纸使用纸质媒介传递信息，传递速度受制于交通手段和零售环节；广播电视采用无线电磁信号的形式，由于受到信号传输覆盖面的限制，传输范围之外的地方还需其他手段帮助来获得信号，增加环节会大大影响传播速度；网络新闻传播的载体是光纤通讯线路，光纤传递数字信号的速度为每秒 30 万公里，瞬间可达世界上任何地方，从而在技术环节上保证了网络新闻传播的即时特点。家长通过网络可以全面、准确、迅速和便捷地了解国内外教育教学的最新动态和进展以及先进的教育教学方法。只要家长在线，就可以随时和教师交流，了解孩子在学校的学习情况和表现，并且向教师反馈孩子的家庭表现，实现随时随地有效的沟通，使家庭教育和学校教育协调一致，共同教育好孩子。

3. 环境的虚拟性

网络社会环境的虚拟性主要是指在网络中创造出一种虚拟的环境，给人以一种真实的感受和体验。网络条件下的家校互动，旨在通过先进的信息化平台的开发与使用，为学生、家长和教师创造一个平等、自由的交流和学习环境，促进教师与家长之间的互动交往，实现信息的及时交流和反馈，形成家庭教育和学校教育优势互补的新局面，为学生全面和谐发展提供和谐教育环境。

4. 知识的共享性

资源共享包括计算机硬件、软件和数据资源的共享，这是计算机网络最有吸引力的功能。本论文共享的资源主要是国内外教育动态、家庭教育与学校教育的先进理念以及学习方法的相关知识等等。家校合作平台资源丰富多彩、图文并茂，并且操作简便、更新及时、交互方式多样，可轻松自如地浏览和学习自己感兴趣的知识。取之不尽、用之不竭的信息资源，虚拟又神奇的网络环境，对家长素质的提高、教师的专业化成长以及学生个性化和创造思维的培养，都将产生重大而深远的影响。

5. 时空的无限性

家长足不出户,孩子情况即可尽在掌握之中,这是家校合作网络平台开发的最直接的目的,也是平台时空无限性最好地体现。只要能够进入系统平台,就能够实现跨越物理距离畅通无阻的交流,并且能够随意选择学习内容进行学习,不用担心工作太忙而无暇照顾自己孩子的学习和健康成长。

(二)家校合作中网络传播的劣势

1. 缺乏现实情感交流

计算机网络拉近了人们之间的物理距离,使得相隔万里的用户也能够实现及时、快捷的沟通和交流。同时有计算机创作的虚拟网络环境也夸大了人们之间的情感距离,它使得人们之间面对面的现实情感交流越来越少。人们在习惯于虚拟网络的同时不得不去面对情感交流的缺失。在真实的课堂教学中,教师的仪表和言谈举止(包括板书)都会直接对学生产生影响。并且孩子的成长终生受家长的行为方式、生活方式以及教育方式的影响。融洽的生生、师生以及家长与学生、家长与教师之间的关系可以建立一个良好的学习环境,不仅有助于学生提高学习兴趣,而且可以更有效地培养学生的道德品质,锻炼学生的实际人际交往能力和灵活运用所学知识处理问题的能力。这种优势是网络沟通和交流所无法比拟的。

2. 无法进行实时监控

在现实课堂教学中,教师和学生之间面对面的交互,教师可以实时控制教学的整个过程,并且现场表扬学生的正确言行,纠正错误言行。但在家校合作网络平台中,用户不仅包括教师、家长还有学生。他们的个体差异较大,学习方法、学习风格、学习起点以及使用该平台目的都不尽相同。这就决定了难以实时监控所有用户的学习或者使用过程。比如,有的家长随时进入该平台浏览信息,当然也可以选择自己喜欢的时间随时离开。

3. 需要满足一定的物质基础和能力要求

家校合作网络平台必须建立在计算机网络的基础之上,这是不言而喻的。所以对于该平台最基本的要求是满足计算机网络的硬件要求,家庭、学校或者家长单位要有计算机,并且能够接入互联网。否则,也只能是望洋兴叹。能力要求主要是用户,包括学生、家长和教师,具备基本的信息素养,能够较为熟练的操作计算机,获取互联网中的学习资源和信息。正如前面所说,家校合作网络平台具有一定的适应性,它只能为部分具备条件的用户提供服务。

总之,家校合作中的网络传播,以其复杂多变的方式显现自己的作用,从而促使学校在具体实施家校合作的过程中,认清自己的任务的艰巨性和复杂性,并本着与时俱进的思想,去适应网络信息化时代的家校合作的时效性,不断积极探索,不断在家校合作的过程中发现新问题,最终创造性地解决问题,把家校合作这项形式新颖的教育活动扎扎实实地推向更高、更新的阶段。

二、家校合作中的网络传播的具体类型和操作实务

我国的家校合作方式以前方式比较单一,现在越来越注重常规的联系,注重开发多种多样的操作方式,具体渠道有召开家长会、家访、家长开放日;电话、电邮、班级微博、校讯通联系交流等,以保证及时了解学生在校内外的表现。在运用最常用普遍的电话交流方式中,教师与家长的家校合作交流用时多取"半小时",即使是如此短暂的交流都会被各种缘由打断,难以顺利进行。当今社会,由于现代科技的发展,信息的获取越来越便捷,儿童接受教育的途径由过去单一的学校教育扩展到多方位的影响。日益进步、复杂的社会环境要求对孩子们从小进行综合素质教育,包括学习如何收集信息、如何利用信息解决问题等等,仅仅依靠学校,教育的任务越来越难以完成。于是,各国在推行教育改革尤其是课程改革时,都将家校教育力量整合、家校教育资源整合作为十分重要的任务提出。这一社会背景,为"家校合作"教育赋予了新的内涵。许多的网站都有提供网站聊天室的功能,让网友在上面交友、聊天,而许多业者也开发出不少的"通讯软件",例如,雅虎通、腾讯、QQ、MSN,让网友能够一对一地交谈。当然,我们通过网络传播的方式目的是希望能够通过聊天的形式,了解受众真正的想法,并建立良好的人际关系。在现实世界里,我们很难有机会能和受众真正地面对面地交谈,但是线上聊天,有时也许能够达成这样的目标。班主任如果能够充分地利用网络传播的优势,那么家校合作将会呈现全新的面貌。现代的家校合作应该从形式多样化、内容深层化、角度多维化、手段信息化着手,随着通信设备的提高,现代的家校合作已经从单一的言语交流发展为书信互访、"一线通"、手机短信平台、电子邮件、网上在线以及餐桌聊天等,家校之间可通过各种网络媒介和人际交流来传递各种信息,促进双方的互动。这里重点来探讨五种可以运用于家校合作中的网络传播方式。

(一) QQ群的运作

QQ群是腾讯公司推出的多人聊天交流服务,群主在创建群以后,可以邀请朋友

或者有共同兴趣爱好的人到一个群里面聊天。在群内除了聊天,腾讯还提供了群空间服务,在群空间中,用户可以使用群 BBS、相册、共享文件等多种方式进行交流,QQ 群的理念是"群聚精彩,共享盛世"。QQ 群,家校沟通的好平台,实现了有效的家校互动。老师们利用群聊、群公告、群 BBS、群邮件,与家长们开展实时或非实时的信息交流,取得了很好的效果。在群里,大家畅所欲言,谈谈孩子在校、在家的表现,及时发现孩子存在的问题、解开孩子的"小心结",使家长对孩子的教育更有目的性和针对性;聊聊在家庭教育中遇到的困惑,从而提高了家庭教育的质量;孩子学习上出现的一些小问题,家长直接通过网络请教老师或其他家长,方便快捷;家长之间也相互交流,相互学习,寻找适合自己孩子的家庭教育方法。家校 QQ 群,还就学生的健康成长、习惯的养成教育、学校的管理模式、新近的教育理念等进行探讨,话题宽泛、向上、健康,气氛活跃、和谐、民主,拉近了教师与家长、家长与家长的心灵距离,提高了家校合作的有效性,对孩子的成长也更有益了。

1. 班主任建立 QQ 群的准备工作

首先可以通过家长会、家访活动、或者通过学生的传达和家长取得协商,建立一个属于班主任和家长来交流的群,来传达信息和家长的要求。其次确立群人员的分工工作,比如管理员的任务、群资料的共享、群相册的更新,尽量让每个家长都能参与。最后要明确群的目的,是为了方便班主任和家长、家长和家长的交流和沟通。

2. QQ 群的具体运作

首先是 QQ 群的创建。使用新版本的 QQ 客户端,界面上新增了一个组"群/校友录",点击组内提示文字或在空白处单击右键就可以开使创建群;选择"创建一个群",点击"下一步"选群的分类;再点击"下一步"填写群的资料,填写完之后进行群成员的选择。固定群可以由他人请求加入或由创建者修改群内成员列表。点击"下一步"完成群的创建,系统将给出提示并给创建的群分配一个 ID,以便别的用户可以通过这个 ID 查找并加入您创建的群。最后点"完成"退出。完成创建之后,QQ 面板"群/校友录"里面将显示群的名字,左键双击群的名字就可以给群内成员发送信息了。

其次,班主任要熟悉群的板块。我们可以在群留言板发起话题和传达信息;群相册中往往一张图片胜过千言万语,可以上传班级活动或家校合作主题的图片;群聊天,一次发信,万人知道,QQ 群聊,可以节约时间,节约资源;群名片可以让家长展示出自己独特的风采;群邮件可以把重要的信息通过在高级群里来注册群邮件,然后将讯息送达每个人。

最后,班主任应该注意的事项。家校合作群的建立是为了更好的交流,那么班主任应该发挥主动主导的作用;班主任也有把握好自己的网络礼仪;班主任还要注意安排好班级事务和班级外生活的界限,注意适当的上网,而不能成为二十四小时在线的"保姆",免得家长产生绝对的依赖性。另外注意:当您在工作繁忙而不想接收到群发来的消息时,您可以在群名称上点右键,选"修改群组资料"的"消息设定"页进行设置,系统提供五种方案供您选择:(1)接收并提示消息;(2)自动弹出消息;(3)消息来时只显示消息数目;(4)接收但不提示消息(只保存在聊天记录中);(5)阻止一切该群的消息。

[案例]

"我们说说孩子吧",家校共关注孩子点点滴滴

在一项网络上进行的"你最想对老师说什么"的交流中,家长们的留言大都集中在这几点:首先听老师对孩子的评价,与老师交流孩子在家的表现和优缺点,然后就老师所关心的问题与老师谈一谈,最后给老师一些建议。

在说到以何种方式与老师交流最有效的时候,家长们倒出了自己的苦水。杭州《青年时报》最近就这一话题进行了大范围的采访。跟传统的家长会、电话联系、面谈等方式相比,他们更喜欢用QQ、电子邮件,因为这种沟通方式就像朋友聊天一样轻松,能畅所欲言。在家校平台上面创立这样的交流平台,老师与家长之间能经常地、有目的地、富有感情地就孩子的问题进行交流,互相说一说孩子这段时间的表现,以正确地把握学生的个性心理特征,共同帮助孩子进步。

这种方式能弥补传统家长会的弊端。现在许多家长已经不愿意参加家长会,教师们这种一对多的单方交流不能满足他们想更多了解自己孩子的要求。教师在家长会上多讲学生的问题和不足,却很少与家长协商解决问题的办法。对于家长而言,也很少有参与家校合作共同促进孩子进步的意识,有些家长认为来学校就是监督工作,还有些家长甚至将孩子出现的一切问题归咎于学校。但是这样也加重了老师的负担。因此最好能由老师来主导该与谁仔细聊天,其他一般情况通过"定期学情通报"来解决。

当然家长也可将自己遇到的问题发表在论坛上,其他家长和老师一起探讨。

此案例首先告诉我们QQ在新时代家校合作交流中的重要性,其次告诉教师和家

长聊天的内容要以学生的表现为主,尤其要围绕学生的在校积极表现来开展。其实有些家长在现实中和教师很少沟通,但是 QQ 却是一个很好的方式,可以发现家长的优点,进而促进班级活动的展开。但是教师要把握好和家长的联系时间和联系频率,过多和过少都是不利的。

(二)电子邮件的收发

电子邮件是在 20 世纪 70 年代发明的,但它却是在 80 年代才得以兴起。到 80 年代中期,个人电脑兴起,电子邮件开始在电脑迷以及大学生中广泛传播开来;到 90 年代中期,互联网浏览器诞生,全球网民人数激增,电子邮件被广泛使用。电子邮件(electronic mail,简称 E-mail,标志:@,也被大家昵称为"伊妹儿")又称电子信箱、电子邮政,它是一种用电子手段提供信息交换的通信方式。是 Internet 应用最广的服务;通过网络的电子邮件系统,用户可以用非常低廉的价格,以非常快速的方式,与世界上任何一个角落的网络用户联系,这些电子邮件可以是文字、图像、声音等各种方式。同时,用户可以得到大量免费的新闻、专题邮件,并实现轻松的信息搜索。电子邮件是整个网络间以至所有其他网络系统中直接面向人与人之间信息交流的系统,它的数据发送方和接收方都是人,所以极大地满足了人量存在的人与人之间的通信需求,所以班主任可以通过电子邮件的途径来和家长取得联系和交流。

1. 班主任要熟悉电子邮件的一些基本知识

首先,关于电子邮件的类型。如果经常需要收发一些大的附件,Gmail,Yahoo mail,Hotmail,MSN mail,网易 163 mail,126 mail,Yeah mail 等都能很好地满足要求,班主任可以选择一个自己喜好的邮箱。其次,是获取家长的邮件地址,并建立相应的联系。最后,是对邮箱的使用和管理。

2. 班主任要注意的事项

首先,班主任要掌握使用邮箱的基本技巧。如用户软件提供了三种方式让你将同一邮件送至不同的接收者:你可以把所有人的地址输入到"收信人"的那一行,地址之间通常用逗号或分号隔开;将地址输入到有"抄送"字样的那一行,这说明收件人收到的是一份拷贝文件,因为他们并不是主要对象;将地址输入到"暗送"那一行,这样你可以把邮件传给第三方。

其次,注意邮件写作的严谨性。由于电子邮件很高的即时性,其写作就变得草率得多,错别字和语法错误在电子邮件中几乎是司空见惯。班主任要注意使用恰当的大小写和标点符号、避免使用过多的缩略语、在邮件上签名、使用明确的标题、内容简明扼要、及时回复重要的邮件等等。

第三,注意电子邮件内容情感的传达。电子邮件缺乏电话交流中语调变化所能表达的情绪,更不要说面对面交流时人们以身体语言所表达的含义。

最后,班主任还要考虑家长群体的可接受性和层次性。网络时代的普及并不意味着每个家长都会使用各种手段来获取网络资源,班主任要考虑大多数人的情况来变通或者完善电子邮件的使用。并且在发送重要的、时效性的资源时,尽量要通过电话、QQ 等方式提前告知。

[案例]
一封电子邮件——班主任工作教育案例①

2008 年"五一"小长假中,我收到了一封家长的电子邮件,全文是这样的:

汪老师:

您好!

我是张文君的家长,非常荣幸我的孩子能成为您的学生。我的孩子语文一直是弱项,特别(是)字写的(得)很不好。一直以来,我常常关注他的字,想把这个坏习惯纠正过来,但效果往往收效甚微,他宁愿不让我检查,有时甚至把功课藏起来。特别是周末,星期五回家基本上都不会做功课,常常看动画片以及玩游戏,偶尔看看课外书。星期六开始做功课,但出工不出力,一会儿干这,一会儿干那,很不专心,也很不认真,往往要托(拖)到星期天下午,才算完成功课,数学作业完成后一般不会验算,依赖性很强,结果不是错这就是错那。

我知道您付出了很多心血,已经纠正了孩子的许多坏习惯,以及一些不良的学习作风等,孩子交给您我是一百个放心,在这我感谢您的关怀,也感谢您的帮助。同时恳请您多给他一些压力,特别是在写字上,当然我们做家长的也会时时督促,把写字的问题给彻底纠正过来。

家长:陆英霞

2008 年 5 月 1 日

收到邮件后,汪老师做了如下反思:

"五一"小长假回来是星期天,补上星期五的课,虽然我想好了对策,但我不动声

---

① http://www. hslvchuan. pudong-edu. sh. cn/shownews. asp? newsid＝1949. 有改动。

色。第二天是星期一,第一节就是班会课,除了常规的班务工作之外,我重点做了这么几件事:

第一,向全班公布邮件的内容,但为了既要保护当事人的自尊心,又要达到一定的教育目的,我将邮件做了适当的修改。

第二,对照问题,自我反思,"请君入瓮"。

邮件公布以后,教室里炸开了锅:老师,是男生还是女生?是高个子还是矮个子?邮件是爸爸写的还是妈妈写的? ……对他们所有的提问,我都说"无可奉告"。这时许多同学都在把自己对号入座,都担心是自己的家长写的,脸上露出紧张的神情。我认为时机已经成熟,该发表自己的看法,给学生指点迷津了。于是我说出了自己的想法:①如果你能把自己在家里的表现如实写给老师,主动认识到自己的错误,老师保证替你保密。②时间局限在今天放学之前,但在这一段时间中不允许和家长沟通交流,大家互相监督。③如果这个同学今天不向老师做任何说明,想瞒天过海,老师明天就在班级公布姓名。

第三,个别交流,触动灵魂。我的方法果然奏效,这一天的每个课间都有学生到办公室交纸条给我,一共有18份,当事人也在其中。他们都如实反映了自己在家里的表现,请求老师的原谅。面对这些纸条,我并没有因为他们在家表现不佳而失望,我反而因为这些孩子的诚实可爱而万分激动,于是在下午放学后的"每天一小结"时,就对这些孩子的做法给予了充分的肯定,表扬他们善于自我反思,非常诚实。并且告诉他们按照座位顺序在课间有空的时候到办公室去找我谈心。

在接下来的两个星期里,只要学生和我都有空的时候,都有学生到办公室找我。我针对每个学生自己提到的不足,逐条分析,指出今后的努力方向。至于当事人,我除了在学校和他沟通交流之外,还及时家访,和家长交换意见。

第四,及时反馈,跟踪调查。大约又过了两个星期,我利用多种方式和家长取得联系,了解孩子近段时间在家的表现,和前期相比有无进步,得到的答案大多是肯定的,但也有个别同学进步不明显。在班会课上把从家长那儿得到的好的信息又反馈给学生,因为孩子很在乎家长的肯定,这样能很好地调动他们的积极性。至于个别进步不大的同学,再进行个别交流,多给他们一些改正错误的时间和机会,同时对他们要有更多的关注和关心,让他们的内心受到震撼,灵魂受到触动,从而达到改正错误的目的。

上述案例是电子邮件在家校合作中典型地运用,班主任恰当地处理了这一极具典型性的令家长苦闷的学生学习问题,其中班主任的技巧值得我们反思:首先,作为一个班主任老师,一定要关注细节,善于捕捉对学生施教的契机。老师们常常说,身边无小事,处处是教育。但教育绝不是空洞的说教,那样会让学生非常的反感,不仅达不到效果,反而会让学生产生逆反心理,从心里厌恶老师。其次,作为一个班主任老师,应该是一位爱的艺术家。每一位学生都是我们手中的一件艺术品,雕刻固然重要,但更重要的是雕刻的方法和技巧,尽量呈现完美。

第三,作为一个班主任老师,要读懂孩子的心理,要特别注意自己的教育方式。最后作为一个班主任老师,要有更多的"细心、耐心、热心"。教师的教育对象是少年儿童。他们年龄小、好奇、爱动、判断是非的能力差,说错话、做错事,是常有的事,进步了又后退,这样的反复也是难免的。我们要特别关心他们的成长,做好他们的思想工作。对学生中出现的问题要全面看。问题解决了,还要准备反复。这就要求我们教育学生要坚持做到"细心、耐心、热心"这是教育好学生的根本前提和基础。

(三) 班级博客的活跃

博客,源自英文"Blog",又译为网络日志、部落格或部落阁等,是一种通常由个人管理、不定期张贴新的文章的网站。后来被引申为网页上任何类型的流水型的记录,可以通俗地理解为是在网页上对事件进行的流水型的记录,故被称作为网络日志,又被看作是一种"傻瓜式"的个人信息发布方式。博客,博客上的文章通常根据张贴时间,以倒序方式由新到旧排列。许多博客专注在特定的课题上提供评论或新闻,其他则被作为比较个人的日记。一个典型的博客结合了文字、图像、其他博客或网站的链接以及其他与主题相关的媒体。能够让读者以互动的方式留下意见,是许多博客的重要因素。大部分的博客内容以文字为主,仍有一些博客专注在艺术、摄影、视频、音乐、播客等各种主题。博客是社会媒体网络的一部分。班主任可以建立班级博客,来发布班级的事情,传播教学的信息,实现和家长、学生的互动。

1. 班级博客的建立

班级博客从属于教育博客,是教育博客的一种。班级博客是一个以班级为单位、任课教师和学生共同参与、集学生与学生、教师与学生之间思想交流、资源共享和互助互进的网络平台,挑战传统学生思想交流、资源共享的教育博客类网站。班级博客就是一种以博客技术为基础,互动交流为前提,以教师、学生及家长三者之间互相交流沟通为原则,促进家庭与学校之间合作的一种全新的网络家校合作应用模式。所以,班主任在建立自己的博客后,可以告知班级的学生和家长,班主任可以呈现学校的事件和学生的表现等。

2. 班级博客的运作

首先，班级博客要调动家长参与的热情。班级的博客是属于班级的，班主任作为博客的管理者，要做好管理和更新的工作，要及时地上传班级的最近趣事和活动现状，让家长能关注到班级的动态和自己孩子的表现，同时也可以积极参与评论、回复等。

其次，班级博客要发挥学生参与的热情。学生是教学的主体，学生的个性不一，有的孩子比较内向，班级博客就是他们展示自己的一个很好的空间。学生可以上传自己的想法及对班级管理的意见，让班主任、家长、同学可以静静地来听听自己的心声。

第三，班级博客处理好个人与集体的关系。博客的本意是抒发个人感情的地方，把自己所想写在日志里，不受局限，言论自由，但是不能有害于班集体的言论或者编纂一些不负责任的匿名日志。

最后，班级博客的从简化。我们可以运用微型博客来言简意赅地表达自己的看法，微博目前是全球最受欢迎的博客形式，博客作者不需要撰写很复杂的文章，而只需要抒写140字（这是大部分的微博字数限制，网易微博的字数限制为163个）内的心情文字即可（如twitter、新浪微博、随心微博、Follow5、网易微博、搜狐微博、腾讯微博、叽歪）。

总之，班主任要做好班级博客的管理和更新工作，让家长和学生在班级博客中能够活跃起来，并能积极地提出自己的想法和建议来改善班级工作，促进家校合作的全新进展。

[案例]

巧用班级博客提高家校合作①

（1）传递班级信息

在没有班级博客之前，我们的班级管理基本上是封闭的，班级动态外人基本是不知道的，学生在班级里的情况不能及时有效地传达给学生家长。即使是孩子在班级里取得的一些成绩和进步也仅仅停留在班级层面。

但有了班级博客，就改变了这种局面。在我的班级博客中设立了"班级动态"一

---

① http://www.hcedu.cn/html/sjpt/2011-11/25/16_14_35_310.shtml. 有改动。

栏,主要发表班级最近开展的活动,或者班级内部的重要信息。这一栏目就成了班级对外宣传的窗口。家长可以随时随地地看到班内的最新情况,了解到孩子近期的表现。一位家长在跟踪看了我的几篇关于班内人才的博文后,说:"孩子在家的时候调皮捣乱,我还一直担心他不能和班里的小朋友融洽相处,没想到在学校他还是个认真负责的小标兵。看了他在学校的表现我一颗不安的担心可以放下了。"我想正是有了对班级情况的了解才打消了这位家长的顾虑。因此,借助班级博客我们可以把更多的班级信息传递给急切渴望了解孩子表现的家长。让他们能看到孩子在学校的优点和不足,从而有的放矢地全面教育孩子。

(2) 开辟学生专区

这学生专区看似是我的地盘听我的,实际上是家长和教师了解学生思想动向的重要渠道。我把"学生专区"交给了班里做事认真负责,且家里可以上网的五位同学,要求他们每天回家后拿出一段空闲时间,把自己喜欢的东西或班级中发生的事情记录在博客上供同学们学习和讨论,发什么内容不限制只要可以吸引大多数同学参与班级博客就可以。半个月下来,全班同学渐渐熟悉了这种方式,学生专区的讨论渐渐热闹起来。一次,博客管理员侯振松发了一篇关于《阿衰》的漫画故事,引得一片阿衰热潮。孙毅说:"我买了好多本《阿衰》的书,看《阿衰》比什么都好。"冷耀辰说:"我一看《阿衰》就笑得直不起腰来,我非常喜欢看《阿衰》有时上课都拿出来偷看几眼。"这也使得家长真正走进了学生的世界,了解了学生的真实想法。从而能更有针对性地开导和教育孩子。

(3) 讨论教子良方

班级博客不仅仅可以浏览它还有回复功能,教子良方正是利用这一功能讨论解决的。在博客上,我常常发起一些具有共性的教育难题,有的就是班内孩子的问题我把他们换个名字换个说法。因为和自己的体验很近所以文章一发就立刻引起了家长的强烈关注。前些天,我在"教子良方"栏目发了一篇《如何帮助孩子克服磨蹭、马虎的坏习惯》的博文,没出两天点击率就超过了半百,还有很多精彩的回复,其中不乏真知灼见。一位家长说道:"磨蹭是个坏孩子他总喜欢和慢性子交朋友;马虎是皮孩子他总喜欢和急性子交朋友;只要我们把慢的提高速度,快的降低速度一定可以克服问题。"对于教育孩子,学生家长是过来人,他教育的成败直接体现在孩子身上,有的家长本身就是一个教育家,只有广开言路,我们的教育方法教育策略才如源头活水,取之不尽,用之不竭。

（4）征求意见建议

博客不同于一般网页，它有极强的互动性，人性化，被喻之为网上家园。正因为如此，班级博客可以有效与学生及家长交流互动，家长可以随时进博客串串看看，给学生、班主任及任课老师提意见。区教育博客上就有关于家长会如何开展的征求意见的博文。如小雨点的《家长会您想了解些什么》，花开清香全世界的《家长会您想了解些什么？请以跟帖的形式发表具体想法》，等等，最后都收到了很好的效果。这样的方式一方面促进了家长对学校的关注，另一方面学校听到了来自家长的声音。这样的交流互动带来了家长的对学校工作的支持和关心，有利于学校工作的开展，更有利于学生的发展。

班级博客就是信息时代学校德育的新平台，它在家校互联中扮演着重要角色并已经成为家校互联的新途径。但是利用班级博客进行家校互联的方式还不被人熟知，甚至家校互联的地位也未受到充分重视，随着信息技术的不断进步班级博客将会以它独特的姿态跃于世人面前。班级博客的设计也要求教师要充分考虑自己班级的情况，针对班级的情况设计不同的信息部分，比如案例中学生部分的讨论专区、家长部分的教子良方、意见征求专区。还可以设计一些独特的板块，比如班级新闻趣事、七嘴八舌、如果我是班主任、如果我是家长、如果我是学生等等。

（四）BBS 论坛的互动

论坛又名网络论坛 BBS，全称为 Bulletin Board System（电子公告板）或者 Bulletin Board Service（公告板服务），是 Internet 上的一种电子信息服务系统。它提供一块公共电子白板，每个用户都可以在上面书写，可发布信息或提出看法。它是一种交互性强，内容丰富而及时的 Internet 电子信息服务系统。用户在 BBS 站点上可以获得各种信息服务，发布信息，进行讨论，聊天等等。

1. 班主任首先要了解论坛的基本原理

班主任可以通过书籍阅读、网络查询、向他人请教等方式来熟悉论坛。论坛一般由站长（创始人）创建。并设立各级管理人员对论坛进行管理，包括论坛管理员（Administrator）、超级版主（Super Moderator，有的称"总版主"）、版主（Moderator，俗称"斑猪"、"斑竹"）。超级版主是低于站长（创始人）的第二权限（不过站长本身也是超级版主，超级管理员，administrator）一般来说超级版主可以管理所有的论坛板块（普通版主只能管理特定的板块）。版主的职责大体有三项：一是设法聚拢人气，即吸引更多的网友参加到本论坛的讨论中来；二是组织讨论；三是对论坛的监管。班主任在了解了一些论坛的基本原理及操作方式后，可以着手建立一个家校合作的论坛，然后公布于众并进行相应的管理和更新。

2. 班主任应做好论坛板块的设置

论坛和公告牌的"原理"就在于每个小组的成员都能围绕一个自己感兴趣的题目展开讨论，交流思想和信息，甚至电子邮件也可带互动性。你可以鼓励对方回信，或者将你的电子邮件做成网页的样子，以此来激发收信的公众群体的讨论兴趣。BBS 通常分为多个讨论区，每个讨论区有自己的主题，每个讨论区都有专门的管理者对用户所发表的文章进行管理。家长可以根据自己的兴趣参加不同的讨论区，阅读讨论区中的文章，在讨论区中发表自己的意见。在阅读了某篇文章以后，也可以用"回信"的形式与班主任或者其他家长展开讨论。班主任可以设置一些生动有趣又贴近家长、学生生活的板块，如理论充电、学习园地、良师益友、心理驿站、生活百科、亲子天堂、时事爆料、向前冲等板块。

3. 班主任在论坛运作中应注意的事项

首先论坛由于存在于网络中，不免有人会在论坛中发布广告甚至一些垃圾信息，所以班主任要及时清理论坛中的一些垃圾信息。其次，班主任要做好论坛的分工工作。班主任可以通过赋予家长各个板块的负责人，实现层层管理。第三，班主任要注意教育资源的实时性。班主任可以把一些走在时代前沿的教育思想和教学事件公布在论坛中，引起老师和家长的关注并了解家长的思想动态。除此之外，班主任还要重视社会上的教育网络资源，做好相关的友情链接。例如，南京教育信息网和各个区的教育信息网都在各所学校间搭起了一座无形的桥，不同的教育资源被许多学生共享着，从这个层面上说，教育网络更是学生学习的好帮手。

[案例]
利用网络平台进行深层次家校合作①

网络环境下的家校互动平台超越了实际的时空距离，有条件让老师和家长的信息交流变得更顺畅、更及时、更深入、更全面，让彼此的心更近，合作更紧密更有效。下面我将就如何利用网络平台进行更深入的家校交流提出我的浅见。

---

① http://www.17xing.com/class/diary/detail.html? diaryid=1609728&id=454595. 有删减。

（1）建立"教育你谈我谈"，家校尽情交流各自的教育经验

现代社会价值观念多元化，家长的家教观念、做法也不尽相同。有的家长望子成龙，有的溺爱孩子、有的强制、有的民主、有的能根据自己孩子的情况提供给孩子帮助，而有的只知道失望与打骂。不同类型的家长对待家校合作也呈现不同的心理状态和做法。一种是依赖型，把孩子往学校一送就全交给你学校去了，好与不好都是你学校的事。出事了，老师上门了，一句"孩子都听你的"，当甩手掌柜了。一种是应付型的，家长往往只是简单地回答老师的问题，愿听喜不愿听忧，遇到子女出现问题时只是不加分析地应付或者照搬条框。还有一种是合作型的，家长既信赖教师，又经常主动地和教师联系，如实地反映子女在家的各方面表现，同时积极地向教师了解子女在校的情况及现阶段学校教育的重点。因此家长和教师可以一起根据子女的实际情况，共同商定教育的对策，彼此分工合作。

从我们班的实际情况来看，以第二种家长居多，所以一旦遇到与家长合作的事情往往效果不大理想。所以要改变这种情况必须改变家长，培养一批有正确教育观念、有智慧的家长。而最有效的途径就是持续地学习和交流。

在家校联系平台和论坛上开辟"教育你谈我谈"，这是家长家长之间、家长老师之间、还有资源与家长之间的交流平台。经常上传一些有关家教的文章如名家谈教育、国外如何教孩子、家教注意事项、家长遇到孩子各种问题该怎么办等等，老师作出相应的点评，家长可跟帖，开辟一个小型教育网络书库。老师也可以写给家长公开信的形式有步骤、有针对性地谈论一些问题，解决一些问题，与家长达成共识。如班级出现的共性问题，中年级学生有什么变化等等。

设立家长之间的交流平台，通过留言、实际案例分析、QQ、论坛等形式交流各自的教子经验，家长之间相互取经、相互提醒更具亲切性。尤其是那些优秀学生的家长的做法更具借鉴性和操作性。所以，一定要请这些家长担任长期版主，参与到家校合作中来。这样的交流平台有效、亲切。

（2）特殊求助频道，用科学方法帮助问题孩子

每个班总会有一些学困生或者行为问题孩子。这些孩子需要的不是批评和斥责，也不是家长频繁到学校，而是真正的关怀和有效的、科学的帮助。当老师的都知道，现在班额巨大，每天学习任务繁重，孩子们的时间已经排满，老师更是无暇，要特别指导一些孩子的学习是根本不可能的事情。而且这些孩子往往害怕单独被老师辅导。行为问题的孩子就更加需要家校合作了。而遗憾的是一个问题孩子的背后往往有一双

有问题的家长。帮助这些孩子变成了迫在眉睫却又无能为力的事情。因此通过一个特殊教育平台帮助家长找到科学的方法并有计划有步骤地实施下来,显得尤为重要。在这个频道中,我们可以请专家来进行辅导,也可以制定一定的科学计划让家长能时时实行,并给予适当的评价和提醒。

(3) 定期学情通报

一次我们班家长问:"范老师,我该怎么辅导我们家孩子的语文呢?这学期的重点是什么呢?作文究竟应该达到一个怎样的水平?"这是一位非常负责而且有方法的家长。我想如果我能将这些学期教学目标、学习要求在开学之初告诉家长们的话,他们会更清晰自己的方向,也能更趋向于良好的合作。定期学情通报就是这样一个平台。我们将学生的成绩、评比、比赛、学习注意事项、学期教育目标定期公布供所有家长参考、比对。

家长也可以将自己的建议写在上面,如班级管理、学习反馈等等。二年级我们班家长就积极反馈我的一次作文练习,说学生写得很好,希望再出类似的题目。他还给我说孩子上的手工包扎课非常有意思,孩子很有想法,建议我出这个题目写作文。如果能调动更多的家长来给我这样的反馈,老师的工作也会更有方向性。但我不赞成将老师一个一个晾在那里任学生和家长评价,这样会损害教师的权威,破坏家校信任,反而起到反效果。

(4) 建立"读书网国",家校有效共阅读

语文老师都知道阅读的重要性,也在尝试各种方法有效调动孩子的积极性进行有效阅读。我们会鼓励家庭阅读,经常推荐好书,定期举行读书演讲会,每周做一次阅读作业、谈读后感、收集好词好句。实行一段时间后我发现我的这些工作渐渐流于形式了。由于我未能及时抽出时间来监督和反馈,未能教给孩子们阅读的方法;也由于许多家长不知道如何指导自己的孩子读书;还由于我个人力量有限不能完全推荐适合孩子的书目。课外阅读大部分时间在家里,因此建立良好的家校合作是非常必要的。因此把我们平时所做搬上网络平台,与孩子、家长进行跨时空的读书交流,让家长有一个清晰的双向的参与平台。

平台包括读书方法的指导:有名人的读书故事,有读书计划的制定,有推进式阅读的思考题,还有具体的读书方法的指点;捆绑式阅读指导;由课文引出相关主题的书籍或文章阅读;我的地盘我做主:就老师推荐的必读书目,学生、家长、老师作出各自的评价,说说各自的读书心得,然后进行评比;推荐书目。

（5）学生优作展示、赏析

定期将学生的家庭作业、手工作业、练习册、作文、书画、手抄报等上传展示台，鼓励好学生，也树立好榜样。同时家长、老师、学生共赏析，自由发表自己的意见，这对学生将是非常大的促进和极具震撼力的冲击。

以上案例从五点来启发我们在家校合作的平台上应该怎么做，比如家长交流板块、特殊频道、定期学情通报等等。文中的语文老师比较注重阅读，所以在论坛中开展了丰富多样的读书要求和读书方式。通过家校互动网络平台弥补传统家校合作的弊端，积极带动家长的参与性，进行更深层次无障碍的交流，促进家校合作，提高教育效果。当然网络是把双刃剑，教师要规避不利因素，合理利用，网络的功能才能得到充分地发挥！

（五）家校合作网站的创建

首先我们先看一个案例。

[案例]

南京外国语学校一同学曾写道：我们这个时代的青少年拥有一个非常宽的信息面。如果要问这个信息面的主体，我也可以毫不犹豫地回答：网络。的确，我们已经置身于网络时代，对于一个像我这样的学生，网络已经成为我们生活中必不可少的部分。令我欣喜的是，"家校合作"的网络部分发展迅速，这使得我们又多了一个快速了解教育信息的途径。首先，与学生关系最密切的便是学校的网站。前几年，当我还是一个小学生的时候，我所在的小学就有大量的信息和通知是在网上发布的，于是，我便养成了定期浏览校园网的习惯。当然，南外的网站也是我常常点击的，因为南外网站上总有很多吸引我目光的新的内容。现在，作为一个南外学生，我对南外校园网上的内容安排有了更多的了解。可以说，浏览校园网就是在参观整个校园。无论从学生的生活学习到学校的教育思路，都可以查阅到。尤其是在近几年，国家教育部大力倡导素质教育和德育教育，校园网中的"德育工作"便是学生们了解整个教育动态的重要基地。在这里，我们可以看到学生会工作、团委工作、少先队工作等，也可以欣赏诸如"游学海外"、"生命的风铃"等一系列美文，丰富的内容让人目不暇接。校园网从日常生活中最细微的地方开始做点滴记录，记录下南外人的精彩生活。另外，在校园网上，学生们自己也有充足的空间去高谈阔论，营造一种和谐而又温馨的氛围，这便是同学们交流心得的好去处。同时,如今的教育越来越讲究尊重学生,于是,通过校园网和心理老师互发邮件的形式被多数学生所接受,在不经意的对话间,我们的心境变得更加明朗。因此,教育网络更是让"家校合作"的内容变得深层化……

通过上面的案例,我们可以认为家校合作网站主要是指学校建立专门的为促进家长、学生通过网络资源来了解并参与学校的管理和交流。每个学校都有自己的学校网站,我们可以在此基础上开设专门的"家校合作"板块,或者建立专门的独立的家校合作网站。然后通过网站的相关友情链接,了解更多的教育理念和教育事件。以下是一些比较典型的家校合作网络平台:上海市市民信箱电子邮件系统管理中心、北京市大台中心小学虹联双向家校互动平台、合肥市高新区家校互动网络平台、上海市金山区临潮小学、苏州市网上家长学校、淳安教育网、杨浦教育在线,等等,这些网络平台都为班主任的学习提供了便利的途径。为了方便管理,班主任可以在学校的校园网站中申请一块专门的"家校合作田地",进行板块设计和活动管理后,在上面耕耘属于自己班级的精神食粮。同时,家长和学生也可以为这块田地注入新鲜活力。

[案例]
"家校 e"平台的人文性互动

我国学校管理学领域的泰斗——萧宗六和长期从事中小学德育和教育社会学研究的张爱国,特别是在家庭教育指导和社区教育研究方面有较深的造诣,目前正主持全国教育科学"十五"规划课题——"社区德育理论与实践研究"的研究工作。他们主张推广"家校 e"是加强家校合作的需要,家庭教育需要老师的指导,学校教育需要家长的配合;同时也是学校信息化建设的需要。如"家校 e"信息平台上的信息内容就很好的体现了这一点。下面是"家校 e"信息平台上的留言实例:

重要提示类:各位家长,大家好!近段时间街上流行一些网络游戏,这些游戏中夹带了很多黄色打斗动作,如果流传开来将对孩子们的身心健康造成很大影响,所以紧急通知家长们:及时关注孩子们的书包和电脑,确保把这类网络游戏拒之门外,请及时与我们保持联系。

评选类:我班将于下周开展班干部的选举活动,希望家长根据学生的具体情况给予一定的建议和指导,本次评选结果将在"家校 e"有关栏目公布。

活动类:我校决定与在 11 月 1 日召开全校运动会,班级选拔将在下周进行,请家长在周末期间适度安排学生的活动及控制运动量,以保证充足的体力参加比赛,……

阶段测验:下周三数学课将进行一次阶段测验,本次测验将重点考查学生在应用方面的能力以及基础知识的掌握情况,请家长督促子女做好复习、总结工作。

期末考试:学校期末考试定于 6 月 28、29 两天进行,具体安排为:28 日上午考语文、下午科学,29 日上午数学,下午英语。望各位家长提醒学生认真复习,做好期末考试的准备。

"家校 e"互动传真情,增强了教育的人文关怀性。上述案例中启示我们在家校合作的网站中我们要充分注重和家长交流的人文性、关怀性,我们可以设计不同的网络板块,分别布置不同类别的信息,比如重要提示类、评选类、活动类、考试类、活动类等等。家校合作中,学生是中心,我们要时刻谨记要把学生的消息传递给家长,以便更好地交流。

案例分析

[案例 1]

教师与家长经常沟通制度①

家校联系是教师与家长互相交流沟通,了解、研究、促进学生健康成长的重要途径,也是增强教师与家长相互理解与信任、融合关系,改进和提高教育质量的重要措施。为了进一步密切家校联系,共同创建家校和谐氛围,共同促进教育健康发展,特制定以下制度:

1. 牢固树立正确的学校与家庭的联系观念,努力扭转在家校联系中的"单纯电话联系",以及专门向家长告御状的不良倾向,确实努力提高学校与家庭联系质量。

2. 积极主动取得与家长的联系,并利用正确渠道、采用正确的方式,实事求是向家长通报学生在校学习、生活、工作情况,做到公正、公平,不虚报、不隐瞒。

3. 落实执行学校家访工作制度,充分利用寒、暑假时间,及时完成对本班同学100%的家访任务,同时,在家访过程中及时做好有关记录与反馈工作。

4. 认真组织家长参加家长会,组织家长参加家长学校活动,并按家庭教育工作计划,认真组织开展班级家庭教育指导活动,不断改善与促进家庭教育质量提高。

---

① http://blog.sina.com.cn/s/blog_5d6132a00101fjyy.html.

5. 组织外出活动,停课、放假、收费及遇到其他重要情况,教师必须配合学校做好相应工作,以书面形式及时通知学生家长,并提醒注意保留好有关回执。

6. 放学后或双休日需组织学生参加教育教学活动,(比赛、排练、补课等)应提早一天发出书面通知或电话通知,不得漏报或不报,如产生事故则由教师本人负责。

7. 学生在校突然不适或发病,应当及时与家长取得联系,并由家长领回进行治疗,如在校发生意外伤害事故,在先与家长取得联系的同时,及时送往医院进行救治。

"你有一个苹果,我有一个苹果,咱们互相交换,手中还是只有一个苹果;你有一个思想,我有一个思想,咱们彼此交流,我们得到的是两种思想或者是更多的思想。"这是网络时代信息化的最大利益,促进人们交流的同时可以实现大范围的互利。总之,家校合作的网络传播方式是由学校、家长和学生共同建立起来的,这是一个相辅相成的关系。因为网络进入教育体系,所以家长和学生才有机会参与更多的教育活动,而正是因为家长和学生的大量需求,教育网络才能不断完善。当然在利用网络传播这种新时代的技术手段时,要考虑到大多数的家长,做好兼顾统筹工作。学校要积极探索和开发网络时代的家校合作资源,进一步开拓创新,以人为本,加大家庭、学校相互沟通的工作力度,探索适合学生全面发展和学校持续发展的合作育人的新渠道,经常性开展活动,实现多渠道沟通,多角度共建,最大限度地提高教育效能,使学校成为学生全面发展的重要阵地,使家长成为促进孩子健康成长的重要力量。

[思考]

1. 简述家校合作中的网络传播的内涵和特点。

2. 简述家校合作的网络博客的设计。

3. 有人认为:网络传播在向人们展示外面的五彩世界时,却将人们封锁的电脑的旁边,许多原来内向的人因为上网而变得开朗、外向,善于和人交际,但是也有不少的人沉迷于电脑的虚幻世界,甚至对于现实世界产生了一种厌恶感,这样对于一个人的发展是极为不利的,而且发展到一定程度,会对社会造成一定的危害。结合上述观点,谈谈如何利用现代丰富的网络资源去有效地实现家校合作。

拓展阅读

[1] 雷跃捷.网络传播概论[M].北京:中国传媒大学出版社,2010.

[2] 彭兰.网络传播概论[M].北京:人民大学出版社,2001.

第十章 家校合作中的危机管理

学校集体教育中,组织管理水平的高低将决定其教育效能的大小。学校经营和班级管理的过程中,阻碍甚至背离教育目标达成的事件是难以避免的,这些事件被称为教育危机事件。如何预测危机,处理危机,保证教育教学工作的顺利开展,确保教育目标的实现,就成了现代学校管理者与班主任回避不了的课题。

本章从危机管理的相关介绍入手,分析了学校管理中危机事件的特点、类型、预防,以及班主任危机处理的基本程序与原则,为班主任进行教育危机处理提供了可供参考的路径。

第一节　组织危机与危机管理概述

一、组织危机定义、特点及分类

(一) 组织危机的定义

对于危机,许多学者对其做过界定。比如:

赫尔曼(Hermann,1972)将危机定义为某种形式,在这种形式下,其决策主体的根本目标受到威胁,且做出决策的反应的时间很有限,其发生也出乎决策主体的意料之外。[1]

罗森塔尔(Rosenthal,1989)等人将危机界定为:对一个社会系统的基本价值和价值架构产生严重威胁,并且在实践性和不确定性很强的情况下必须对其做出关键性决

---

[1] Hermann, Charles F., *International Crises*：*Insights from Behavioral Research*，New York：Free Press,1972.

策的事件。①

在我国,有人把危机界定为是一种对组织基本目标的实现构成威胁、要求组织必须在极短的时间内做出关键性决策和进行紧急回应的突发性事件。其中强调了几点:一、危机是对组织构成重大威胁的事件,妨碍组织基本目标的实现;二、危机是一种突发性的事件,往往出乎组织的预料突如其来;三、危机给予组织决策和回应的时间很短,对组织的管理能力提出了很强的时间性要求。②

还有人认为我们关心的危机大多是我们所服务的组织所要预防的、所要应对和处理的那一类危机,是自身组织所要预防、所要应对和处理的"紧急的或困难的关头",亦即将影响组织的利益、形象乃至生存的突发性或灾难性的事故或事件。③

也有人认为,危机是生死的关头,是一件事的转机与恶化的分水岭,是决定性的一刻和关键性的一刻。④ 是指组织内、外环境因素所引起的一种对组织生存具有立即且严重威胁性的情境或事件。

在这里,我们认为危机是对组织的生存具有严重威胁的事件或情境,出乎决策主体的意料之外,具有紧急性;组织要在短时间内做出紧急回应的突发事件。

(二) 组织危机的特点

在谈组织危机的特点之前,我们先引入一个案例。

[案例]

2009 年在湖南省育才中学发生的 12·7 踩踏案件,造成多名学生伤亡。据了解,这一惨剧是在晚自习下课之际发生的,学生们在下楼梯的过程中,一学生跌倒,骤然引发拥挤。

1. 突发性

上面的案例,是在毫无征兆的前提下突然发生的,事先无法预料,具有突发性的特点。危机的突发性是指危机来临之前没有任何征象,具有不可预见性,在人意料之外,

---

① Rosenthal Uriel & Charles Michael T. , *Coping with Crisis*: *The Management of Disasters*, *Riots and Terrorism*, Springfield: Charles C. Thomass, 1989.

② 刘刚. 危机管理[M]. 北京:中国经济出版社,2004:3—4.

③ 居延安. 公共关系学[M]. 上海:复旦大学出版社,2008:301.

④ 谌启标,王晞. 班级管理与班主任工作[M]. 福州:福建教育出版社,2007:195.

来不及做任何思想准备。事实上,有时也存在这样的情况,由于人们对微小事件的忽视,或者对其习以为常、视而不见,终酿成重大灾难,所谓"冰冻三尺,非一日之寒"。这样的危机爆发也是在人的意料之外的,其爆发是事件、地点、危害程度是无法预知的。

2. 普遍性

危机的法则就是任何能出错的都会出错,具有普遍性,是不可避免的。这就要求人们要居安思危,未雨绸缪,防患于未然。要及早预防危机,做好危机预警。踩踏事件不止在湖南省发生,事实上在许多学校里都发生过类似的事件,造成多人伤亡,具有一定的普遍性,这就需要学校排查安全隐患,向学生讲解逃生知识,做好预防工作。

3. 危害性

危机具有不可预料、不可预见、突发性,所以当危机到来时,当事人在这样毫无准备的情况下会混乱惊恐、不知所措,没有及时作出决策会造成重大的危害和损失。比如,在某一农村小学,学生放学后往家赶,天气下着小雨。一个低年级的小孩由于路滑连人带伞滚进了沟里,雨伞被摔坏,更严重的是,雨伞上的骨架有一根戳进了小孩的下巴里,被小孩自己拔出后,流了很多血。他的同伴被吓坏了,不知该怎么办,年龄小的孩子甚至被吓哭了。这时,同行的一个高年级孩子当机立断捂住伤口并让另一个孩子去叫老师,这样,这个受伤的小孩被及时送进了医院,得到了及时的救治。试想,如果没有这个高年级小孩的果断正确的决定,会有怎样严重的后果。

危机的危害性就要求人们在危机到来时要保持镇静,不要被危机乱了手脚,要及时想有效的办法解决,把危害降到最低。

4. 紧迫性

危机一旦爆发,发展的速度就非常快,时间非常紧迫。随着危机的发展,其损失会越来越大,所以快速的反应以及正确无误的决策在危机爆发时是非常重要的。踩踏事件发生时,现场一片混乱,如果不及时采取措施,稳定学生的情绪就会越来越糟,后果将不堪设想。

5. 二重性

"祸兮,福之所倚;福兮,祸之所伏。"这句中国古语很好地阐释了危机的二重性特点。危机带来的不仅仅是危害,也会带来机会。这种机会包括两个方面:一是在危机爆发时,组织可以认识到自己的不足,及时有效地解决可以使组织完善自身。危机等于是组织的疫苗,认真对待可避免类似的危机再次爆发。二是危机爆发时,组织就会成为公众瞩目的焦点,如果能妥帖恰当地处理好问题,不仅可以使组织转危为安,而且也可能形成新的发展机会。所以,组织在危机爆发之后不要慌乱,要明白危机有危害性,更有机会蕴含其中,冷静果断正确地处理以实现免除危害、赢得机会的目的。

(三) 组织危机的分类

组织的危机指的是对组织和相关公众构成威胁、造成伤害、引起冲突的那些"紧急的或困难的"关头和状态。[①] 主要有以下几类:

1. 从危害或破坏的严重性程度来划分,可分为危及组织人员生死存亡的危机和由于失误对组织造成危害的危机。在学校中,危及人员生死存亡的事实上是指重大的安全事故,天灾人祸皆可成为此类危机。而对于另一种危机形式,学校里的成员皆可能由于失误而对组织造成危害。

2. 从组织的工作层面来分,有经营危机、管理危机、法律危机、素质危机和关系危机。[②] 家校合作中的经营危机包括任课教师调离、信息传达失误等。管理危机包括对人才物管理的失误等。素质危机包括班级人心涣散、缺乏文明礼仪等。关系危机包括与家长或社会的其他群体的关系不和谐、家长或其他群体投诉多等问题。

二、危机管理内涵及意义

(一) 危机管理的内涵

关于危机管理的定义,许多学者从不同的侧面作过研究。

美国学者史蒂文·芬克认为:危机管理是对于企业前途转折点上的危机,有计划地消除风险与不确定性,使企业更能掌握自己前途的艺术。[③]

苏伟伦认为,危机管理是指组织或个人通过危机监测、危机预控、危机决策和危机处理,达到避免、减少危机产生的危害,甚至将危机转化为机会的目的。[④]

鲍勇剑和陈百助认为:危机管理是一门研究为什么人为造成的危机会发生,什么样的步骤或方法可以避免这些危机发生,一旦危机发生,如何控制危机的发展和消除危机的影响的学科。[⑤]

---

① 居延安.公共关系学[M].上海:复旦大学出版社,2008:304.
② 居延安.公共关系学[M].上海:复旦大学出版社,2008:304—305.
③ Steven Fink, Crisis Management: Planning for the Invisible, New York: *American Management Association*, 1986, 15.
④ 苏伟伦.危机管理——现代企业失误管理手册[M].中国纺织出版社,2000:1.
⑤ 鲍勇剑,陈百助.危机管理——当最坏的情况发生时[M].上海:复旦大学出版社,2003:7.

我们认为危机管理是组织或个人对危机的监测、预控和处理以减少或避免危害的产生,甚至可以转危机为机会,进而重新修复信誉和公共关系。在家校合作中,班主任的危机管理就是发现潜在的危机,监测危机,预防危机的发生。当然在危机到来时,应采取果断有力的措施化解危机,以把危机的危害降低到最低程度。

(二)危机管理的意义

加强组织危机的管理具有非常重要的意义。

1. 对组织危机加强管理可以降低组织的隐性成本

所谓的组织成本是指集团内部组织上的失真失控造成的损失的货币化。[①] 组织的成本分为显性成本和隐性成本。显性成本是企业在经营过程中实际发生的一切成本,包括原材料费用、工资、利息等。隐性成本是隐藏于企业总成本之中的,是由于企业或员工的行为而有意或无意造成的具有一定隐蔽性的将来成本和转移成本,是成本的将来时态和转嫁的成本形态的总和,如管理层决策失误带来的巨额成本增加、领导的权威失灵造成的上下不一致、信息和指令失真、效率低下等。相对于显性成本来说,这些成本隐蔽性大,难以避免、不易量化。[②] 组织在危机到来时,都不可避免地导致组织的隐性成本的上升,影响组织的发展。因此加强组织危机的管理,降低组织隐性成本,对于组织的长远发展具有重大的意义。而在家校合作中的隐性成本包括班主任、班级乃至学校的声誉、形象、威信等等,所以应加强对危机的管理,降低隐性成本。如,鉴于踩踏事件,威海市塔山中学为了避免此事的发生,就做了一系列工作。该校向所有学生公布了逃生路线图,张贴在所有班级教室门前。如果发生地震、火灾等意外情况,学生们可以按照路线图,有条不紊地以最快速度撤离到安全地带。这样的做法使学生在面对危机时能用最快的速度逃生降低危害程度,也就降低了学校的显性成本以及隐性成本。

2. 确保组织战略的实现

战略管理的任务在于立足组织的长远发展设计组织的竞争战略,并将这种战略有效地付诸实施。[③] 如果组织忽略了战略管理中可能出现的各种危机诱因,危机一旦爆发,就一定会对组织战略的实施产生重大影响,甚至中断。所以组织应当与战略管理和危机管理融合在一起,双管齐下,未雨绸缪,确保组织战略的顺利实施。上面我们说到威海的塔山中学为了防止踩踏事件的发生,学校面向所有学生公布了逃生路线图。

---

① http://baike.baidu.com/view/3668311.htm.

② http://baike.baidu.com/view/1033094.htm.

③ 刘刚.危机管理[M].北京:中国经济出版社,2004:38.

图中针对教学楼的三个楼梯口,以分班级的方式详细说明了在发生地震、火灾等紧急情况时的逃生路线,并且还具体安排了每位负责教师对应的疏散点以及每个班级所对应的安全地带。为了使学生在突发事件时能冷静面对,该校每年至少举行两次消防演练,并且作为全市第一个红十字会学校,每位学生都配备了急救包,每个班级配备了急救箱,校本课程中每周都有一次急救知识学习。这样就是未雨绸缪,预防危机的发生。

(三) 维系组织成员的忠诚度

组织管理层对危机的处理是否妥当,不仅关系着组织的利益,更会影响组织成员对整个组织的信心。如果处理妥当,会大大增强成员对组织的信赖、忠诚度以及归属感。如果处理不当则会使组织成员丧失信心,忠诚度降低。这个在班主任工作中非常常见。如班上两位同学打架,一位同学是成绩比较好、比较受教师喜爱的学生,一位是各方面表现相对不是很好的学生,在处理这种事情的时候,班级里的每一双眼睛都在看着班主任的表现,班主任要公平对待,不能偏袒一方也不能忽略另一方,如果在处理的方法上让学生觉得不公平,就会遭到学生的排斥,引发信任危机。又如这样一个案例。

[案例]

找 回 信 任

一天下午,刚下体育课,宣传委员就拿着两截尺子来找我。"韦老师,你看,不知道是谁把尺子弄断了,这样我们怎么出黑板报呀?"我跟着他走进教室,有些学生还没有回来呢。我举起尺子,严肃地向正在教室里的学生们问道:"你们看到谁把尺子弄断了?"大家先是一愣,马上反应过来,都说:"不是我!"然后七八舌地议论起来。有的学生说:"去上体育课之前,我看见洋洋拿尺子当金箍棒学孙大圣来着。"几个学生表示他们也看见了。还有学生突然想起,上体育课做完操后,洋洋曾回过教室。

这个洋洋是全班乃至全年级有名的"捣蛋鬼"。洋洋五岁时,他父母离婚了,谁都不愿意要他,只有爷爷奶奶愿意抚养他。由于目睹了父母亲的种种争吵打闹,他的叛逆心理特别强,根本不听爷爷奶奶的教导。平时在学校打同学、骂老师、挥椅子、砸玻璃,这样的事情发生在他的身上是不会令人奇怪的。我从二年级接手这个班级开始,老师们就跟我数落过他的一大堆缺点,并给我提出"忠告",一定要小心这颗"定时炸弹",他会不时地让你赶到"战场"去处理事故的。这次折断尺子的,不是他还有谁?教育过他那么多次,一点都没有长进!

正想着他的种种劣迹,他就满头大汗地跑进教室了。同学们都安静下来,看着我们。我喊到："洋洋,你过来。"看着他若无其事地走过来,我气不打一处来,冲着他大声地说："好好的尺子,你为什么要把它折断了?"他一脸无辜地说："不是我干的!"还不承认! 我的语调提高了八度："还说不是你干的? 上体育课之前尺子还好好的,只有你拿来当金箍棒舞来舞去。上体育课又跑回教室来,不是你,还有谁碰过尺子!"他用愤怒的表情回敬了我,双手握成小拳头,一脸不服气的样子。我瞪着他,严厉地说:"搞破坏总有你的份! 走,跟我到办公室去!"我一边说,一边拽着他的手拉他走。没想到,他猛地一甩手,大声地抗议:"尺子断了不关我的事!"敢这样对我说话,这更让我火冒三丈。我劈头盖脸又是一顿批评,丝毫不给他解释的机会。他倔强地歪着脑袋,嘴里嘟哝着:"反正说什么,你也不相信我,我又不是好学生。"我听了他的话,心里不由得震动了一下,难道我平时只相信"好学生"吗?

回到办公室,我静下心来,思前想后,觉得应该再去找学生了解了解情况。仔细一问才知道,并没有学生亲眼看到洋洋把尺子弄断了,都只是猜测的,而且上体育课的时候,教室的门没有关起来,几个跟洋洋一起回到教室的学生都说,他们喝完水就又跑到操场上去了。我意识到,这次对问题的处理,是我太主观了,没有调查搞楚事情的真相,就怪罪洋洋。

反思过去我在处理洋洋的各种"事件"时,都是高高在上,措辞严厉。我知道自己伤害了他的自尊心,失去了他对我的信任。作为老师,应该认真地去了解事情的起因,而不是盲目地训斥学生,应心平气和地允许学生说出自己的心里话。孩子犯了错,与其责骂惩罚,不如给孩子信任和理解。当孩子解释真相、承认错误时,与其说是你信任了孩子,不如说是孩子信任了你,向你敞开了心扉。

于是,我决定改变自己的教育方法,努力重建师生之间的相互信任。我去买了一把新尺子,利用第二天的晨读时间,在全班同学面前把我对这件事情的处理作了小结,承认自己错怪了洋洋同学。洋洋当时一脸惊讶,但什么也没说。在以后的学习和其他活动中,我经常会给洋洋一些表现的机会。每当他认真完成了任务,我都会给他肯定的评价或是在同学们面前表扬他。渐渐地,我感受到了他的眼神中流露出对我的信任。慢慢地,他闯的祸少了,变得对老师、同学有礼貌了。他的笑脸让我为过去自己莽撞地处理学生问题感到惭愧,也为自己及时纠正不良的教育方式,找回了学生的信任而感到欣慰。①

---

① 周娴华,周达章.走进学生的心灵:班主任工作案例新编[M].南京:江苏教育出版社,2006:130—132.

学生和班主任之间的相互信任关系着班级的团结稳定,在这个案例中就是因为班主任对"差生"的不信任引起了一场风波,所幸这位聪明而有心的班主任不仅平息了风波,也重新取得了这位"差生"的信任。最终,这位同学不仅改变了自己以往的捣蛋行为,而且与全班同学融洽相处,班主任在这件事情中取得了良好的教育效果。

(四)维护组织的形象

组织的形象事实上也是隐性成本。如果组织能够妥当处理危机,不仅能化险为夷避免危害发生,也可以树立良好的形象,使组织获得更多的发展机会。如果处理不好,不仅会遭受巨大的损失,更会使形象受到损害,其带来的危害会更加严重。

[案例]

一次意外事件

一天下午的最后一堂课,我指导学生写试卷分析,放学时检查合格后方可回家。下课铃声响过,我宣布放学,但那些未检查完和未按要求做的学生留下来接受检查。十几个学生争先恐后地围着我,我接过郑的作业一看,还没做完,便说:"这道大题你没做,做完了再给我检查。"没两分钟他又来了,我接过一看,他在每道小题上都只写着"根据题意",我便说:"怎么能这样做呢?你等我把别人的试卷检查完了再给你说吧!"说罢,接过另外一位学生的作业本。正在此时,只见郑转身将自己的作业本狠狠地扔在地上,并重重地踩了两脚,高声吼叫道:"我不会做,我就是不会做!烦死了!"然后拾起地上的作业本到教室后面去了。

一会儿,他打开窗户跳上去,骑在窗台上,一条腿放在里面,一条腿放在外面。当时教室里做清洁的、整理书包的、写作业的同学都惊讶地看着这一幕。我吓得两腿直颤抖,真是目瞪口呆。此时,任何的批评或启发帮助,肯定是没有作用了。

看着郑骑在窗台上,还摇头晃脑、嘴里直嚷嚷的样子,我心里可是焦急得不得了,这可是四楼啊!万一掉下去……我真的不敢往下想。在焦急中突然我用温柔又清楚的语气对他说:"郑,你的作业不是做得很好吗,你看你的第四道题很有新意,我是想叫你留下来一起讨论一下解题的思路,既然你现在感到身体不舒服,那你先回去吧!"说着还特地说了一句:"小心,不要把这漂亮的衣服给窗钩给钩破了。"谁知道,他仍然骑在窗台上,毫无反应。这时,刚好有一位学生走过来,问我一道题,而这道题恰恰是郑做对了。于是,我顺水推舟说:"这道题怎么做,你去找郑吧,他做得很好。"接着对其他同学说:"同学们,今天的作业就检查到这里,大家赶快回家吧。"

只见这个学生早已心领神会地擦掉自己的答案,拿着作业本走向郑,边说:"快下来我们一起回家吧,顺路把第四题给我讲一讲。"这时,我见郑虽然坐着未动,但脸上的表情已经由暴躁、厌烦转为温和,我赶紧对一个同学高声说着"再见",从前门退到外面,郑见我走出教室,也就跳了下来,那个学生帮他拿着书包,一起走了。

他们走后,我胆战心惊地在教室里坐了很久。几个善解人意的女生安慰我,说一些"老师你没错","他是一个脾气暴躁的人"之类的话,可我依然不能原谅自己,为什么不细心地观察一下他的脸色,为什么不了解和关注一下他当时的心情和需要呢?如果发生了意外,一个鲜活美丽的生命差点因为几道作业题而夭折了。

第二天课间操罢,我找郑谈话,问他原因,他说:"自己一下午心里都很烦,大概是中午没吃饱吧。试卷分析老师虽然讲了,自己却没有听进去,还对老师发那么大的脾气,觉着自己犯错了,心里就更加烦,于是就跳上窗台,是不是要跳下去或会不会掉下去当时没考虑。不过老师为我好,我还是体会得到的。老师,真的非常非常对不起你。"我只好笑笑,说:"昨天你吓死我了,今天罚你课外活动陪我打乒乓球吧!"他怔了一下,郑重地说:"老师,谢谢你原谅我,我保证以后再也不那样做了。"然后不等我说话,转身走了。看着他离去的背影,我默默祈求上帝,愿他给我更多智慧和胆量。

在这以后的日子里,我们遵守彼此的约定,每星期三和星期五下午课外活动他准时教我打乒乓球。一开始我们似乎都有一种"心怀叵测"的谨慎,但游戏就是游戏,他总忍不住对我糟糕的打法和郑重其事的态度报以大笑,我也情不自禁地对他的夸奖和我的进步还以幸福的微笑。我们边打边聊天,网络、生活、父母、同学、作业和学习,无所不包而不刻意为之,真的快乐而惬意。也许是无为而为吧,不到一个月,同学们都夸我球技大长,郑的性情也大变。更可喜的是班上因此而出现了一批乒乓球"教练"和女乒乓球爱好者,而郑在学习上也有了很大进步,少了一些反感和烦躁,我们都从对方身上找到了赖以前进的动力。而这次意外事件,在我做班主任工作的经历中留下了永远难忘的记忆。[①]

这位班主任巧妙地阻止了危机的发生,并对"问题学生"给予关怀,走近学生,收到了很好的效果。试想,如果当时学生跳下楼,发生了恶性事件,后果是不堪设想的。组织的形象、教师的形象都会受损。

---

① 周娴华,周达章.走进学生的心灵:班主任工作案例新编[M].南京:江苏教育出版社,2006:31—33.

三、班级危机事件的特点、类型及预防

班级作为一个组织,发生危机也是不可避免的。我们就需要了解班级危机的特点和类型,以及如何预防危机。

(一) 班级危机事件的特点

从班级危机发生、发展的过程和产生的影响来看,主要呈现以下一些特点:①

1. 突发性

班级危机就其产生的表现来看,是突如其来的,如果事前没有相应的预案,往往是防不胜防,使管理者措手不及。它常表现为某一突发事件,该事件起到危机导火索的作用。一位班主任就遇到这样的突发事件:

[案例]

一位女同学准备买运动服的 50 元钱,放在书桌里时被人偷走了。同学们一片喧哗,纷纷要求翻书包,抓住这个偷钱的"贼"。新组建的班级发生这种事,真让人头痛!而在学生的心目中,老师是公平的。那么作为班主任的我该怎样处理好这件事情呢?②

这件事情也是事先无法预料的,让班主任手足无措,不知怎样才能处理好。

2. 隐蔽性

班级危机从表面看是由突发事件引发,其实大都要经历一段潜伏期,这一时期许多潜伏的危机因素一开始表现并不明显,不易觉察,但它通过不断累积,达到一定程度,便会一触即发。

[案例]

一次班里发生了这样一件事:由于我每周三下午都要去教研中心学习,班级就由班干部负责管理,第二天班干部向老师汇报班级情况。对于个别不守纪律的学生,我

---

① 潘东良.学校危机的类型、特点及管理策略[J].教育科学研究,2004(8).
② 史爱华.班主任工作典例与研究[M].北京:北京师范大学出版社,1996:55.

免不了要批评教育一番。挨批的学生就把账记在了班干部头上。

某天上午值日生在讲桌上发现了一张乌龟漫画,上面写着"大王八——姜伟"的字样,姜伟是我班行为规范监督员。紧接着副班长周扬的桌子上也赫然出现"大王八"三个字。姜伟和周扬既委屈又生气,要我这个班主任主持公道。我正在安慰他们,班长赵飞的英语书里又发现了一张"图文并茂"的作品。这张字画已不止于辱骂,而是"升级"为恐吓了。上写:"赵飞:地狱使者要找你报愁(仇)!你死定了!死定了!!!……"下面画着一只骷髅头。的确够唬人的,不过写了个错别字:报愁(仇)。真令人哭笑不得。

看来,此举已不仅是单纯开个低级玩笑而已。它反映了班级一种不良风气,要及时遏制。但必须讲究方法,否则火上浇油,适得其反。[①]

这样一件事情的发生并不是偶然的,事实上其中是有着隐蔽矛盾的积累,"挨批的学生把账记在了班干部头上",日积月累便形成了这样的"恐吓"事件。

3. 关联性

一般情况下,各种班级危机是相互关联的。当一种危机发生后,易引发另一种危机。如班主任因某方面的决策失误而产生学生对班主任的不信任,导致信誉危机、形象危机等的产生。在上一个的案例中我们可以看到,由于学生对班干部的不满就"恐吓"班干部,引起了班干部的恐慌,这其中有着一系列的关联,但是其中必有根由,班主任在处理危机时不仅应该阻止危机进一步发展,也要寻找危机发生的最根本原因。

4. 规律性

班级危机的发生、发展虽然具有突发性、隐蔽性,但同时它也具有一定的规律性。危机全程从酝酿到解决一般要经历四个不同的阶段:潜伏期、爆发期、恢复期、解决期。每个阶段都有一定的特征,如果班主任认识、把握其特征也就找到了规律,就可制订与之相匹配的预防、应对、恢复和解决策略。

5. 不可估量性

从班级危机造成的影响来看,其后果往往是难以估量的。因为一些特别严重的危机所产生的经济损失可能在当时有一个大概的估测,但从长远计难以估量。另外,从产生的精神损失来看,显性和隐性共存,且影响时间久远。

---

① 史爱华.班主任工作典例与研究[M].北京:北京师范大学出版社,1996:59—60.

(二) 班级危机事件的类型

由于分类标准不一,班级危机的类型也是多种多样的。从大的方面看,班级可能发生的危机事件大概有社会性灾害事件、自然灾害事件、卫生性灾害事件、校园暴力伤害事件。从危机的影响方面来看主要有个人层面的危机、学校层面的危机、社会层面的危机。这里,我们主要说几种普遍突出的班级危机事件:[①]

1. 灾变型危机

班级灾变型危机是指由自然灾害和社会灾害所造成的班级危机。包括地震、洪水、台风、雷电、战争、火灾、房屋倒塌、食物中毒、传染病流行等事件。这种灾变性危机主要危害到学生和教师的身体健康和生命安全,扰乱正常的教育秩序,给学校财产造成一定的损失。其中由食物中毒、房屋倒塌等事件带来的危机会对班级产生较大的负面影响。

[案例]

2011年秋季开学以来,河北、江西、湖南、贵州、山西等地相继发生6起学校食物中毒和肠道传染病流行事件。9月1日—6日,河北省唐山市玉田县育英小学25名学生陆续出现发热、腹泻等症状;9月5日,河北省承德市隆化县章吉营中学因学校自备水源被污染使得135名学生发生腹泻;9月6日,江西省高安市独城镇红星幼儿园23名儿童发生疑似食物中毒;9月8日,湖南省长沙市雨花区枫树山小学70名学生发生疑似食物中毒;9月20日,贵州省遵义市桐梓县茅石乡中学26名学生因食用在学校食堂购买的月饼出现头晕、无力、心慌等症状;10月10日,山西省太原市新晓双语小学197名学生发生疑似食源性疾病,这些事件的发生,严重影响学生的身心健康和学校正常教学秩序,也充分暴露出个别地方和学校食品安全管理工作还存在不少漏洞和隐患。[②]

2. 管理决策危机

班级管理决策危机是指由于班主任决策失误或管理不当造成的危机。如因班主任用有色眼镜去看待学生,过于偏爱好学生,就会导致班级内部的分裂。此类危机多是由于长期隐藏着管理决策上的失误,经过一段潜伏期后爆发的,如不及时做出应对

---

① 潘东良. 学校危机的类型、特点及管理策略[J]. 教育科学研究,2004(8).
② http://news.ifeng.com/mainland/detail_2011_10/16/9892367_0.shtml.

策略,会带来严重后果。

[案例]

我的班级管理工作

刚一参加工作,领导就让我当了班主任。我在兴奋之中做着准备工作。

第二天早上,我走进了四年级(6)班的教室。真没想到学生们看到我之后没有马上回到座位上,反而议论纷纷;有的说我是某人的姐姐,有的说我是来找人的,谁也没猜我就是他们的新任班主任。觉得我是个不起眼的老师吗?当时我可气火了。

于是,我立刻做出严厉的神色,给他们一个"下马威"。我采取了暴风骤雨般的批评教育。

一个星期过去了。从班级的表面看,我的这种办法奏效了。接着,我又坚持做了三个星期。但久而久之,我发现我整天只把时间和精力花在了查找问题、掩盖漏洞上。我们师生间心灵上的距离不断扩大加深。我把学生当作"犯人"一样看管,学生把我当"敌人"一样看待,这导致了班级管理的彻底失败。

为了尽快改善这种局面,我思前想后,建立了一个"悄悄话信箱",通过它收集广大同学的意见。我改变了以前的做法,向同学们宣布:大家犯了错误,老师不再像以前那样指责挖苦了。要摆事实讲道理;不写检书;不向家长汇报。广大同学有建议,有意见,有批评,有想法,有打算,都可以写出来,不用署名,投入"悄悄话信箱"里。我现在提议,每个同学以书面形式给辅导员写一份建议,可提意见,提批评,讲班干部的优、缺点;对我及任课老师提意见、提批评都可以,不必署上自己的名字。比一比,看谁的意见和建议最有道理。

就这样,一封封不署名的批评、意见由"信箱"传入我的手中。我一一阅后进行分类,按轻重缓急于以采纳、解决,虚心接受各种意见和建议。同学们看到我这样做,从心底里开始信任我了;过去一些不愉快的事情,开始烟消云散。从这以后,同学们有什么意见,都能直截了当地提出来了。

"悄悄话信箱"就成了师生交流思想的信箱了。它无形中架起了师生间相互理解的桥梁。

随后,团结友爱,互助互谅等等优良的班风逐渐形成了。班里涌现出不少好人好事。例如:谁生了病都有人帮忙送医院;一次,我自己身患感冒,嗓子有些嘶哑,课间操后回到教室,发现桌子上的保温杯里冲了一杯热茶,下面压着一张纸条写着:"老师,您放心,我们感谢您为我们带病上课,请喝茶。"

由于师生间、同学间相互关心、爱护,班级的凝聚力加强了,很快形成了一个上进的集体。期末考试后,班级总分数由原来的倒数第一名,上升到第二名。家长会后,一位家长饱含热情地对我说:"老师,以前开家长会,家长们总是对孩子们的考试成绩议论纷纷,可是这次家长会,我们说句实在话,真佩服你这个年轻的好老师,教好了我们的孩子!"这是学生和家长对我的回报。作为一名人民教师,我感到欣慰。①

这位班主任在采取严厉管理措施之后发现自己与学生的关系越来越远,学生对待自己就像对待敌人。这就是管理决策危机,我们也看到在这位班主任改变策略之前,班级的名次是倒数第一,当他意识到危机,及时扭转局面时,班级"总分数由原来的倒数第一名,上升到第二名"。自此,班级的向心力、凝聚力加强了,班主任也受到了家长的好评。

3. 信誉危机

班级信誉危机是指班级信誉和形象受到严重损害的危机。这种危机常常是由于班主任不能起到良好的示范作用,管理不力,班级的教育教学水平降低。这样就会使学生丧失对班主任的信任,更为严重的是会导致家长的不信任,要求学生转班或转学,这样班级的发展就面临着危机。前文的例子就很有代表性,班主任由于管理方式太过严厉,导致了学生的疏远,班级总分数倒数第一,开家长会时家长也总会对考试成绩议论纷纷,并对班主任的能力表示怀疑。这都会影响到班级的形象,引发信誉危机。幸而这位班主任及时调整了策略,起到了很好的效果,最终使学生的成绩上升,也赢得了家长的信任。

4. 形象危机

班级形象危机一般多指班级内部发生丑闻而使班级形象受到严重损害的危机。比如,学生因为作弊而使班级形象受损;教师因严重体罚或运用过激言语而导致学生的身体以及精神遭受伤害等事件,都会使班级产生形象危机。如果不采取有效的措施,班级形象就会一落千丈,影响整个班级的发展。

---

① 史爱华. 班主任工作典例与研究[M]. 北京:北京师范大学出版社,1996:5—7.

[案例]

2012年6月,北大附中的孩子遭班主任体罚辱骂,遭到了家长的投诉,学校将此班主任开除。6月1日上午,广西河池市一所高级中学多名学生因没有参加学校例行的跑步训练,被学校政教处一名老师处罚,要求他们爬行。有学生愿意跑10圈来替代"爬行",但遭到拒绝。一名年轻女老师一直在一旁央求改换其他方式,也遭到拒绝,看着学生爬行,一直在旁边哭。①

这样的恶性事件引起了社会的强烈反响,网友纷纷指责"无情"的老师。这样的事件可看作是形象危机,已然严重影响到了班主任自身以及学校的形象。

5. 人事危机

班级人事危机主要是指由于班级教师离职或调动、班主任更换或者是班干部更换等,使班级日常事务不能正常进行,学生思想上波动,行为上松懈,都会影响班级的教育教学活动,进而影响班级组织的发展。如:一家长发现自己的小孩最近一段时间不爱学习,也不再做作业。结果问了之后才知道,孩子所在的班级已经两次更换代课老师,已经使得学生思想涣散,无心学习了,很多家长都联合起来去找校方理论。可见,人事调动看起来是小事,可是对于学生来讲却是重要的大事,频繁的调动势必会导致人心涣散。

(三)班级危机事件的预防

为应对可能出现的危机,班主任应建立班级危机预警机制,做好危机的事前预防,并纳入班级日常管理中。②

1. 建立教师家长共同体,观察学生的日常行为表现,发现危机苗头及时处理

班主任接班后应建立学生档案,对学生的家庭状况、个性特征、心理状态有基本的了解。学生出现心理波动,往往会表现在言行上。教师要善于观察学生,一旦发现学生出现反常行为,应及时了解情况,迅速采取措施。为此,班主任应该与科任教师、生活老师以及家长建立教师共同体,发现学生有异常现象,如上课缺席、住校生夜不归宿等,应及时联系沟通。这就要求所有教师树立危机意识,对学生负责,以减少可能出现的意外和损失。同时,班主任应利用各种渠道和家长保持密切的联系,将家长联系方

---

① http://www.qingdaonews.com/content/2012-06/04/content_9263237.htm.
② 管志伟,卢晓茹. 班主任如何进行班级危机管理[J]. 班级发展与管理,2009(8).

式随身携带,以备不时之需。

2. 建立教师、学生、家长共同体,增加沟通渠道,帮学生及时解决问题

为迅速、及时地了解情况,班主任应采取多种方式加强与学生、家长的沟通,如建立教师、学生、家长的沟通信箱、QQ、电子邮箱等,一旦发现学生产生心理危机或有极端想法,能够及时疏导,以降低危机事件出现的几率。在班级管理中,班主任也可以针对班级事务建立"小老师"制度,协助处理班级事务。可以依据班级学生各种特性,以分组方式建立安全小组,推选安全"小老师"。

3. 储备必要的知识,及时发现危机预兆

除了具备教育专业素养外,班主任与家长还应具备以下知识:首先要做学生的"身体保健师"。在流行疾病易发季节,及时消毒、通风,告诉学生注意事项。掌握一些常见流行病的症状,及时发现,及时就医,并配备班级小药箱。其次,要做学生的"心灵按摩师"。通过组织班级活动,对学生普遍存在的心理问题进行疏导,如考试心理焦虑等;根据学生个人心理问题提供疏导方案,避免因心理问题诱发危机事件。比如,学生高考前夕过度紧张,有的学校就请校外的专家到校给学生做心理疏导,缓解学生压力,让学生以平常心态对待高考,有许多学生反映,经过这样的讲座,自己能够正确认识高考,并以轻松的态度去迎接高考。我们都知道,面对高考,有许多学生会因为精神过分紧张而出现多种问题,有的学生甚至会神经衰弱,如果不及时疏导必然会引发危机,这就需要班主任和学校及时地帮助学生来缓解压力,预防危机的发生。

4. 班主任应培养学生的危机以及安全意识

班主任在管理班级时,应通过多种形式让学生了解班级危机存在的可能性以及危害性,提醒学生要对校园可能发生的危机有所警觉。同时,班主任也可以教给学生危机发生时的处理策略。

第二节　家校合作危机管理的组织框架与危机评估

一、危机管理组织架构的设置

危机管理组织架构的设置是实现危机管理的组织保证。对组织来说,寻找适合自

己的形式是非常重要的。[①]

(一) 三级组织三级管理

一般来说,危机管理组织架构的设置应是三级组织三级管理的形式。第一级为决策机构,第二级为执行机构,第三级为基层操作机构。在家校合作中,设立三级组织三级管理主要还是为了学生的发展,所以三级组织管理机构应这样来设立:

第一级决策机构。在家校合作中,班主任和家长都是主要的决策决定者。主要负责制定危机管理的政策,制作《危机管理手册》,分配危机管理的相关负责人,监督危机管理工作,主持危机管理会议,负责处理重大的危机事件等等。

第二级为执行机构。班主任和家长既是决策者也是执行者,除此之外,班干部也是主要的执行者。在班主任的决策制定之后,按照班主任的安排负责危机管理工作的贯彻实施,收集信息,监测危机,同时能够处理一般性的危机事件,并且定期向班主任汇报工作。

第三级为基层操作机构。在班级中,基层操作机构是小组。主要由小组长负责,小组的其他成员也应参与进来,毕竟"班级兴亡,匹夫有责"。日常的任务就是监测并报告危机,保持与班主任以及班干部的联系。

(二) 危机管理人员的配备

英国危机公关专家里杰斯特认为,危机管理人员的最佳配备方案应该是:

(1)"出主意的人",点子多,创意多;

(2)"善于收集情况的人",信息最重要;

(3)"提反面意见的人",多角度多方位考虑,可万无一失;

(4)"管理档案的人",材料是最好的见证;

(5)"重视人道的人",是处理危机时各方面注意的焦点。

同时,危机管理人员应具备以下素质:

(1)具有灵敏的嗅觉,能于细微处感觉危机的萌芽;

(2)具有液态思维,能以柔性的方法来处理严峻的危机现场,讲究方式方法;

(3)具有很强的应变能力;

(4)具有换位思考的素质,设身处地为他人着想。

在家校合作中,班主任应和家长、学生多沟通,依据对各位家长、学生的了解,找出

---

① 居延安.公共关系学[M].上海:复旦大学出版社,2008:306—308.

最佳的配备方案。

二、班主任"发言人"制度的确立

危机爆发的时候,往往会引起混乱,谣言四起。这时,就需要有人能够及时有效地引导舆论,稳定人心,掌握危机处理的主动性。所以危机管理机构就需要设立"发言人"制度,在班级中,这个发言人就自然而然地落在了班主任的肩上,也对班主任自身的素质提出了很高的要求。

班主任要具备极强的沟通协调能力以及随机应变能力;要有很好的心理素质,能够临危不乱,冷静客观地解决问题;班主任必须能负责任地向外发布真实的信息,必须有理、有力、有节地驾驭场面,以良好的人格魅力影响公众。

"发言人"自身的素质也体现了组织的形象,班主任在危机中的表现以及对危机处理的妥当程度都在一定程度上影响学生、家长以及其他公众对班主任以及整个班集体的信任程度。

三、第一时间快速反应通道的建立

第一时间快速反应通道的建立包含两方面的内容:①

1. 意识问题

即对处在萌芽状态危机事件的一种敏感性。缺乏这种敏感性就丧失了快速反应的前提,贻误了时机。在班级中,危机管理的各级人员都应该具有这种意识,能够对危机保持一种敏感机警的态度。

2. 组织的管理系统问题

即组织的整个管理系统是否有利于快速沟通、快速决策、快速执行。班主任应该事先制作一张《危机处理快速反应通道图》,对学生反复讲解、反复培训,使学生在面临危机时能够井然有序地按照事先的训练行事,第一时间解决危机事件。这样就保证了整个危机管理系统的畅通,提高了解决危机事件的效率。威海塔山中学为了防止踩踏事件的发生,学校面向所有学生公布了逃生路线图。图中针对教学楼的三个楼梯口,

---

① 居延安.公共关系学[M].上海:复旦大学出版社,2008:308—309.

以分班级的方式详细说明了在发生地震、火灾等紧急情况时的逃生路线,并且还具体安排了每位负责教师对应的疏散点以及每个班级所对应的安全地带。为了让学生在突发事件时能冷静面对,该校每年至少举行两次消防演练。这样,学生在面对危机时就能快速高效地逃离危险,危害程度就会降低。

四、家校合作危机形态的预测

在家校合作中对危机进行预测,未雨绸缪,就能很好地预防危机事件的发生。预测危机一般有两种方法:(1)找出自己班级在家校合作中曾经出现过的危机,以前发生的事情,现在也可能发生。(2)找出其他班集体发生过的危机,引以为戒。

前面提到,班级危机大概有:灾变性危机、管理决策危机、信誉危机、形象危机和人事危机。这些班级危机都是家校合作危机的诱因,所以班主任应从中总结经验,建立解决此类危机的档案。同时班主任也可按照危机的危害程度来分类:危害程度极大的危机、危害程度较大的危机和危害程度较小的危机。这样的分类可以让班主任明确某类危机的危害程度以及其发生的规律,这样可以揭前预防,把危机事件扼杀在萌芽之中。

五、家校合作潜在危机的评估

评估潜在危机的基本任务是要预见可能发生的最坏情况,预估计其产生的影响。方法可以借助潜在危机评估的模型进行。该模型的形成必须有两个指标:危机影响值和危机发生的概率。[①]

危机影响值的计算方法是,先提出以下五个问题:

(1)假如危机逐步升级,危机会加剧到何种程度?

(2)家长或学生的抵触情绪会到何种程度?

(3)危机会在多大程度上影响班级正常教育教学工作?

(4)班级的形象会受到多大程度的损害?

(5)班级的教学质量会受到多大程度的影响?

---

① 居延安. 公共关系学[M]. 上海:复旦大学出版社,2008:309—310.

可以把这些问题的答案设定在从 1(零度)到 10(可能达到的最大限度)的范围之内。比如：

第一题的影响度是 5；

第二题的影响度是 5；

第三题的影响度是 5；

第四题的影响度是 7；

第五题的影响度是 8。

那么这类危机的影响值应该是 $(5＋5＋5＋7＋8)÷5＝6$，危机影响值超过 5 是比较严重的，必须引起高度重视。

第三节　家校合作危机管理的基本程序

班主任在家校合作中的危机管理有以下基本程序：[①](1)赶赴现场，了解事实。(2)分析情况，确立对策。(3)安抚家长，缓和对抗。(4)多方沟通，迅速化解。(5)有效行动，转危为机。这里由一个案例说开去。

[案例]

意外之后的"意外"

晚饭后，我正在看新闻，学校门卫打来电话说我班学生李萌摔伤了，让我直接去医院。于是我冒雨匆匆往医院赶，边走边给李萌的妈妈打电话。

来到医院时，值日教师正带李萌在做检查，我边查看李萌的伤势，边询问受伤的经过。李萌告诉我：下晚自习了，他和好朋友小伟较晚才出教室，两人见校门口没人值班(此时值日教师去教室巡查、门卫去清扫厕所)，天又下着小雨，于是在校园里就骑上了自行车(学校是禁止学生在校园内骑车的)，还相互飙车，结果小伟的自行车刷了李萌的车，李萌就从车上狠狠地摔了下来。

李萌妈妈来了，见儿子受伤，心痛不已，当看到诊断结果是"左脚骨折，需住院治疗"后，她很是不平，有些气愤地质问我："我儿子早晨来上学时还好好的，在学校呆了

---

① 居延安.公共关系学[M].上海：复旦大学出版社,2008：312—317.

一天,却要躺到病房里。老师,这到底是怎么回事啊? 你得给弄清楚。"

李萌妈妈的态度,我并不介意,因为我能理解此时一个母亲的心情。在安顿好李萌后,我对李萌妈妈说:事情发生的经过,李萌已经告诉我了,但还需要听小伟的解释,我得先回去调查;孩子的身体是大事,现在要紧的是给孩子治病,其他的事情,我们慢慢来处理。

从医院出来后,我就去找小伟。小伟是个单亲家庭的孩子,母亲没有工作,四处打零工,生活十分拮据。见到小伟时,他独自在家,小伟承认是自己的车剐了李萌的车,当他得知李萌左脚骨折的时候,半天没有说话。趁此机会,我告诫他今后骑车一定得小心,同时宽慰他会有办法的,让他等妈妈回来后告诉妈妈发生的事情,并建议他和妈妈第二天一起去看望李萌。

第二天上午,我一直在等小伟妈妈来处理问题,但小伟妈妈没来,甚至连电话都没打一个。我打电话过去,她说,她知道了,但她没时间来,也没钱给李萌治病。

我再次来到小伟家,在漫长地等待中,他妈妈终于回来了,我首先体谅她的不容易,然后向她讲明了事情的经过,讲了她作为监护人应当承担的责任。在我的劝说下,小伟妈妈终于同意见李萌妈妈,并答应协助处理好整个事情。

但事情并没有向我想象的方向发展。双方家长见面后,小伟妈妈一个劲地说对不起,批评小伟不懂事,还不停地叹自己命苦,一把鼻涕一把泪的。也许是见对方家长的确没钱,也许是因为两个孩子是好朋友的缘故,李萌妈妈不仅没让小伟承担责任,还宽慰小伟妈妈说:"这事责任不在小伟,要怪只能怪学校管理不到位,我们一起找学校解决……"原以为家长之间会就医药费做协商解决的希望也成了泡影,我没法让问题妥善解决,只能把事情的全部情况汇报给校长。

李萌父母第三天找到校长,态度很不友好,说事情都发生几天了,还没给个答复,又说,"孩子是在校内受的伤,学校就应当负全部责任,跟别人家长有什么关系"。校长解释说:学校只能为自己的管理不力而承担相应的责任。李萌父母一听,更加强硬起来,还抬出了"三个必须"的处理方案:第一,学校必须马上安排老师到医院照顾李萌;第二,学校必须承担所有的费用,包括住院费、营养费、误工费、生活费等等;第三,李萌到校后,科任教师必须无偿地为李萌补习课程。学校与李萌家长协商未果,拒绝了家长的这些要求。

见学校拒绝,李萌父母怒了,为了达到自己的目的,他们在网上大做文章,歪曲事实,混淆视听;还散布了许多有损学校形象和部分教师人格的言论。

在反复的僵持与冲突后,李萌父母一纸诉状将学校告上了法庭,法庭通过调查取证,最后判决如下:整个事件,小伟负主要责任,李萌自己负次要责任,学校则因管理疏忽承担相应的责任。这样一来，李萌自己也要承担一定的费用，学校承担的只是少部分。面对判决结果，小伟妈妈更是意外，她怎么也想不通——明明告的是学校，最后怎么轮到自己承担多数费用呢？小伟妈妈不服，再次上诉，但二审依然维持原判。

病治好了，纠纷也解决了。当李萌回到学校时，几乎所有的同学都躲着他，老师们也不由自主地疏远他，生怕哪点无意的伤害，又被告上法庭，李萌好像也意识到了同学、老师们对他的疏远，总显得惶恐不安，孤零零的。

望着孤独、忧郁的李萌，我无限伤感：曾经那么活泼、阳光、亲密无间的孩子，却因为这么一件事，留下了抹不去的阴影。身体的伤可以治愈，心灵的伤口能治愈么？[①]

一、赶赴现场，了解事实

危机发生之后，必定会出现混乱、甚至谣言四起的局面。班主任一定要第一时间亲赴现场，这样会给人一种敢于负责、有诚意解决危机的形象。要处理好危机，必须及时、全面、深入地了解事实。这里的全面了解就是要全面掌握有利的以及不利的信息，要"兼听"，不要"偏听"。所谓的深入，就是要了解关于危机的细节，清楚把握危机起因、延续下去的可能性，并能够对危机的发展阶段和介入的各个层面的情况都要有所了解和把握。在上面的案例中，班主任做到了及时赶到现场了解事实，听两个当事人诉说经过，弄清了事实，这就做好了第一步。

二、分析情况，确立对策

在案例中，这位班主任在明白了危机发生的起因、过程等种种细节之后，就劝说小伟的家长来向受伤同学的家长道歉，这么做有助于缓解矛盾。所以，危机发生时班主任就需要快速地确立解决危机的办法。在全面充分地把握事实的基础上，尽快对危机的性质做出哪怕是初步的宏观判断；尽快地对造成危机的起因，对已经受到伤害、即将受到伤害或可能受到伤害的群体或个人，对已经或可能引起的连锁反应以及关键技术细节，做出中观或者微观的判断。有了这些判断之后，班主任就可以在"信息交流"、"意义沟通"、"价值劝说"三个层面上逐步展开，对家长、学生以及各个受到影响的群体

---

① http://www.xs5z.com/html/2011/smjt_1020/5326.html.

有个说法。

三、安抚家长，缓和对抗

安抚家长，缓和对抗是危机传播管理的关键一步。在案例中，班主任除了安顿学生之外，做的最主要的工作就是安抚家长，先是缓和受伤同学家长的情绪，接着又劝说小伟的家长来向受伤同学的家长道歉，我们可以看出，这样的做法的确是缓和了两位家长之间的矛盾。所以，危机发生时，班主任切忌试图掩盖、搪塞家长。这样等于是让自己跳陷阱。即便你有千万条减轻自己罪错的理由，这样的做法也会把自己置于尴尬的境地。班主任应该做的是先安抚受害公众，真诚地取得他们的谅解，争取积极创造化解危机的可能和最佳结局。

四、多方沟通，迅速化解

危机发生时，班主任作为"发言人"应及时站出来，采取措施防止恐慌的蔓延；控制、保护现场，保留各种证据。然后征求各方面的意见，客观公正地做出处理结论。在这个案例中，班主任做好了沟通两位家长的工作，及时化解了矛盾，但却万万没想到两位家长把矛头指向了学校，并将学校告上了法庭，这又引发了另一场危机。而问题就出在化解危机的方法欠妥上。因受伤学生家长没能得到较好的解决问题的方案，而使危机扩大了。

五、有效行动，转危为机

之前说到，危机具有二重性，危害和机会并存。班级组织经历危机，班级成员都可能经受不同的冲击，有难忘的体验，有些改变了以前的想法和行为，有些会寻求改变，有些会疑惑现在的做法，班级组织整体在价值观、结构域、人际关系、文化或学习等方面都可能受到挑战。危机可能带来不同的机会和教训，可能帮助班主任工作和班级组织改进和发展。因此，应尽量将这些机会和教训发掘出来。①

---

① 谌启标，王晞. 班级管理与班主任工作[M]. 福州：福建教育出版社，2007：203.

第四节　家校合作危机管理的原则

危机管理中应遵循几个原则:"3T"原则;公众为上原则;维护声誉原则。[①]

一、"3T"原则

所谓的"3T"原则即为:

(1) 以我为主提供情况(Tell me own table)。

这个"T"强调了危机处理时,班主任应牢牢掌握信息发布的主动权,信息的发布地、发布人都要从"我"出发,以此来增加信息的保真度,从而主导舆论,避免发生信息真空的情况。从操作上说,应该贯彻"发言人"制度,发生危机时,班主任一定要赶赴现场,掌握第一手资料,确保信息的真实性。同时要注意态度要诚恳,不可遮遮掩掩,更不可把错全揽到自己身上,而应该冷静不慌乱,言辞得体,据理力争,尽快把握局面。

(2) 尽快提供情况(Tell it fast)。

这个"T"强调了危机发生时,应尽快地、不断地发布信息,启用危机处理快速反应通道。当然这种快速是建立在危机管理的需要之上的,并不是越快就越好。

(3) 提供全部情况(Tell it all)。

这个"T"强调的是"该全部提供的就全部提供",并不是所有的信息。那些注定是局势急剧恶性膨胀的,注定会引起学生混乱的情况,不仅不能提供,而且要有思路、极有谋略地来应对危机局面。

二、公众为上原则

公众为上原则是危机传播管理的核心原则。危机爆发时,班主任如果设身处地的为家长学生着想,明白公正地处理问题,让家长和学生安心。这样,他们就会对班主任产生信任,班主任以及整个班集体的形象就会由此得到维护甚至提升,对整个班级的

---

① 居延安. 公共关系学[M]. 上海:复旦大学出版社,2008:318—322.

发展是非常有益的。

[案例]

　　每逢听到学生撒谎,我这个做老师的就会怒火中烧。可今日何故帮着学生撒谎?那一天,班级里出现了小小的失窃事件,数额一元九角,外加一个漂亮的皮夹子。据学生所说,在第一节课之前还拿过。我想此时"小偷"插翅也难逃,就暗示此人跟我联络。谁知其心存侥幸,迟迟不肯出来。学生们一致要求捉贼拿赃。短短两分钟皮夹子出现了,钱却不翼而飞。教室里一下子像炸开了锅。那个被查到拿皮夹子的学生矢口否认。

　　见机不妙,我赶紧带着这个学生离开了教室,来到了只有我们两个人的地方。

　　沉默,很长时间的沉默。我埋头批改着作业,她眨巴着无神的眼睛。我突然说:"你用钱买了什么好东西?"她在毫无防备的情况下说出了实情。寂静,死一般的寂静。我缓和了语气说:"在这之前班上少东西时,我就曾暗示过,犯了错误不可怕,可怕的是知错不改。听其他人说几天前你一天就用去了 20 元钱,钱从哪里来的?"一连串的事实击垮了她的心理防线,豆大的泪珠滚落下来。她用乞求的目光看着我,一改往日的无动于衷:"请你不要告诉我妈,她为我已经气得生病了……"我的气全消了,我觉得已经达到了教育的目的,便答应了地。

　　这次失窃事件怎样向学生交代呢? 跟她讨论之后,我决定拿出一元九角钱垫付给失窃者,并以美丽的谎言瞒过所有的人,让她有信心重新做人。不知是真情感动了她,还是美丽的谎言感动了她? 突然,只听到"扑通"一声,她跪在我面前……

　　从教十多年,我第一次受学生这样的"厚礼"。当时,师生二人都泪眼蒙眬。以前我只是在书上读到过,在电视上看到过。如今这感人的一幕就在眼前,我怎能不为之动容?

　　从这以后,她一次也没有拿过同学的东西。听她妈妈说,她在家里也听话了,还常帮着妈妈干家务,她懂事了。①

　　在这个案例中,班主任设身处地为学生着想,赢得了学生的信任,也化解了危机。学生也从中得到了教育,由原来的"问题学生"转变为听话懂事的好孩子。

---

① 周娴华,周达章.走进学生的心灵:班主任工作案例新编[M].南京:江苏教育出版社,2006:222—223.

三、维护信誉原则

这条原则对危机传播管理来说既是出发点也是归宿点。组织的信誉是组织的生命,这是不言而喻的。然而,危机的发生常常会对组织的信誉带来负面影响。我们之前说到,班级管理中出现信誉危机会使学生丧失对班主任的信任,更为严重是会导致家长的不信任,要求学生转班或转学,这对整个班级的发展都是不利的。所以,在危机管理时一定要坚持维护信誉原则。

案例分析

[案例1]

荒唐的决斗①

王某是一个17岁的高中男生,受到"早恋风"的影响,多次给本校女生杨某写情书,但遭到了杨某的拒绝。狂傲的王某遭此挫折,整日闷闷不乐。后王某得知,该女生已交上了男友,于是把怨恨转移到该女生的男友于某身上。王某联想到电影中经常出现的以决斗争夺女友的场面,于是找到于某,提出决斗。于某也是一名中学生,争强好胜,面对王某的挑衅不肯示弱,答应了王某的要求。两人各找了一名证人,并签订决斗"条约"。"条约"规定:决斗系双方自愿,死伤各自负责,胜者可与杨某谈朋友,败者自动退出。双方与证人在"条约"上签了名。

3天后的晚上,夜深人静,王某、于某按事先约定的时间来到学校体育场。在场的还有各自的证人及十多个知情的学生。决斗刚开始,双方似乎不分高低,但后来王某渐占上风。当于某用匕首朝王某脸部刺来时,王某避开,于某险些跌倒。王某乘机赶上一步,手中的三棱刀捅进了于某的腹部。于某被在场的几个学生送往医院,但终因流血过多,伤势太重,与次日凌晨死亡。

[思考]

如果您是其中一个同学的班主任,面对如此严重的事件,您该如何缓和家长和学生的情绪?如何来降低影响?如何做好此类事件的防范工作?

---

① 金瑛.海恩法则对学校危机管理的启示[J].中小学管理,2006(10).

[案例2]

有学生离家出走①

开学第二周的一个早读，我正在自己所带另一个班上巡视学生的读书情况。我班一个学生跑过来慌张地说："老师，××正在教室门口和英语老师吵架呢，你快过去看一下吧。"我一听又是那个学生，一下子来气了。走过去英语老师气愤地向我说道：××经常性地在自习期间上厕所，连假也不请这简直太不像话了，眼中还有没有我这个老师。我一听也气不打一处来，根本没给他进行辩解的机会，就把他拉到办公室。这个学生是这学期刚从其他学校转来的，开学一周内就没有给任何老师留下什么好印象。课堂睡觉、玩手机、看课外书，随意迟到旷课。到办公室后我也没有听他任何辩解就对其之前的种种不良形迹横加指责，后来他也不甘示弱，大声跟我嚷嚷，最后他愤怒且充满挑衅地说道："我不念了，看你还能把我怎样？"随后，摔门而去。

这时，我有些慌了，一想要是他真的离校出走了，万一出个什么事，自己该如何向学校和他家长交代呀？像他这样顽劣的学生我必须亲手将其交给家长。于是我赶紧赶了出去，我到教室门口时他已经把书本整理好了，抱着自己的课本正准备往外走。我把他拦了下来，问他要干什么去。他说不念了。这时班上学生也停止了读书，看到他的这个举动便哄堂大笑。为了改变这种尴尬的局面也为了尽可能地拖延他待在学校的时间以待他家长的到来。我说："学校是有规章制度的，岂能容你想来就来想走就走，不愿意继续念书也可以，等把离校手续办完再走，现在开学不久兴许还能给你退一部分费用。"他回到自己的座位放下手中抱的书本，再次来到教室门口，表示愿意和我一起去办理退学手续。

[思考]

如果您是这位老师，面对如此情景您会如何去做？

拓展阅读

[1] 谌启标，王晞.班级管理与班主任工作[M].福州:福建教育出版社,2007.

[2] 朱德武.危机管理:面对突发事件的抉择[M].广州:广东经济出版社,2002.

[3] 刘刚.危机管理[M].北京:中国经济出版社,2004.

[4] 刘志选.班级管理[M].西安:陕西人民出版社,2006.

---

① http://www.xs5z.com/html/2011/smjt_1020/5326.html.

第十一章　班级家长委员会的建立与运作

　　教育是一项较为复杂的活动,要使教育能够良好的开展,则需要学校与家庭的共同努力。其中,家校合作的建立便是为促进教师和家长的沟通搭建一个交流平台,同时其也是为了学生能够健康成长,使他们能够充分享受来自老师和家长的关怀,并在这一过程中能够真正体会到学校生活的欢乐。因此,家校合作在如今的中小学教育中就显得尤为重要,可以说,学校家庭这两方面的教育能否密切配合,将对学生的成长产生重大影响。

　　对于家校合作而言,其中重要的一点便是要及时交流、沟通,尤其是对于班主任而言,更是如此。班主任要及时了解学生在家中的表现,以便有针对性地进行班级教育,同时,家长也要及时了解孩子在学校的表现,以便与教师一起形成教育的合力,共同促进学生的成长和发展。在促进家校合作中,建立和运行班级家长委员会是重要的手段之一,家长委员会的成立将有助于完善了学校、家庭、社会三位一体的教育体系,对促进中小学的全面发展,深入推进素质教育有着重要意义。[①] 对于一个班级而言,班级家长委员会是联系班级教师和家长的重要组织,起着联系班级和家长的桥梁作用。那么如何改进家校工作,增加家校之间的沟通与合作,如何更好地建立与运行班级家长委员会,成为摆在我们面前的重要课题。

第一节　班级家长委员会的建立

　　《国家中长期教育改革和发展规划纲要(2010—2020 年)》明确要求"建立中小学家长委员会"。[②] 家长委员会是由家长代表组成的,代表全体家长和学生参与学校教

---

① 孙媛媛,韩娟. 中小学家长委员会问题及对策分析[J]. 新课程研究,2011(8).
② 国家中长期教育改革和发展规划纲要(2010—2020 年)[N]. 中国教育报,2010 - 07 - 30.

250 班主任的家校沟通

育和管理、行使教育监督权和评议权的一种群众性组织,是密切家校关系的桥梁和纽带,是实现家校共育的重要组织形式。[①] 加强家校联系,促进家校之间的沟通与合作,是教师,尤其是班主任工作的一个重要方面,它有助于教师与家长建立伙伴关系,获得家长的支持,为学生成长创造更为适宜的环境和条件。[②] 由此可见,建立家长委员会成为班主任进行家校共建的重要方式。

一、班级家长委员会建立的必要性

在当今的时代,家长与学校教师一起,共同参与到对学生的成长教育中,已成为很多国家所选择的重要方式。随着国家教育的改革和发展,同时吸取其他国家的先进经验,我国也逐渐重视了对家长委员会的建立。教育界已越来越认识到,家长委员会在班集体建设、家校合作等方面必将发挥不可替代的重要作用。

(一)有利于班主任与家长及时沟通,形成教育合力

教育是一项系统工程,需要学校与家庭的密切配合,学生在学校的学习情况需要及时让家长了解,学生在家庭中的基本情况也需要让教师了解,这样及时沟通,有助于共同对学生实施教育,力图避免"5+2=0"的情况发生。在教育现实中,班主任要做好学生的教育工作,仅仅依靠学校教育是不够的,还需要与家庭教育有机地结合起来,相互协调,相互沟通,形成统一的教育目标,商讨教育方法,使学生在学校与家庭中都能接受良好的教育。家长可以利用班级家长委员会这个平台,适时找班主任或其他科任教师了解孩子的在校表现,其中不仅仅包括学习成绩方面,还包括品德等方面的表现,同时还可以与教师交流教育经验,比如当孩子闷闷不乐,好像有心事但又不和家长讲时,家长应该怎么办,这时又应该怎样与孩子沟通等,这些都需要家长与教师及时沟通,以便与班主任和其他科任教师共同努力帮助孩子树立信心,使孩子能够变得积极乐观。与此同时,当班主任或其他科任教师发现学生有不开心或行为异常等情况时,班级家长委员会又可以为教师与家长及时联系提供便利,例如,班主任可以及时了解到学生在家中的表现,通过与家长的交流,以便能够发现问题发生的原因,从而能够和家长共同商讨解决的办法,而不是只了解学生的在校表现,而使学校教育与家庭教育

---

① 陈立永.学校家长委员会建设范式的转型[J].教育科学研究,2011(7).
② 潘维娜,郭江华.班级家长委员会:增进家校联系的突破口[J].中国教师,2010(12).

没能达到良好的统一,使学生的问题没能得到较快和较为适当的解决。谁在教育儿童?是学校,更是家庭。班主任要做好学生的思想工作,仅仅依靠学校教育是不够的。必须使学校、家庭教育力量有机地结合起来,相互协调,相互沟通,统一教育方向,以学校教育为主,以家庭教育为基础,使学校、家庭教育一体化。[①] 总之,建立班级家长委员会就是充分发挥家庭教育功能,从而形成教育的合力,引导学生不断健康成长。

(二) 能有效加强家校沟通,避免班级管理的疏忽和脱节

家长委员会是学校教育管理的延伸。整合并积极利用家长及其社会资源可以有效地改进和加强学校的教育管理工作。[②] 同时,在教育管理中还可以通过了解家长对此问题的观点和看法,从而在共同理解的基础上,促进教育管理的合理化。在教育实践中,有时会出现少数家长的教育思想陈旧却爱外行地对学校教育指手画脚;也有些家长的教育观念压根就是道听途说的,甚至是不科学的。当学校里有了一些新的教育举措,他们总会用自己的框框来套一套,不符合他们意志的,统统视为学校教育不对。同时,有时由于缺少与学校必要的交流,家长认为学校对自己的子女不负责任,这样关心教育而不愿意与老师交流子女情况的家长,往往会对学校有误解。也有些家长不关心教育,连家长会也不参加,完全甩包袱给学校,一旦学生出现问题就认为学校没有尽到责任。[③] 还有些家长对学校的一些新的教育举措总会用自己的想法来理解,其实并不一定合理,这些都可能会阻碍学生的健康成长。当然,在"家校合作"的过程中,也会出现学校往往以教育权威的姿态出现的情况。一些教师,包括班主任在内,认为家长没有参加过教育教学活动,不懂如何教育孩子,反而会给学校和班级教育管理带来干扰。其实不然,学生在家庭和学校中生活,有效的家校沟通,则能使家庭和学校有良好的互动,从而互相理解与支持,这样更有助于教育管理的有效实施,班级家长委员会的建立对促进家校沟通有着积极意义。因此,在此问题上,班级家长委员会将会成为联系班主任及其他科任教师与家长的桥梁,从而更加促进班级管理的有效实施。

(三) 有利于拓展班级的教育资源

首先,班级中的学生家长来自不同的专业,拥有不同的专业知识,特别是对于班主任管理班级而言,是一个重要的社会资源。同时家长职业还是学生认识社会的一扇窗口,能为学校教育提供多种支持和服务,利用家长的职业优势来配合学校教育活动能

---

① 宫爱梅.家校结合形成教育合力[J].河北教育,2003(Z2).
② 陈立永.学校家长委员会建设范式的转型[J].教育科学研究,2011(7).
③ 任晓平.形成教育合力需加强家校沟通[J].家教世界,2011(9).

产生倍增效应,使活动生动有趣。① 具体而言,通过班级家长委员会这个桥梁纽带,挖掘利用家长中蕴藏着的巨大能量,在这一过程中,如果能够运用得当,无疑对班集体建设与发展会有很大益处,可以为班级教育和学生活动提供有力的帮助和辅导,有效拓展和整合教育资源。比如,请做心理医生的家长讲身心健康的养成,从而有助于帮助学生形成健康的心理;请做社会科学工作的家长为学生讲授一些科学知识,有条件的话,可带领学生到科学研究院等地方参观,培养学生爱科学的兴趣;请做交警的家长为学生具体讲解交通规则的重要性及具体内容,从而让学生在明白交通规则重要性的同时,更认识到自己应如何去做,等等。其次,不同的家长有不同的兴趣爱好,如果将这些家长个性优势资源整合到学校教育工作中,就能取得意想不到的效果。② 比如,在班级中,有的家长爱好打羽毛球,有的爱好打乒乓球,有的则擅长下棋,这样可以在课余请家长来组织班级的学生进行兴趣爱好的拓展培养,丰富学生的兴趣爱好,同时也加深了孩子与父母之间的交流。总之,通过班级家长委员会这个平台,班主任可结合本班的具体优势条件,主动整合社会有利教育资源,促进班级教育的发展。

(四) 有助于家庭教育和学校教育的共同发展

家庭教育和学校教育是促进学生健康成长的两个重要方面,没有家庭教育的学校教育和没有学校教育的家庭教育都不可能完成培养人这一极其细致和复杂的任务。③ 而班级家长委员会有助于促进家庭与学校的交流,从而有助于家庭教育和学校教育水平的提高。家长委员能在较为全面了解学校的各种情况后,就班级以及学校的教育活动、教育质量、办学条件等方面进行必要的监督,在参与班级管理的同时为学校教育提出意见与建议,在与教师的交流中不断改善自己的教育理念,同时,在参与班级活动的过程中,加深与孩子的交流,从而能够更加了解孩子。例如可以通过班级来组织家长委员会开展相关教育培训和交流研讨活动,从而提高家长代表的教育水平和综合素质,并通过家长委员会辐射扩展到所有家长。④ 具体而言,可以以班级家长委员会的名义请一些教育理念较为先进的专家,就家长困惑的问题给予一些指导,从而不断提高和改善家长的教育理念。对于班级或学校而言,因为面对的是较为广大的学生群体,而每个学生有生活在不同的家庭中,有着不同的家庭教育,也有不同的性格特征

---

① 王福显. 新课改中家长教育资源的开发利用[J]. 牡丹江大学学报,2007(1).
② 同上.
③ 岳天祥. 加强家长参与学校教育的策略初探[J]. 教育革新,2007(1).
④ 陈立永. 学校家长委员会建设范式的转型[J]. 教育科学研究,2011(7).

等,所以教师需要与家长的交流中,能够了解学生的不同特点,从而能够适当地进行因材施教,不断提高学校教育的水平。

苏霍姆林斯基说:"教育的效果取决于学校和家庭影响的一致性。如果没有这种一致性,那么学校的教学和教育过程就会像纸做的房子一样倒塌下来……只有学校教育而无家庭教育,或只有家庭教育而无学校教育,都不能完成培养人这一极其细致、复杂的任务。最完备的教育是学校与家庭的结合。"实践也告诉我们,学校要搞好学生的教育,离不开家长的密切合作。因此,建立班级家长委员会,便是从班级这一层面加强家长与学校之间的联系,这不仅有助于班主任工作的开展,同时,也有助于学校教育的有效实施。

二、班级家长委员会建立的程序

随着社会及相关教育理念的发展,如今,我们已打破了家庭教育与学校教育相分离的观念,并且越来越认为增强家校合作是非常重要的,建立班级家长委员会后,能使这一渠道更畅通,班级与家庭教育更有时效性、针对性,目标要求更具一致性。因此,为了能够更好地发挥班级家长委员会的作用,我们需要有序地建立班级家长委员会。

首先,班主任作为家长委员会建立的重要人员,需要向各位家长介绍建立班级家长委员会的重要性,以及家长们在其中的重要作用,以期首先从观念上引起大家对这件事的重视。因为家长委员会对于班级管理及学生的教育而言有着强大的作用,但是如果没有使其真正发挥出来,也只会流于形式,所以,当前我们要纠正偏差的认识,在家校合作上加快班级家长委员会的建设,发挥其应有的作用,从而更好地促进学生的全面发展。具体而言,在选举之前与每位家长通过面谈或电话等方式来沟通,了解各位家长对子女发展的看法、对班级和班主任工作的意见,以及对即将成立的班级家长委员会的期待,据此了解家长们对建立班级家长委员会的想法,为建立班级家长委员会做出好准备。比如,许多家长都非常重视自己孩子接受教育的状况,对孩子的班主任、任课老师的调配,他们的教育教学水平等总想问个究竟。他们观察自己的孩子及其他孩子的学习表现,常常比老师还要深入、细致、具体,从而相应地对学校教育做出一些评价,[①]因此,要尽量鼓励每位家长都能够谈谈自己对子女教育以及班级工作等

---

① 岳天祥.加强家长参与学校教育的策略初探[J].教育革新,2007(1).

的看法,具体而言,班主任可以让学生在放学回家后给家长带去需要他们发表意见的问题。待这些意见收集好后,班主任要认真阅读,同时更要在虚心听取家长的意见和建议时,具有较强的判断能力和心理承受力,积极同家长交流,真诚而耐心地倾听家长对班级工作以及教育教学的意见和建议,从而选出适合自己班级的家长委员会的主要成员。

其次,在班主任的组织下,组建班级家长委员会。班级管理固然是学校管理的重要任务,但只有校方单一的力量也难以把复杂的教育工作做完美,尤其面对思维单纯又繁杂、对生活水平要求不断提高的学生,只靠班主任一人完成教育目的就会显得人单势孤,是很难达到的。这时,根据情况,寻求社会的帮助,尤其是家长的支持和帮助是非常重要的。[①] 因此,在组建班级家长委员会的时候,也需要广大家长的参与,从而能够建立起真正有助于班级发展的班级委员会。具体而言,班主任可先向班里的学生介绍建立班级家长委员会的构想,动员每个学生邀请自己的家长参加家长委员会选举会议,并感谢父母对自己的班级工作的支持。当确定好召开组建班级家长委员会的会议时,班主任可依据学生的性别、学习成绩、家庭住址,以及家长的工作单位、职业、民族等多种信息,将学生家长进行分组,以便于家长之间尽快熟悉。在正式选举之前,让各个小组的家长相互认识,并组织小组讨论,说说自己对班级家长委员会的期待与建议。这个讨论拉近了家长之间的距离,也产生了很多合理化建议,成为后来这个班级家长委员会开展工作的依据。各小组推荐常务委员候选人,然后候选人发表简短的竞选演讲,最后进行选举。[②] 在选择家长委员会成员时,要注意家长尽可能来自不同领域的不同行业,不仅要有出点子的人物,也要有干实事的人物,这样有助于发挥整体效能,从而组建较为合理的班级家长委员会。

再次,在建立了班级家长委员会后,应积极建立委员会章程。要充分发挥班级家长委员会的作用,在不断与学校教师的沟通中,树立系统的教育观念,这些都需要班级家长委员会良好地建立与运行。然而正所谓"无规矩不成方圆",良好班级家长委员会的建立,其中重要的便是委员会章程的建立,因为,班级家长委员会的建立不仅需要家长成员的积极参与,更需要一种合适的规章制度来保证委员会的有效运行,使家长通过家长委员会组织,能够更好地行使其对班级事务进行参与、决策和管理等的权利。

---

① 岳天祥.加强家长参与学校教育的策略初探[J].教育革新,2007(1).
② 潘维娜,郭江华.班级家长委员会:增进家校联系的突破口[J].中国教师,2010(12).

如果规章制度不健全,班级对家长委员会人选的资格条件、推举程序、权利义务、活动方式、培训学习以及考评换届等没有章程约定,缺乏科学的运作机制,工作随意性较大。[1] 这样则使家长的权利义务无法得到保障,其开展的工作成为一种班级临时活动的"传话筒"。因此,要是班级家长委员会能够良好的建立,委员会章程的建立则是不可缺少的重要内容。具体建立方法,可在结合具体班级特征及以下方法来建立。例如,可以对家长委员会委员的基本宗旨、选举流程,以及对班级管理和活动的参与等做出适当的规定与讨论。同时对讨论委员会的设置做出讨论。每位家长都是班级家长委员会的委员,是班级工作的参与者和建设者。但为了提高工作效率,可以建立一个常务委员会,作为具体的办事机构,可以由 5 名常务委员组成,例如,委员会的可设置为 1 名主任,1 名副主任,1 名沟通委员,1 名文体委员,1 名生活委员。[2]

最后,在建立班级家长委员会时,还需要明确班主任与家长各自的职责。家长委员会的建设是现代学校制度建设的重要组成部分,而班级家长委员会的建立则更是一种现代学校制度的创新,要使班级家长委员会能够良好运行,在建立时便要明确班主任与家长的职责。因为在班级家长委员会中,班主任与家长会主要有不同的事务去做,他们会担当不同的角色,所以,凡事绝不能以谁为主,要依据具体问题具体分析,在明确了具体的事务之后,根据各自的职责去做事,这样才能更好地去履行相应角色所应承担的责任和义务。虽然班主任在班级家长委员会中有着重要的地位和作用,但是班级家长委员会绝不是由班主任来主导或控制,而是一个与家长沟通的平台,需要请家长进班参与班级活动,以了解班级。同样,家长代表也应与班主任一起,积极参与班级管理工作,但这并不是对班主任的工作"指手画脚",而是为班主任的工作能够提出一些合理化的建议,及时与班主任沟通,说出自己对班级建设的观点,与班主任一起共同为班级建设与管理而努力。例如,对于班集体文化建设方面,班主任以及各位家长都会有各自的见解,有的家长可能会认为应该让学生发展多种兴趣爱好,有的家长则认为应该把重点放在学习上,其他的事情还是尽量少关注,有的家长可能会认为这个无所谓,等等,这是班主任便要在能够了解各位家长的观点后,运用相关的教育理念,提出较为符合教育本质的文化建设意见,同时不断地与家长沟通交流,从而达成共识,这样将更有助于班集体建设和学生在班集体中的健康成长。

---

[1] 陈立永. 学校家长委员会建设范式的转型[J]. 教育科学研究,2011(7).
[2] 潘维娜,郭江华. 班级家长委员会:增进家校联系的突破口[J]. 中国教师,2010(12).

三、班级家长委员会建立的问题

我国不少中小学校建立了家长委员会,但实效却不尽如人意。只有少部分家长委员会运作良好,更多的家长委员会在职责定位、制度建设和实际运作等方面不同程度地存在着偏差和误区。[①] 然而,对问题的认识将有助于我们更好地解决,因此,我们要较为深入地认识当今在班级家长委员会乃至学校家长委员会建立方面的问题后,才能有的放矢地对其进行改进与完善。纵观如今我国的家长委员会,主要存在如下几个问题。

(一)学校缺乏对家长委员会足够的重视

一方面,家长对家长委员会的重视不够,调查表明家长委员会的家长代表数量太少,家长参与家长委员会的积极性不高。另一方面,学校领导层面不关心家长委员会的进展情况,往往把它当作摆设,更没有采取有效措施支持家长委员会,使其不能有效地发挥作用。[①]学校从领导层面到具体的班级层面往往把很多精力放在学生的学习上面,而且是具体在学生的学习分数方面,对其他事情重视较少,甚至采取漠视的态度,在这种情况下,其对家长委员会在学生教育方面的重要作用还没有很好的认识。因此,家长委员会工作的进展情况以及相关事宜,也便往往成为了摆设,学校或班级相关教师更不会制定什么措施去促进家长委员会的发展,这样使其应有的效果没有得到发挥。同时,很多学校的班级家长委员会没有开展过相关的实践活动,家长委员会成员也没有参与班级日常管理工作,如维持教育教学秩序、评价教师等活动,这导致家长委员会形同虚设。例如,学校以及班级的日常教育教学管理仅限于学校内部,致使班级家长委员会的成员对其了解较少,甚至对于班级教师都不熟悉。

(二)家长观念意识较为淡薄,班级家长委员会成员的产生缺乏合理的程序

当前在我国家校合作的实践过程中,家长能够积极主动提出要求的较为少见。家庭作为家校合作中必不可少的组成部分,本应充分发挥其作用,在这一过程中,家长是决定性因素。然而,我们却不难发现,很多家长并没有对此有较为充分的认识。从家长委员会成员代表的选拔到运行,家长对自己在这一过程中的重要性并没有较为清晰

---

① 孙媛媛,韩娟. 中小学家长委员会问题及对策分析[J]. 新课程研究,2011(8).

的认识,参与性不高。然而,充分调动家长的积极性,使之融入科学的家校合作中,并让他们感受到家校合作所带来的孩子的成功,对于构建科学、合理的家校合作是尤其重要的。① 但是,在教育现实中,有很多家长并没有意识到其中的重要性。此外,家长委员会成员的选拔缺乏较为严格的程序,通常是谁愿意当,签上名字就行,并没有通过竞争来选拔,从而使得家长委员会成员的素质难以保证,因此,家长委员会成员是否能够真正代表家长们的意见,也存在较大疑问。还有一些家长是由学校或班主任指定的,而没有得到广大家长的认可,例如,一些学校的家长委员会成员的选择,没有一个明确的程序,而是选一些优等生或家庭条件较好的学生家长作为家长委员会的主要成员,这些成员大多数很可能只是学校或班主任对家长的意见和要求的"传话筒",久而久之,家委会便成为机械的信息传递者,没法较好地参与到班集体的管理中,更无益于实现其建立的初衷。

(三)家长委员会自身缺乏较为健全的制度,管理也较为混乱

由于家长委员会缺乏较为系统和健全的制度,对家长委员会人选的资格条件、推举程序、活动方式以及考评换届等没有章程约定,这些都致使家长委员会缺乏科学的运作机制。以家长委员会成员的选举为例,基于某些名利上的考虑,其中会出现较多的家长委员会成员基本上是由班主任等相关人员推荐产生的,这样家长委员会应有的作用便没办法得到很好的发挥。同时,家长委员会管理混乱,缺乏具体的督促检查。有报道指出家长反映有老师以家长委员会的名义向学生乱收费,经常以补课费、集资筹款等名义乱收费,使得家长委员会成为了代替学校乱收费的组织。一些学校的老师推脱责任,辩称是家长自愿交费,以规避有关监管与责罚。因缺乏督促和检查,使得家长委员会的管理混乱。② 除此之外,例如还有些家长委员会组成"被指定",家长委员会成了"权贵俱乐部"。基于某些名利上的考虑,很多学校在家长委员会的人选确定上,基本上是指定或由班主任、年级主任推荐产生。委员会成员大多为政府官员、企业老板和新闻工作者等。家长委员会产生的程序和方式不科学、不民主,人员成分单一,不具代表性或代表性不够广泛。③ 还有些班级由于家长委员会没有较为健全的制度,疏于管理,班主任和家长没有办法通过这个平台彼此进行有效的沟通交流,致使家长委员会形同虚设,这些都会导致家长委员会失去了它应有的意义。

---

① 覃学健.家长委员会是中小学家校合作方式的诉求[J].教学与管理,2011(2).
② 陈立永.学校家长委员会建设范式的转型[J].教育科学研究,2011(7).
③ 同上.

（四）家长委员会职责定位不明晰，委员会的建立流于形式

班级家长委员会主要是由班主任和家长组成，要使班级家长委员会能够良好运行，则在建立时便应该明确班主任与各位家长之间的职责，但是现实中却常常事与愿违，而且大多数表现为家长在委员会中职责不明确，使家长和教师班主任之间失去平等，传达信息主要是由班主任向家长单项传达，缺乏彼此之间的交流与沟通，而班级家长委员会则也成为班主任或学校相关事务的"传话筒"，除此之外，职责不明确还导致了家长权力在班级家长委员中的边缘化，家长没有办法很好地参与到班级管理中。例如，很多学校只是在开学或学期结束的时候，通知家长委员会成员到学校参加座谈会、聚餐联谊，家长委员会没有机会行使自己的权利，更有甚者，部分学校的家长委员会变味，成了学校乱收费的"挡箭牌"、"收钱会"，这样使家长委员会流于形式。例如，2010年3月15日的《羊城晚报》报道：学生出于尊师重道而自愿缴纳的"教师慰问金"竟然被学校"一催再催"；一笔笔莫名其妙的收费竟然又与学生学业"挂钩"。该校老师多次以家长委员会的名义向高三学生乱收费，称"如果拒不交纳，就不允许上晚自修"。目前的家长委员会已经成了学校乱收费的"白手套"。由此可看出班级家长委员会成为了代替学校乱收费的组织，已失去了其存在的根本意义。

目前，中小学家校合作的方式有很多，建立班主任家长委员会是其中的一种。在教育过程中，如果家长的作用得不到很好的发挥，势必会造成家校合作的断裂，那么，整体的教育有可能是失败的。家长委员会为家校合作提供一个平台，使家长与班主任、其他教师加强联系，从而充分发挥家长在教育中的作用，同时，也使班主任更能够有针对性地进行班级管理。然而，在教育实践中，家长委员会仍然存在较多问题，因此，怎样建立家长委员会便是一个重要问题。

四、班级家长委员会建立的对策

为有效发挥家长委员会的作用，促进学生发展，要针对班级家长委员会建立过程中出现的问题采取相应的对策，只有这样才能发挥家长委员会应有的效能，才能全面提高教育教学质量。

（一）学校要改变认识，积极支持班级家长委员会的工作

改变家长委员会停留于"形式上的参与者"的局面，学校必须改变对班级家长委员会的认识，给予家长委员会较多参与学校教育教育的权利，比如有关学校和班级教育

的决策权、参与权、监督权等。除此之外,学生要全面发展,不能只强调其学习成绩,而忽略了其他方面的发展。因此,学校和班主任要充分利用班级家长委员会这一平台,多与家长沟通,积极发挥家长委员会的作用,和家长一起培养学生多方面的能力。例如,学校可以邀请家长委员会的成员作为学校教育教学以及其他活动的重要成员,不仅让家长参与到对学生和教师的评价中,而且可以通过开展丰富多彩的活动,来加深家长与学校之间的沟通,同时,学校还可以组织家长到子女所在班级参观教师"授课",了解其课堂教学中的表现以加强家庭教育的针对性,而且,还可以根据家长实际情况,选聘部分家长担任学校教师,义务执教一些校本课程,给学生讲解相关知识以开阔视野、提高其学习兴趣。这样通过让家长积极参与到学校和班级的各项活动中,从而推动班级家长委员会的顺利发展。

(二) 明确班级家长委员会建立的程序,并加以实施

对于班级家长委员会的建立而言,尤为重要的便是要选好恰当的成员。在选择成员的过程中,不能只凭着学校和班主任的意见来选择,也不能临时推荐,更不能以家长的身份地位作为选择的依据,否则班级家长委员会便无法较好地实现其建立的初衷。比如,班主任可以设计不同的调查表,有关于家长的,也有关于学生的,其中《家长情况调查表》的主要内容是:家庭基本情况(包括家庭成员及其工作单位、生活状况、特长爱好等)、家长对自己孩子有何希望、家长对搞好班级建设有何要求和建议、家长是否愿意参与家长委员会的工作以及有何打算和设想。《学生情况调查表》的主要内容是:学生基本情况(包括学习情况、身体状况、本人爱好和特长等)、对搞好班级建设有何建议和要求、是否愿意担任学生干部、是否希望家长进入家长委员会等。[①] 将家长和学生的问卷收集好后,有重点地进行家访,通过与家长交谈,进一步了解家长。在这样的基础上,再召开家长座谈会,成立家长委员会就很顺利了。[②] 除此之外,选择家长委员会成员还要注意向家长简要介绍创建班级家委会的目的,建立家长委员会是要真正去参与其中的,而不是一种摆设或是荣誉,班主任要询问家长是否愿意加入,将真正愿意参加的家长选为班级家长委员会的主要成员。

(三) 吸取其他班级建立家长委员会的经验,积极组织家长参加家长委员会的工作

在按照相关程序建立好班级家长委员的基础上,就委员会的相关章程进行讨论,

---

① 易红芝. 发挥班级家长委员会的教育和管理功能[J]. 河南教育,1995(3).
② 同上。

以便加强对班级家长委员会的管理。在建立时,可以设置一些部门来分管委员会的日常工作,比如,可以设置家长委员会办公室来分管委员会的日常事务,家校共育研究室来主要进行与教师有关学生教育的相关问题,同时可以为家长与教师的交流提供必要的提交流场所。同时,还可以借助现代信息网络资源,建立"班级家教博客"、"家长QQ群"等,发布家教心得,推荐优秀文章,探讨教育困惑。通过持续不断的努力,将家长委员会乃至整个家长集体建设成为学习型组织、专业化队伍。[①] 目前,很多学校的家长委员会代表多数是由班主任选择的,加之缺乏明确的职责分工,导致家长委员会在行使其职能时往往缺乏相应的执行力,因此,家长委员会在建立的过程中,还要注意应做到民主、公平,改变上述学校指派式的组建方式,实行家长自荐或推荐、学校推荐、全体家长投票选举、公示选举结果等必要的民主程序和环节,就可以有效改变以上被动的局面,让家长委员会的代表们真正意识到自己作为全体家长利益的代表的身份。家长委员会还可根据具体情况随时对个别成员进行调整,对较长时间不能发挥作用的成员予以更换,把符合条件的家长吸收进来。[②]

(四) 通过协商明确家长委员会的职责,使委员会的各项活动能够有序进行,从而真正实现其建立的目的

家长委员会成员作为家长的代表,其主要职责便是代表家长与学校、教师进行沟通,以实现信息全面、及时的沟通与反馈,比如可以参与到学校的教师评价和课堂评比中,将家长的意见及时地反映给班主任。除此之外,家长委员会要定期或不定期地组织会议和活动,家长可以利用自己所能够提供的资源,配合班主任及其他教师组织一些有关于教育教学的活动,例如当学生在学习有关生物知识的同时,有在动物园或相关机构工作的家长便可组织学生,在适当的时候去进行参观,以加深对知识的学习。相对于家长,班主任则是主要将学校以及自己对班级建设的想法与家长进行交流,听取家长的意见和建议。总之,家长委员内部成员以及与班主任之间要能够做到分工明确,与此同时,学校也应把家长委员会作为一个重要部分,积极参与到班级家长委员会的建设中。

班级家长委员会是联系班主任、教师和家长的组织,起着联系班级和家长的桥梁和纽带作用,班级家长委员会可以说是从班级这个层面建立家校合作的有效平

---

① 陈立永.学校家长委员会建设范式的转型[J].教育科学研究,2011(7).
② 同上。

台,在建立班级家长委员会的过程中,班主任与家长一起讨论,共同探讨班级管理的有效方法等,这样不仅仅有助于班级的发展,更有助于学生的发展,然而,建立班级家长委员只是其中的一步,另外一个重要的问题便是班主任家长委员会应该如何运作。

第二节　班级家长委员会的运作

联合国教科文组织在重新界定教育的使命时指出,为了实现世界公民目标,"不能只是强调认知学习,还要强调情感和行为学习",为此提出"青少年儿童的发展是家庭、教师和社区的共同责任"。教师要和家长"就儿童的成长以及和儿童家庭有关的问题,经常进行讨论、交流",教师"要和心理学、休闲娱乐机构及家庭联合会等建立合作关系"。以往的工作实践告诉我们,在教育学生的过程中,即使班主任费了九牛二虎之力,如果家长不配合,也难以收到理想的教育效果。因此,必须重视家长配合这一教育过程中的重要环节,而建立班级家长委员会,则是发挥学生家长集体教育作用的一种有效的组织形式。[1] 同时,建设家长委员会也是完善中小学社会参与制度的需要。因为随着社会的发展,现代学校必然是一个开放的教育系统,社会教育资源的有序参与已经成为现代学校教育制度的一个重要组成部分,所以,班级家长委员会的运行便是其中的一个重要方面。

一、班级家长委员会运作的模式

随着社会科学文化的发展,家庭条件普遍比从前有所提高,家长也有更多的能力来为孩子的教育提供更好的条件,再加上每一个学生的家长都是望子成龙的。面对家长们殷切的期望,为了更好地培养学生,我们需要不断探索新的教育方式。苏霍姆林斯基曾说:"没有家庭的配合,学校的很多努力是白费的。"由此可以看出,家庭以及家长对于教育的重要意义,因此,在当代的学校教育中,越来越重视家长在其中的重要作用。班级家长委员会的建立则为家长参与学校教育,学校了解家庭教育,搭建了一个

---

[1] 林小苹.建立班级家长委员会的几点尝试[J].人民教育,1992(5).

有效的沟通平台,同时,班主任更要积极运用家长委员会的功能来探索适合本班的教育方式,可以这样说,班级家长委员会已越来越成为管理好班级不可缺少的力量,是将家庭教育与学校教育结合的较好形式,班级家长委员会是否能够有效地运行,已成为影响班级管理的关键因素。就目前班级家长委员会而言,其运作模式主要分为以下三种。

(一) 班主任主导型

这种模式主要是指在班级家长委员会的日常组织与活动中,主要是以班主任为核心去开展工作。班级是学校的基层组织,班主任是班级管理的核心力量,是联系学校与学生之间的纽带,是班级建设的掌舵人。在班级家长委员会中,有些班级是以班主任主导的,例如组织家长委员会的召开、日常的活动等,同时班级委员会的主要决定,也是在与家长委员会成员讨论后,主要由班主任来最后安排和决定。具体而言,在具体的班集体日常管理中,虽然设有班级家长委员会,但是家长并没有在其中起什么作用,很多事情仍是由班主任决定,例如在开家长会时,家长通常只是在倾听,而没有发表自己想法和困惑的机会,很多时候,即使班主任和家长在一起商讨班级建设或学生的教育问题,也往往成为班主任批评学生,要求家长给予必要的支持,而对家长的要求和建议等则不予理会,甚至有时家长还不得不听班主任或其他科任教师的抱怨,所讨论的内容也大多数是有关学生的学习成绩和在校的表现情况,家长在与教师的交流中没有主动权。当然,在有些班级家长委员会中,家长有发言的机会,例如对班集体应该如何建设,班主任会征求家长的意见,但是大多数也只是形式而已,最终还是有班主任一个人决定。这种模式的优势就在于,班主任对本班的整体情况比每一位家长都更熟悉,而且班主任作为老师,其所具有的教育教学的专业知识和技能,更有助于其能够较好地制定和决定。但这种模式也有缺点,就是家长方面的意见可能会没法得到充分的重视或表达,以至于通过班级家长委员会来实现班主任与家长良好沟通的目的没有很好地完成。

(二) 家长主导型

这种模式主要是指在班级家长委员会的运行中,以家长或者重点是部分家长来主要负责班级家长委员会的各项事务。家长作为学生在家的主要教育者和监护人,对学生的成长负有很大的责任,而且,家长也很关心自己孩子在学校的受教育情况,因此,家长们本身也很想及时与班主任以及其他科任教师沟通,说出自己的想法和困惑,希望能够通过自己的力量帮助孩子更好地成长。因此,家长主导型的班级家长委员会主要是家长在进行活动的组织，以及做出重要事情的决策等。例如，家长认为自己要掌握孩子的在校表现情况，以及教师是否能够负责任地教好自己的孩子，因此，有些家长总是往学校跑，提出经常参与教师讲课等活动；还有些家长认为要多与班主任沟通，提出各种有关孩子教育的要求，希望班主任能够最终采纳。这种模式的优点就在于，家长通过这样一个平台能够做到及时与班主任交流，能够更快更好地实现班主任与家长之间的互动，班主任可以及时听到来自家长的意见，为更好地进行班级管理提供更为多样的建议，而且班级家长委员会可以适当分担一些班主任有关组织班级活动、管理班级事务的责任，从而能够帮助班主任去进行班集体建设。但这种模式的缺点，便是有可能出现由于部分家长思想出现偏差，如果按照他们的想法来运行班级家长委员会的话，有可能阻碍班主任工作的有序开展和班集体的发展，特别是有些家长一味地要求班主任或其他老师按照自己的意愿来教育孩子，如果教师不这样去做，便集结部分家长到学校中去，频繁地找班主任反映，这种行为不仅严重地干扰了正常的学校教育秩序，更无益于学生接受良好的教育。

（三）班主任和家长委员共同协商型

这种模式主要是指在班级家长委员会的运行中，通过班主任与家长委员较为充分的交流和沟通，从而能够在双方都较为认可的基础上，来按照讨论出来的结果对班级进行管理等。每当班级工作中遇到了困难或学生管理中等方面出现了思想问题时，班主任可以及时找家长委员会商量，和家长们一起共同探讨寻求解决问题的办法。在这一过程中，家长们十分热心，他们积极地出点子、提看法，从而有助于促进班级各项工作的开展，以及使问题能够及时得到解决。例如，在班级家长委员会上可以就如何教育和引导问题学生进行讨论，家长可以就孩子在家庭中的表现进行描述，说出自己的困惑，如果有成功之处，也可以就其进行交流，同时，班主任可以从问题学生在学校的表现，以及运用自己的专业知识分析问题学生行为背后的原因，从而与家长达成共识，共同为学生的健康成长而努力。在这一过程中，与班主任主导型和家长主导型相比，班主任与家长之间的有效交流更多，所做的决定不是单方面的，而是在共同协商与交流中所达成的共识。这种方式的优点就是，班主任与家长双方都能够以较为平等的身份参与到班级家长委员会对问题的导论与决策中，这样能够对问题有一个较为广泛的讨论，有助于避免对问题的片面性认识，从而使问题得到较为合理的解决。但这种模式的缺点，就是可能会出现班主任与家长意见不同，而没办法形成统一的意见，久而久之，可能造成问题的搁置，而使问题最终无法有效解决。

二、班级家长委员会运作的程序

班级教育管理工作需要家长的配合,更需要家长的信任和支持。家长若能参与到班级管理中来,我们的教育将能起到事半功倍的作用。班级家长委员会便是为家长参与到学校教育中来的一个很好的渠道,家长可以通过班级家长委员会来参与到对孩子的学校教育管理中,为孩子能够更好地成长提出自己的想法,并做出自己的贡献。因此,为了使家长委员会能够更好的运行,我们了解一下其运行的程序。

(一)选择交流方式,便于班级家长委员会的运作

在建立了班级家长委员会之后,班主任和家长要讨论,应该主要采用怎样的方式来搭建沟通交流平台。这项工作可以由班主任和家长成员共同参与,由班级家长委员会的沟通委员主要负责。由于一个班级的学生人数较多,家长彼此又不熟悉,因此,可以首先建立较为详细的班级学生和家长通讯录,其中注明家长的联系方式,以及简要地写出自己对班级和学校教育的期待,对班级建设和家长委员会运作的建议。与此同时,将家长进行必要的分组,按不同的职责进行分类,这样便于查找和及时联系,也可以按学生的不同特点将其家长进行分类,例如爱好体育运动的家长分为一类,爱好美术的分为一类等等,这样便于家长与家长之间的交流。除此之外,可以在网上建立班级家长委员会自己的QQ群和相关博客,通过这种方法,可以使家长之间以及家长与班主任之间较为方便地进行交流与沟通,在以后的讨论中,即使有些家长由于一些原因可能没法出席家长委员会,但也可以通过互联网,来及时与班主任和其他家长联系,以及表达自己的相关意见。当然,家长和教师也可以将自己在教育孩子和学生过程中所遇到的困惑,通过QQ群和相关的博客来发表,从而能够使较为多的人及时得到了解,并给出相关的意见。因此,有这样一个网络平台会有助于班级家长委员会工作的运行。

(二)选择家长担任班主任助理,加强与班主任的沟通

班级家长委员会主要是由班主任和家长组成的,但由于他们往往由于工作性质,工作地点等不一样,会没有较多的时间来进行交流,因此,为了他们之间能够更好地沟通,以及班级家长委员会更好地运行,可以定期选派家长担任班主任助理。这样,便能够有力地避免由于种种原因而造成的沟通不畅的问题,同时,使得家长们有机会进入班级了解学生们的每日生活,了解每个学生的在校表现。这样还可以让家长了解到班主任在日常管理班级时的辛苦,更有助于家长理解班主任以及其他教师的工作,从而积极为班集体建设做自己力所能及的工作,帮助班主任更好地管理班集体。在选择班主任助理时有以下几点是需要注意的:一是选择助理时必须是班级家长委员会所有成员进行民主选举,同时结合家长的实践与精力来选出合适的人选,例如有些家长可能由于工作忙或精力有限,这样的便不适合作为班主任助理的人选,但是必须由家长自己作出相关情况的说明,以便能够选出更加合适的人选;二是因为考虑到每位家长都有自己的工作,因此每次选择的时候可以适时选择1到2名家长来担任,同时,所选择的班主任助理要有一定的任期,这样可以使更多的家长能够有机会与班主任接触,更多的了解班级工作,这也将有助于班级家长委员会工作的开展。

(三)建立讨论小组,方便班级家长委员会成员的沟通

由于家长与家长之间可能由于种种原因,没办法得到及时的沟通和交流,因此,可以通过成立了多个家长小组,来增加彼此之间的了解。例如,可以结合自己的工作性质,或者专业性质来组建不同的小组,每个小组可以形成自己着重关注的一个方面,擅长组织活动的家长,可以积极策划如何组织些适合孩子的活动,例如擅长英语的家长,可以为学生组织一些英语讲座或活动,来提高学生的英语水平;擅长体育的家长,可以组织孩子进行一些适当的体育活动,比如组建一个班级篮球队等,擅长美术的家长,可以在节假日带着孩子去户外写生,等等。同时,也可以让家庭与家庭之间结成互助小组,有助于相互之间交流家庭教育的经验,互相学习,例可以将孩子学习较为轻松的家长和孩子学习较为吃力的家长组成一个小组,这样他们可以在相互的交流中了解不同的家庭教养方式,从别人的教育中总结自己教育方式的不足之处,随之进行改正。而且,每个人都有闪光点,有可能虽然自己的孩子学习成绩较好,但身体素质却不如别人的孩子,这样家长与家长之间可以多一些交流,互相取长补短。在这一过程中,班主任可以参与其中,与家长一起交流,从而进一步促进班级建设与学生的发展。

(四)适时组织丰富多彩的课外活动,以及组织家庭教育沙龙

这样有助于进一步丰富学生的学习生活,同时改善自身的家庭教育的理念,让孩子健康快乐地成长。受制于校园安全等原因,目前许多班级很少利用假期开展学生活动,但在家长的参与下,可以适当让孩子参加一些外出活动,因为这样不仅孩子们开阔了视野,接受了教育,而且还能锻炼孩子的身体素质,增进班主任与家长,以及家长与家长之间的了解。因此,班级家长委员会的家长们可以适时精心设计些外出活动,在教育活动设计、交通、饮食、安全等各个方面要做到都有专人负责,在做到安全的前提下,与班主任共同协商来组织丰富多彩的课外活动,例如当春天和秋天来了的时候,选择适当的时间,请家长同教师一起组织学生进行春游和秋游,这时可以配合着对学生进行美的教育与熏陶,家长可以适时带着孩子到大自然中去写生,利用班级家长委员会所成立的不同的小组,和教师一起适时地引导学生,拓展他们的兴趣爱好。除此之外,还可以通过组织家庭教育沙龙,就子女教育中的常见问题开展讨论和交流,编辑一些家长教育资料放在班级的博客中,供大家阅读,从而提高家长的家庭教育水平,不断改善自己的家庭教育,同时也可以请一些富有经验的教育工作者或教育专家,就家长所困惑的问题组织一些讲座,从而使班级家长委员会也成为能够真正帮助家长和教师解答困惑的场所。

三、班级家长委员会运作的问题

班级家长委员会是班级中由家长代表组成的一种教育合作组织。其一方面代表家长,主要反映家长的要求,积极参与班级的教育管理;另一方面,班主任通过这一组织帮助家长对子女教育工作进行帮助和指导。有了这样的一个渠道,家长能够参与到班级的事务当中来,并且家长与班主任能够拥有更多的时间进行沟通交流。但是在班级家长委员会的运行中也出现了一些问题。

首先,很多中小学都设置了班级家长委员会,但是家长委员会往往充当了班主任的"传话筒",其形同虚设,地位较为尴尬。家委会的主要目的,是增强家校互动,充分发挥家长智慧,使班级管理更具全面性和合理性。同时,班级家长委员会的设立,在一定程度上,对化解家校矛盾,加强家校沟通,会起到积极的作用。但是,在处理具体事务时,往往会忽略家长的意见,而成为班主任或学校一些教育管理想法的执行组织,这样班级家长委员会只是成为了一种摆设,然而其实际作用却没有得到很好的发挥。在欧美等发达国家,家委会拥有"至高无上"的权力,他们拥有选拔教师、考核学校工作,甚至解聘校长的权力。因而,家委会参与学校管理的积极性相当高,家委会也因此成为学校管理必不可少的左右手。[①] 然而在国内的很多学校和班级中,家长委员会没有能够成为一个独立的组织,很多时候家长委员会形同虚设,比如,学校和班主任要出台一个政策或一项规定,需要家长委员会进行传达,于是便组织家长委员会全体会议,而

---

① 梁柏明. 家长委员会,何时才成"发生器"[J]. 广东教育,2012(1).

这项政策或规定的出台只是学校或班主任单方面做出的决定,家长委员会的相关成员并不知情,但是其还不得不对该政策或规定进行传达,这样则家长委员会的运作便失去了它的本意,也无法实现其成立之初时所提出的参与学校和班级教育管理等方面的目标。

其次,班级家长委员会在委员代表的选择方面,有些班级出现了一定的偏向,因此,可能会出现无法代表全体家长的意见。在家长委员会的组成上,出于简便易操作等方面的考虑,更多地喜欢将家长委员会的成员偏向于官员、老板或教师等群体,或者是学习成绩优异的学生家长。从学校方面来说,这些家长对孩子教育非常重视,整体素质相对较高,也比较支持学校的管理和决策,有利于学校开展工作。然而,还有很多家长,例如家庭条件不是很好,或者孩子的学习成绩不是较为优秀的家长,他们自己的意见没有机会得到表达,更不用说被采纳,因此,这样会使班级家长委员会所执行的一些决定带有片面性。比如,班级家长委员会在决定班级活动时,可能都是条件比较好的家庭的家长,因此他们可能会选择一些收费的场所进行,但是这对于家庭条件不太好的家长来说,无疑便成为了一个负担。再如,如果家长委员会的成员都是学习成绩较好的家长,那么有关学习困难等问题很可能就不会成为他们所关注的主要问题,然而这对于那些学习成绩不太好的学生家长来说却是很关心的问题,这便产生了一些矛盾,而由此决定的班级活动或讨论的议题等便会出现偏差,从而无法使班级的问题得到真正解决。

最后,班级家长委员会在组织运行过程中,缺乏较为有效的合作方式。目前,班级家长委员会的组织方式多数为召集家长参加会议,目的是互通信息,商讨班级管理及学校教育和家庭教育的相关问题,也有组织春游、秋游、运动会,或者是亲子同乐等活动,来互相了解和沟通,这样可以帮助家长更好地了解孩子,认识班集体,理解学校教育。但无论是召开会议,或者组织活动,形式都较为单一,而且多数情况下,都是由班主任或学校方面主动发起的,学生家长则是处于被动的地位,而且会因时间较短,所讨论的话题也较为局限,多数集中在学生成绩及所犯错误方面,并未能进一步谈及更为有助于学生发展的其他方面,例如,无论是在召开家长委员会会议还是进行活动中,广大家长所讨论的多数为孩子的学习成绩问题,而且多为困惑和不满,但都无法得到较好的解决。因此,从目前来看,家校合作方式的局限、单向性,以及具体操作的流于形式,使得班级家长委员会并未能收到预期效果。

由此可以看出,虽然班级家长委员会在做好家校沟通方面会发挥积极作用,但是,如果其没有能够很好地运行，那结果也是"名存实亡"，无法达到其建立时的真正目的。在当今的班级家长委员会的运行过程中，除了上述分析，还存在其他方面的问题，比如，家长普遍只关心自己孩子的学习成绩，而对班集体建设等方面漠不关心，对学校或班主任的建议也只限于提高学习成绩方面。因此，要使班级家长委员会能够发挥其应有的作用，我们在除了明确其应该如何建立之外，仍需要明确，其在建立之后，又应该如何运行。

四、班级家长委员会运作的对策

"家长委员会"不是中国特有的，世界上很多国家都非常重视学生家长在学校民主管理中的作用。据有关资料，美国的"全国家长教师协会"会员超过 500 万人，已经成为全面维护学生利益的全国性志愿者团体。[①] 在看到家长委员会成为一种有效教育方式的同时，我们也要面对其所产生的问题，通过上述分析我们发现，班级家长委员会在运作过程中仍然存在着不少问题，为了班级家长委员会能够更好地运作，针对上述问题，我们提出以下三点对策。

第一，学校和家长都需要转变观念，实现家长与教师的有效交流。在这一过程中，家长要主动去获取学校相关信息，树立一种责任感，而不是抱着一种"这个不关我的事"的心态。对于学校和班主任而言，真正把权力还给家长，能够倾听家长的意见和建议。而在这一过程中，较为关键的便是家委会必须有独立的设置和产生机制，从委员会的产生到人员的选择都要相对独立，同时要不断强化家长参与班级管理的意识，努力避免学校对其不必要的干扰。例如，在班级家长委员中可以成立专门与学校对话的小组，同时通过与学校领导座谈等方式，来表达自己的意愿，维护自己的权利，小组中要进行必要的人员分工，有和学校领导进行交流的，有和班主任进行交流的，从而能够充分表达作为家长希望能够参与到学校和班级管理。学校也要能够认识到家长委员会如果能够积极有效地参与学校和班级事务的管理，能够为学校和班级建设带来更多有价值的意见和建议，让家长能够说出他们的心声，从而改变班级家长委员会只是"传话筒"的地位。

第二，建立健全家长委员会的相关政策法规，保证家长委员会成员能够代表家长的意愿。法律法规的健全是真正发挥家长委员会作用的有效保障，因此，首先要能够规范班级家长委员会的相关法规，例如规定为了确保所选的委员会成员能够尽可能代

---

① 陈立永.学校家长委员会建设范式的转型[J].教育科学研究,2011(7).

表广大的家长,需要兼顾家长职业、孩子成绩、家长的文化程度等方面,从而使选出来的家长能够尽可能具有代表性。具体方法可以通过调查表的方式了解到家长的相关信息之后,最后通过家长和班主任民主协商后决定,其中需要注意的是,可以将家长分组,首先让家长进行自我介绍,然后说出自己关于班级家长委员会的想法和困惑,然后将相近情况的家长分为一组,在小组内推选出代表,然后全体家长和班主任教师进行集体协商后再最终决定。这样则可以有效避免家长委员会成员选择方面的偏差。

第三,组织丰富多彩的活动,所涉及的内容要较为广泛,从而有效帮助家长和教师对学生进行更好的教育。班主任作为家长委员会的重要成员,应适时通过召开班级家长委员会来组织一些活动,不仅仅是举行讨论会,或者是春游、秋游之类的活动,还可以邀请家长,在班级家长委员会的组织下,在班主任的配合下,通过举行一些例如辩论会、演讲比赛、亲子同乐,或者是一些读好书谈读后感的活动等来促进大家的交流,同时能够通过对问题的辩论,以及通过谈从读书中受到的启发等来解答在班级管理以及教育教学方面的困惑。其中班主任及有关家长委员会成员要做好组织工作,例如事前要想好活动的时间、地点,以及讨论的内容等方面。通过更加丰富的活动,从而能够开拓班主任和家长的视野,为更好地管理班级,发展学生的能力服务。

在不断重视家校合作的今天,作为家校合作重要平台的班级家长委员会,其建立和运行情况已越来越收到人们的重视。班级家长委员会已成为管理好班级的一种不可缺少的力量,和将家庭教育与学校教育结合的重要形式。在具体班级家长委员会的建立与运行中,可能仍有很多困难与不足之处,但这并不妨碍其成为家校合作中不可缺少的重要组织,正因为这样,我们更要努力完善班级家长委员会的建立与运行过程,使其作用能够得到更好的发挥,从而进一步促进学校教育与家庭教育之间的合作,以及学生的健康成长。

案例分析

家长委员会①

我班有个男生,14岁,学习成绩一般。由于平常在学校寄宿,周末才回家,因此家长很少与孩子沟通。家长只重视孩子的学习成绩,很少顾及他学习以外的事情,使他

---

① http://ny3z.sdnyjy.com/html/xianqujiaoyan/qinianjigongzuo/20110916/493.html.有修改。

成了一个任性的孩子,如上课坐不稳、课堂上随意说话、不守寝室规矩、熄灯后大声吵闹、不讲卫生、乱堆乱放、乱拿别人的东西。老师布置的作业爱做就做,不爱做就不做。成绩下降,特别是英语课降到了 30 多分。与同学关系也很差,几乎没有同学愿意与他同桌、与他合伙值日。

通过调查发现,这孩子从小就失去了母爱,而且在小学三年级时因病休学两年。父亲在煤矿上班,很少与孩子交流。可见,他从小就缺少关爱。

幸好,学校、年级从去年就建立了家长委员会,我决定通过家长委员会来解决这孩子的教育问题。我抽了一个下午,约了我们班的家长委员会主任和这孩子的父亲一起进行了一次交流。家长委员会主任着重谈了怎样培养孩子的习惯、怎样指导孩子做人、怎样指导孩子学习等问题。通过谈话,这孩子的父亲对家长委员会有了更深的了解,也对孩子的教育有了更深刻的认识,同时表示在教育孩子方面会竭尽其所能。

现在,孩子变了很多。值日时能够主动打扫卫生,个人卫生也很讲究,床铺整洁干净,东西放得有条有理。学习态度也很端正,上课认真听讲,作业认真完成。这就是关爱的力量,这也是家长委员会的能量。

我相信,在家长委员会的大力支持和全班同学的不懈努力下,我们每个同学都会有更大的进步!因为我知道,每个孩子都是天使,只要给他们一对翅膀,他们就可以自由飞翔!

[思考]

如果你是班主任,从上面的案例中,你得到了哪些启示?

拓展阅读

[1] 李培明.家校合作心理健康教育探索[M].杭州:浙江大学出版社,2007.

[2] 国家中长期教育改革和发展规划纲要(2010—2020 年)[N].中国教育报,2010 - 07 - 30(01).

[3] 潘维娜,郭江华.班级家长委员会:增进家校联系的突破口[J].中国教师,2010(12).

[4] 陈立永.学校家长委员会建设范式的转型[J].教育科学研究,2011(7).

[5] 覃学健.家长委员会是中小学家校合作方式的诉求[J].教学与管理,2011(2).